CB044322

inter
saberes

regionalismos e integração regional: leituras latino-caribenhas

Karen dos Santos Honório • Lucas Ribeiro Mesquita

interSaberes

Rua Clara Vendramin, 58 • Mossunguê
CEP 81200-170 • Curitiba • PR • Brasil
Fone: (41) 2106-4170
www.intersaberes.com
editora@intersaberes.com

conselho editorial •	Dr. Alexandre Coutinho Pagliarini
	Drª Elena Godoy
	Dr. Neri dos Santos
	Mª Maria Lúcia Prado Sabatella
editora-chefe •	Lindsay Azambuja
gerente ediorial •	Ariadne Nunes Wenger
assistente editorial •	Daniela Viroli Pereira Pinto
preparação de originais •	Gilberto Girardello Filho
edição de texto •	Palavra do Editor
capa •	Luana Machado Amaro (*design*)
	Jasemin e ZiaMary/Shutterstock (imagens)
projeto gráfico •	Raphael Bernadelli
adaptação de projeto gráfico •	Sílvio Gabriel Spannenberg
	Laís Galvão
Designer *responsável* •	Luana Machado Amaro
diagramação •	Andreia Rasmussen
iconografia •	Regina Claudia Cruz Prestes
	Sandra Lopis da Silveira

Dado internacionais de Catalogação na Publicação (CIP)
(Câmara Brasileira do Livro, SP, Brasil)

• • •

Honório, Karen dos Santos
  Regionalismos e integração regional : leituras latino-
-caribenhas / Karen dos Santos Honório, Lucas Ribeiro
Mesquita. -- Curitiba, PR : Editora InterSaberes, 2023.

  Bibliografia.
  ISBN 978-85-227-0724-9

  1. América Latina – Cultura 2. Caribe – Cultura
3. Ciências sociais – Estudo e ensino 4. Regionalismo
5. Relações internacionais I. Mesquita, Lucas Ribeiro.
II. Título.

23-160368   CDD-300.7

• • •

Índices para catálogo sistemático:

1. Ciências sociais : Estudo e ensino   300.7

Eliane de Freitas Leite – Bibliotecária – CRB 8/8415

1ª edição, 2023.

Foi feito o depósito legal.

Informamos que é de inteira responsabilidade dos autores a emissão de conceitos.

Nenhuma parte desta publicação poderá ser reproduzida por qualquer meio ou forma sem a prévia autorização da Editora InterSaberes.

A violação dos direitos autorais é crime estabelecido na Lei n. 9.610/1998 e punido pelo art. 184 do Código Penal.

Sumário

Apresentação, 9

Como aproveitar ao máximo este livro, 13

capítulo um Regionalismo e Relações Internacionais: conceitos principais, 18

1.1 Regionalismo como fenômeno das relações internacionais, 20

1.2 Região, 23

1.3 Integração regional, 27

1.4 Regionalização, 32

1.5 Consciência e identidades regionais, 33

1.6 Cooperação regional entre Estados, 34

1.7 Integração econômica, 35

1.7 Coesão regional, 38

1.8 Governança regional, 39

1.9 Hierarquização dos conceitos, 41

capítulo dois   Teorias de integração regional: teorias eurocêntricas e latino-americanas, 48

    2.1   Teorias europeias de integração regional, 51

    2.2   Perspectivas latino-americanas de integração regional, 69

capítulo três   As ondas do regionalismo no mundo, 96

    3.1   Protorregionalismo (do século XIX ao fim da Segunda Guerra Mundial), 98

    3.2   Velho regionalismo (1945-1990), 100

    3.3   Regionalismo fechado (1950-1980), 107

    3.4   Novo regionalismo (a partir de 1990), 120

    3.5   Regionalismo comparado (a partir de 2000), 139

capítulo quatro   A multidimensionalidade dos regionalismos, 146

    4.1   Dimensões dos regionalismos, 148

    4.2   O Mercosul Social, 153

    4.3   A agenda indígena e o Mercosul, 165

capítulo cinco   Regionalismos latino-americanos, 176

    5.1   Os regionalismos como formas de compreender a conjuntura histórica e política na América Latina e no Caribe, 178

    5.2   A construção da América Latina como região: problematizando o conceito, 180

    5.3   Da independência aos anos 1930: pensamento integracionista no século XIX e início do século XX, 185

    5.4   Regionalismo pós-hegemônico, 195

    5.5   Regionalismo à direita, 214

capítulo seis   O Brasil e a integração regional, 222

    6.1   Governo Sarney, 224

    6.2   Governo Collor/Itamar Franco, 233

    6.3   Governo Fernando Henrique Cardoso, 241

    6.4   Governo Lula, 250

    6.5   Governo Dilma, 259

    6.6   Governo Temer, 264

    6.7   Governo Bolsonaro, 268

Considerações finais, 279

Lista de siglas, 282

Referências, 287

Consultando a legislação, 309

Respostas, 311

Sobre os autores, 316

Apresentação

Os regionalismos são fenômenos complexos e multifacetados. A proposta deste livro é contribuir para a compreensão desses processos em sua integralidade, tanto do ponto de vista analítico e teórico nas Relações Internacionais quanto em sua manifestação política como estratégia internacional dos países. O cenário no qual escrevemos esta obra, entretanto, é quase antagônico ao debate ao qual ele se propõe. Atualmente, a agenda da integração regional na América Latina e no Caribe se apresenta no debate público e na agenda governamental de duas formas.

A primeira é caracterizada pela presença de lideranças regionais que não compreendem a região como um espaço de importância para suas políticas externas, isto é, que reforçam o processo de fragmentação e destruição dos regionalismos mediante discursos nacionalistas fortemente marcados por narrativas que valorizam uma compreensão hermética da soberania nacional e priorizam relações bilaterais específicas, não almejando liderar processos de cooperação e de construção coletiva de instituições regionais. Essa trajetória ganhou força na região nos últimos anos com as mudanças políticas, sociais e econômicas que acometeram vários países, as quais levaram a um novo entendimento do papel das instituições e da concertação política regional.

Ao mesmo tempo, a opção pela integração surge como uma condição quase inevitável justamente pelo cenário que potencializa as demandas por uma maior atuação conjunta dos países na região em face das investidas de atores extrarregionais, como a China ou os Estados Unidos. Pela emergência de problemas sanitários e ambientais que não poderão ser resolvidos somente pela atuação unilateral dos Estados, bem como pelo reconhecimento da América Latina como potencial parceira para trocas comerciais e de investimento, principalmente por outras potências e instituições regionais, a integração regional se projeta como possível instrumento a ser utilizado pelos países, inclusive como um modo de aumentar as capacidades de negociação com tais atores.

O regionalismo e a integração regional como subcampo das Relações Internacionais acompanharam a trajetória da disciplina na direção de firmar suas bases explicativas a partir dos modelos e das experiências oriundas dos países do Norte Global, especificamente no caso europeu. Isso refletiu na maneira como grande parte da academia analisou e compreendeu os processos de integração regional de nossa região, sempre em comparação com as experiências vividas na Europa. Tendo como tipo ideal as iniciativas europeias, a literatura construiu análises que colocavam lado a lado as experiências europeias e latino-americanas e que qualificavam o avanço da integração regional do continente americano sob as construções da experiência europeia.

Este livro se afasta dessa concepção de leitura eurocentrada dos processos regionais. A partir de uma perspectiva que busca entender a integração regional e os regionalismos latino-americanos tendo como medida de análise as próprias características e variáveis da política latino-americana, a obra coloca o leitor em contato com a construção do campo analítico dos regionalismos latino-americanos por meio de conceitos e teorias que valorizam as contribuições epistemológicas de nossa região.

Desse modo, esta obra enseja ser uma contribuição relevante para o campo de Relações Internacionais no âmbito dos debates sobre regionalismo e integração regional. A sistematização proposta neste material, tanto do ponto de vista teórico quanto do ponto de vista das experiências empíricas dos regionalismos, visa dar conta dos regionalismos na América Latina a partir de uma dupla perspectiva: i) na sistematização da produção teórica mobilizada para a compreensão dos processos; e ii) na descrição historicizada e conjunturalmente justificada das iniciativas e dos mecanismos criados em cada fase do regionalismo latino-americano.

Nesse sentido, o principal objetivo deste livro é possibilitar que alunos e estudiosos de Relações Internacionais e demais áreas das ciências sociais e humanas interessados em integração regional e regionalismo tenham acesso a um material didático que lhes forneça uma revisão da literatura contemporânea, percorrendo as principais teorias de integração e fases do regionalismo. O livro apresenta o debate de uma concepção multidimensional dos fenômenos regionais e aprofunda-se nas experiências latino-americana e brasileira vinculadas ao regionalismo. Ainda, um segundo objetivo desta obra é contribuir para fortalecer os esforços intelectuais para a construção de um pensamento próprio acerca do regionalismo latino-americano.

Para cumprir o percurso formativo e intelectual que o livro se propõe a traçar, recomenda-se a leitura progressiva e na ordem em que os seis capítulos são apresentados. O Capítulo 1 problematiza e localiza o regionalismo como dinâmica das Relações Internacionais e introduz o leitor no estudo dos principais conceitos e temas mobilizados pela temática. Assim, a problematização dos conceitos de região, governança regional, integração regional e demais noções correlatas são objetos dessa primeira parte.

Por sua vez, o Capítulo 2 percorre as principais teorias desenvolvidas no campo da integração regional, inicialmente apresentando as teorias desenvolvidas na Europa, as quais condicionaram grande parte das análises sobre integração regional, e posteriormente mostrando as principais teorias e leituras provenientes da América Latina sobre o fenômeno da integração regional.

O Capítulo 3 localiza historicamente as fases do regionalismo como fenômeno das relações internacionais, debatendo as distintas formas e desenhos institucionais adotados em quatro grandes momentos ao longo da história, além de exemplificar como a América Latina respondeu a esses períodos.

Já o Capítulo 4 situa o leitor acerca da concepção multidimensional dos regionalismos, superando a percepção mais arraigada no grande público de que a integração regional somente existe quando há integração econômica. Nesse sentido, são abordadas temáticas usualmente invisibilizadas nas análises dos regionalismos e atores não entendidos como centrais nesses processos.

O Capítulo 5 trata historicamente dos regionalismos latino--americanos, buscando identificar as características fundacionais do pensamento integracionista latino-americano e da própria ideia de América Latina como região, até chegarmos aos dias de hoje.

Por fim, o Capítulo 6 tem como foco a atuação do Estado brasileiro nas últimas décadas no que concerne à agenda da integração regional, analisando a inserção e a elaboração de distintas visões do regionalismo e a construção de instituições regionais desde o início do período democrático.

Esperamos que o leitor possa desenvolver uma visão ampliada sobre os regionalismos a partir de uma leitura centrada nas variáveis e especificidades de nossos territórios e de nossa região.

Como aproveitar ao máximo este livro

Empregamos nesta obra recursos que visam enriquecer seu aprendizado, facilitar a compreensão dos conteúdos e tornar a leitura mais dinâmica. Conheça a seguir cada uma dessas ferramentas e saiba como estão distribuídas no decorrer deste livro para bem aproveitá-las.

Conteúdos do capítulo: Logo na abertura do capítulo, relacionamos os conteúdos que nele serão abordados.

Após o estudo deste capítulo, você será capaz de: Antes de iniciarmos nossa abordagem, listamos as habilidades trabalhadas no capítulo e os conhecimentos que você assimilará no decorrer do texto.

Conteúdos do capítulo:
- Regionalismo nas (R)relações (I)internacionais.
- Definições de conceitos relativos à área: região, regionalização, integração regional, consciência e identidade regionais, cooperação regional entre Estados, integração econômica, coesão regional e governança regional.

Após o estudo deste capítulo, você será capaz de:
1. compreender o regionalismo como fenômeno nas relações internacionais e seus impactos na Política Internacional;
2. utilizar os principais conceitos envolvidos na análise dos processos regionais;
3. analisar a importância da região e das iniciativas regionais.

Síntese

Neste capítulo, apresentamos o histórico da política externa brasileira com relação aos principais projetos de integração e regionalismos na região posteriores ao processo de redemocratização ocorrido em 1985. Abordamos o desenvolvimento das ações mais relevantes fomentadas pelo governo nacional para a integração regional, bem como o papel do Brasil no processo de integração regional latino-americano. Além disso, explicamos as diferenças de concepções entre os governos brasileiros na condução da agenda da integração e analisamos o impacto dos cenários doméstico e internacional no processo de integração regional.

Questões para revisão

1. Com relação ao impacto da democracia para o processo de integração regional durante o governo Sarney, assinale a alternativa correta:
   a. Com a redemocratização, a política regional foi concebida pelo governo brasileiro como um instrumento da política externa catalisador de uma maior autonomia da região nas relações com os centros de poder, particularmente com os Estados Unidos.
   b. A conjuntura democrática permitiu o estabelecimento de relações mais próximas, amplas e amistosas entre os governos da região, propiciando o ressurgimento do movimento integracionista.
   c. À época, a América Latina presenciava o fortalecimento do modelo desenvolvimentista, que foi a base político-ideológica para as novas estruturas do regionalismo

---

Síntese
Ao final de cada capítulo, relacionamos as principais informações nele abordadas a fim de que você avalie as conclusões a que chegou, confirmando-as ou redefinindo-as.

Questões para revisão
Ao realizar estas atividades, você poderá rever os principais conceitos analisados. Ao final do livro, disponibilizamos as respostas às questões para a verificação de sua aprendizagem.

---

5. Em que ano foi criada a Reunião de Autoridades sobre Povos Indígenas (Rapim) no âmbito do Mercosul?
   a. 2008.
   b. 2014.
   c. 2015.
   d. 2003.

Questão para reflexão

1. A Amazônia é, sem dúvida, o bioma mais importante para a América do Sul. Por isso, a preservação dessa floresta é motivo de preocupação não apenas para os governos em cujos territórios ela se encontra, mas também para a governança global do meio ambiente. Tendo isso em vista, faça a leitura da notícia indicada a seguir e, depois, reflita sobre as possibilidades de a integração regional reverter o triste cenário de destruição da Amazônia. De que modo as pautas indígenas podem contribuir para a reversão desse contexto?

GARCIA, R. Com apoio de cientistas, indígenas pedem 80% da Amazônia preservada até 2025. **O Globo**, São Paulo, 8 nov. 2022. Disponível em: <https://oglobo.globo.com/mundo/noticia/2022/11/com-apoio-de-cientistas-indios-pedem-8opercent-da-amazonia-preservada-ate-2025.ghtml>. Acesso em: 22 jun. 2023.

Questões para reflexão
Ao propormos estas questões, pretendemos estimular sua reflexão crítica sobre temas que ampliam a discussão dos conteúdos tratados no capítulo, contemplando ideias e experiências que podem ser compartilhadas com seus pares.

Para saber mais
Sugerimos a leitura de diferentes conteúdos digitais e impressos para que você aprofunde sua aprendizagem e siga buscando conhecimento.

Para saber mais

PLAN Estratégico de Acción Social: estructura, evaluación y acompañamiento. Disponível em: <https://www.youtube.com/watch?v=x0P_gXdniUM>. Acesso em: 25 mar. 2023.

Nesse vídeo institucional do Mercosul, você encontrará mais informações sobre o Plano Estratégico de Ação Social do Mercosul (Peas).

MERCOSUL – Mercado Comum do Sul. CMC – Conselho do Mercado Comum. **DEC 45/14**: Plano de Ação da Reunião de Autoridades sobre Povos Indígenas para o Período 2015-2017. Paraná, 16 dez. 2014. Disponível em: <https://normas.mercosur.int/simfiles/normativas/55798_DEC_045-2014_PT_Plano%20de%20A%C3%A7%C3%A3o%20Povos%20Indig%202015-2017.pdf>. Acesso em: 10 abr. 2023.

Acesse o *link* indicado para aprofundar sua reflexão sobre as ações elencadas a partir dos eixos temáticos da agenda indígena no Mercosul.

Consultando a legislação
Listamos e comentamos nesta seção os documentos legais que fundamentam a área do conhecimento, o campo profissional ou os temas tratados na obra para você consultar a legislação e se atualizar.

Consultando a legislação

UNASUL – União de Nações Sul-Americanas. **Tratado Constitutivo**. Brasília, 23 maio 2008. Disponível em: <https://www.gov.br/defesa/pt-br/arquivos/relacoes_internacionais/unasul/normativaa_unasula_2017.pdf>. Acesso em: 20 jun. 2023.

Os objetivos, os princípios e a dinâmica de funcionamento da Unasul podem ser encontrados em seu documento fundacional. Destaca-se a multidimensionalidade do órgão em relação às temáticas que e mecanismo abarca, uma das principais características do regionalismo pós-hegemônico na América do Sul.

SELA – Sistema Económico Latinoamericano y del Caribe. **Comunicado de Brasília**. 1º sept. 2000. Disponível em: <http://www.sela.org/es/centrode-documentacion/base-de-datos-documental/bdd/19922/comunicado-de-brasilia-reunion-de-presidentes-de-america-del-sur-brasilia-31-de-agosto-al-1-de-septiembre-de-2000>. Acesso em: 20 jun. 2023.

O Comunicado de Brasília é o documento final da reunião que marcou a primeira vez na história em que os 12 presidentes da América do Sul se encontraram para discutir os rumos da região.

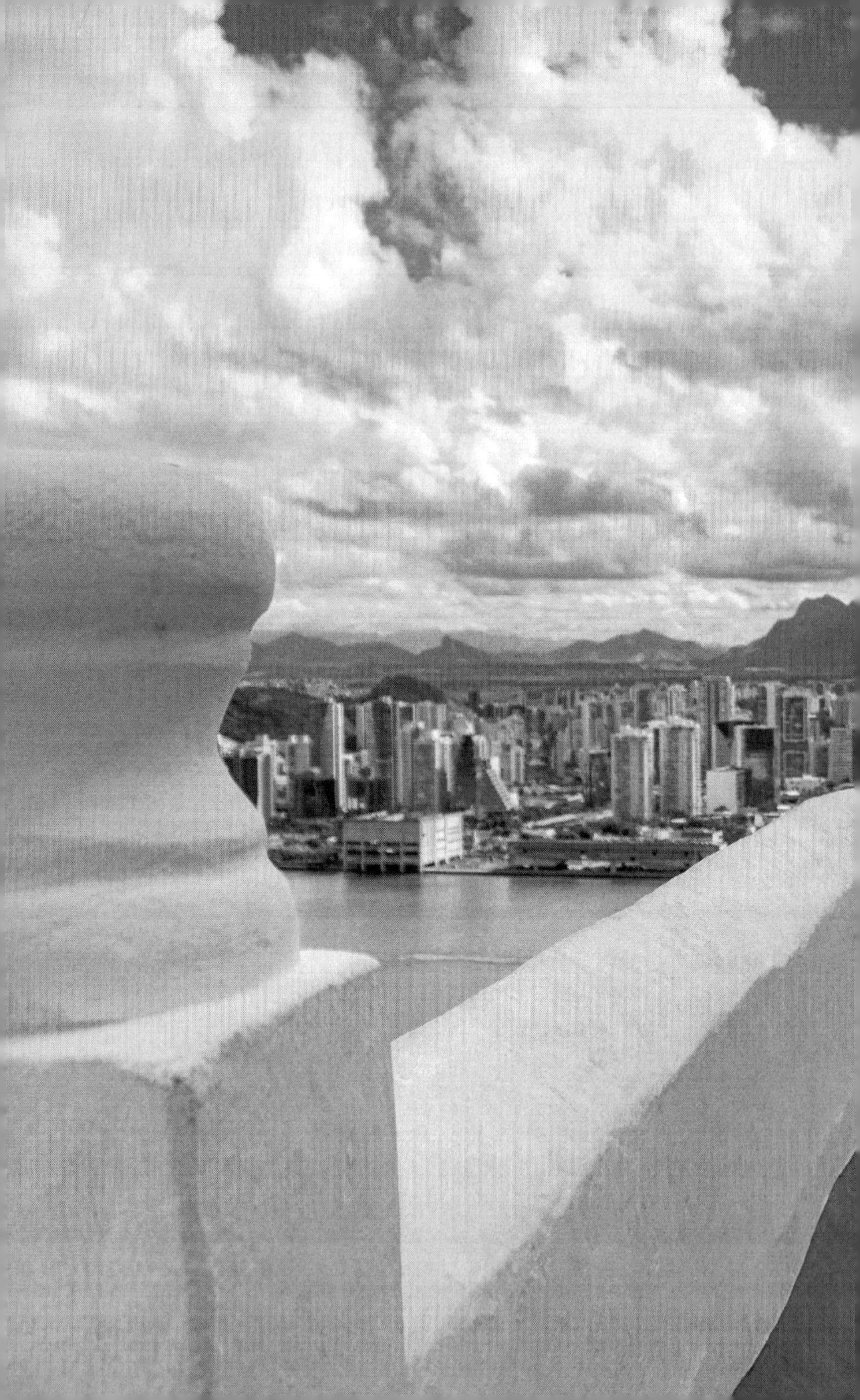

capítulo um

Regionalismo e Relações Internacionais: conceitos principais

Conteúdos do capítulo:

- Regionalismo nas (R)relações (I)internacionais.
- Definições de conceitos relativos à área: região, regionalização, integração regional, consciência e identidade regionais, cooperação regional entre Estados, integração econômica, coesão regional e governança regional.

Após o estudo deste capítulo, você será capaz de:

1. compreender o regionalismo como fenômeno nas relações internacionais e seus impactos na Política Internacional;
2. utilizar os principais conceitos envolvidos na análise dos processos regionais;
3. analisar a importância da região e das iniciativas regionais.

Este capítulo de abertura tem por objetivo localizar o regionalismo como fenômeno das relações internacionais que tem a capacidade de transformar a ordem internacional e alterar as interações entre os atores da Política Internacional. A decisão de criar projetos coletivos a partir de determinados entendimentos compartilhados tendo por base uma ideia de região possibilitou, ao longo da história, que os Estados enfrentassem desafios globais em conjunto e estabelecessem entre si ações coordenadas no plano internacional.

Os regionalismos como prática política no sistema internacional e fenômeno teórico nas Relações Internacionais implicam a articulação e o manejo de uma série de conceitos para sua compreensão. Nesse sentido, apresentaremos, neste capítulo, os principais conceitos necessários para analisá-los. Nossa intenção é familiarizar o leitor com os termos e significados oriundos dos debates acerca dos regionalismos, sem a pretensão de esgotar a discussão que eles despertam. A exposição panorâmica de tais noções visa sedimentar uma base que possibilite o avanço no percurso do livro.

1.1 *Regionalismo como fenômeno das relações internacionais*

O que leva Estados a forjar instituições de cooperação regional? A região é essencialmente definida por determinantes geográficos? Regionalismo e integração regional significam a mesma coisa? Há mais atores importantes nesses processos ou eles são apenas Estado-centrados? Essas e outras questões surgem automaticamente quando se analisa o fenômeno dos regionalismos na Política Internacional. Como pontuamos anteriormente, abordaremos os principais conceitos relacionados aos processos regionais das R(r) elações I(i)nternacionais[1].

---

1 A expressão *relações internacionais* é usada com as iniciais minúsculas para fazer referência às interações e aos fenômenos no cenário internacional. Por sua vez, o termo com as iniciais maiúsculas remete à área do conhecimento que estuda e analisa tais processos.

De modo geral, a tendência de criar comunidades/grupos políticos com base na construção de identidades ou destinos coletivos compartilhados está na essência dos agrupamentos políticos humanos. A esse tipo de construção, formal ou informal, cujo nexo de causalidade é a região denomina-se *regionalismo*. Historicamente, a partir da conformação dos Estados-nação na Europa no século XVII e do advento da soberania como princípio hegemônico regulador e organizador das interações no sistema europeu, bem como da universalização desse modelo de organização política eurocentrada mediante a colonização e sua manutenção após as independências, as iniciativas regionais passaram a ser entendidas como estratégias dos Estados para lidar com desafios globais ou se opor às ameaças extrarregionais coletivamente.

Conforme Hurrell (1995), *região* e *regionalismo* são termos ambíguos e que não encontram consenso na literatura acadêmica. O regionalismo como prática organizativa das relações internacionais implica a ideia de arranjos "menos globais" ou universais na Política Internacional (Hurrell, 1995). Ponto central na definição dos regionalismos é a maneira como os atores políticos definem o que é região. Sabe-se que o conceito de região nas relações internacionais não se limita a determinações geográficas. Como espaço de atuação no cenário internacional, a região é social e politicamente construída. Nesse sentido, os regionalismos, ou seja, os projetos regionais, têm papel essencial na definição do que é região.

Os regionalismos são fenômenos históricos nas relações internacionais – respondem às conjunturas políticas, econômicas e culturais da ordem internacional de cada época. Isso significa dizer que há momentos em que eles são frequentes e outros em que entram em derrocada. De acordo com Bull (1977), o conceito de ordem internacional diz respeito ao padrão de atividade que sustenta os objetivos elementares ou primários de uma sociedade de Estados. Quando existe uma ordem internacional, há valores, entendimentos, ordenamentos, instituições formais e informais compartilhados pelos Estados como reguladores e organizadores da ação no espaço internacional.

Dessa forma, os conteúdos, temas, formatos, modelos de funcionamento das instituições e o grau de comprometimento dos atores com as iniciativas regionais variam e são diferentes em cada fase dos regionalismos observados historicamente. Cabe destacar que o desenvolvimento empírico dentro dessas grandes fases influenciou sobremaneira como os acadêmicos leram e conceituaram os regionalismos e as categorias que envolvem essas dinâmicas.

O próprio conceito de integração regional surgiu como referência à compreensão do regionalismo europeu iniciado com a formação da Comunidade Europeia do Carvão e do Aço (Ceca), em 1951, e a Comunidade de Estados Europeus (CEE), em 1957. No Capítulo 3, abordaremos sistematicamente as fases dos regionalismos nas relações internacionais e os exemplos de mecanismos/arranjos criados em cada uma delas.

A fim de avançarmos às próximas discussões que serão apresentadas ao longo do livro, é importante definir o regionalismo como fenômeno amplo que envolve a construção de iniciativas regionais de diferentes formatos e objetivos e que, portanto, agrega em si subtipos de interação regional que podem ser formais, informais, altamente institucionalizados, de baixo compromisso e em múltiplas temáticas. Conforme Schulz, Söderbaum e Öjendal (2001), o regionalismo é claramente um projeto político, mas não é necessariamente liderado por Estados ou se encerra na participação destes nos processos.

No entanto, cabe ressaltar que, como se pode observar empiricamente na história, são os Estados os protagonistas dos regionalismos, pois eles articulam valores, objetivos e estratégias aos projetos de construção das regiões para os mais variados fins. O conceito de regionalismo engloba uma ampla gama de possibilidades e fenômenos distintos, com arranjos institucionais também diversos, os quais se vinculam à ideia de região. É importante notar que o regionalismo traz consigo um projeto, uma intenção. Ele é a representação macro de tais processos na Política Internacional.

É necessário mencionar também que os regionalismos são processos relevantes na Política Internacional, pois apresentam uma dupla dimensão de impacto nas interações internacionais, a considerar os motivos e as razões que levam os atores a forjar instituições regionais: (i) as consequências e os resultados dessas iniciativas em âmbito regional e na alteração/influência da ação desses atores na região; e (ii) as consequências e os resultados da atuação desses atores na Política Internacional diante de terceiros que agem coletivamente. Simplificadamente, os regionalismos são importantes porque podem ser analisados com base nos resultados obtidos e nas mudanças de ação que provocam no interior da própria região e, ainda, com base nos impactos nas relações e nas estratégias das regiões e dos atores diante dos processos e das lógicas globais.

1.2 *Região*

Categoria central para entender e qualificar os regionalismos, a definição de região não é consenso entre os analistas e teóricos das Relações Internacionais. A depender da flexibilidade ou da rigidez vinculadas à ideia de região, os projetos regionais podem ser, por exemplo, mais restritos e protecionistas ou mais plurais e abertos. Assim como grande parte das categorias nas Relações Internacionais, o conceito de região não é a-histórico, ou seja, ele vai se transformando conforme as mudanças da conjuntura histórica e da ordem internacional.

Nos anos 1960 e 1970, principalmente na literatura de segurança e de economia internacional, o conceito de região reproduzia a divisão geográfica dos países nos respectivos continentes e subcontinentes. As regiões tinham função puramente organizativa e geográfica na Política Internacional. Os países eram agrupados sem necessariamente compartilharem visões, objetivos e elementos comuns além dos geográficos (Powers; Goertz, 2011). Dentro desse contexto, os países não poderiam participar de duas ou mais regiões, pois o elemento que definia sua identidade política era a geografia. Durante todo o período que abrangeu as duas guerras mundiais e parte considerável da Guerra Fria, o significado e a utilização do conceito de região nas Relações Internacionais partiam desse sentido geográfico, independentemente de haver, dentro de tais regiões geográficas, diferentes visões e posições entre as nações.

Um avanço na compreensão da região como metodologia de análise das relações internacionais para além das determinações meramente geográficas, inserida nos debates de segurança internacional, foi a contribuição de Buzan e Waever (2003) na obra *Regions and Powers: the Structure of International Security*. Os autores forjaram uma interpretação da segurança internacional regionalizada por meio do conceito de complexos regionais de segurança. A ideia central era a de que a percepção de ameaças é mais forte regionalmente (curtas distâncias) em comparação com as ameaças que estão geograficamente distantes (longas distâncias). Dessa forma, a interdependência securitária é usualmente padronizada a partir de uma região – no caso, dos complexos de segurança regional (Buzan; Waever, 2003).

Ao considerarem que, apesar de as dinâmicas de segurança regionais serem extensivamente perpetradas pelas potências globais, os complexos de segurança regionais contam com um substancial grau de autonomia nos padrões por elas definidos, os autores afirmam que, para se compreender a segurança global, é necessário analisar ambos os níveis (regional e global) de modo independente e, posteriormente, as interações entre eles (Buzan; Waever, 2003). As contribuições de Buzan e Waever posicionam a região como ator político relevante para a compreensão das dinâmicas da segurança internacional e, portanto, manifestam uma perspectiva das regiões não apenas como receptoras residuais das lógicas globais, mas como produtoras de ação política.

Sob essa perspectiva, cumpre observar que o fator geográfico é, sim, relevante para estabelecer uma aproximação entre os atores e intensificar os contatos entre eles; contudo, a determinação geográfica não delimita o significado de região no regionalismo. Segundo Hurrell (1995), assim como as nações, as regiões são social e politicamente construídas, comunidades imaginadas que se baseiam em visões e percepções coletivas que destacam certas características e ocultam outras (Hurrell, 1995).

Para Cantori e Spiegel (1970), podem ser identificados os seguintes componentes para a definição de região: (i) proximidade geográfica; (ii) laços comuns (históricos, sociais, culturais, étnicos e linguísticos); (iii) senso de identidade; e (iv) interações internacionais.

Nesse sentido, entende-se que o significado da região se estabelece por meio de um processo de construção que não é automático ou autogerado. Powers e Goertz (2011) defendem que o surgimento de uma região, como ator político e geopolítico, só ocorre mediante a criação de instituições regionais[2]. Os autores atestam, ainda, que regiões puramente geográficas têm pouca ou nenhuma incidência na política internacional, contrastando com as regiões construídas e institucionalizadas, que passam a ser atores políticos ativos na cena internacional (Powers; Goertz, 2011).

Outro aspecto importante em relação à construção das regiões nos regionalismos diz respeito à diferenciação entre elas e outros espaços de atuação internacional. Powers e Goertz (2011) pontuam que o oposto da região é o global. O estabelecimento de visões comuns é necessário para que essa oposição seja construída com base em um viés propositivo que emana das próprias vontades e dos objetivos dos atores de determinada região, pois o sentido desta

---

2 Para os autores, a região só passa a existir a partir da criação de instituições econômicas regionais. A integração econômica é um critério necessário para que a ideia de região faça sentido.

se reforça e se projeta segundo percepções homogêneas sobre sua função no cenário internacional.

Portanto, o regionalismo é o instrumento pelo qual a região como construção social e política se materializa. Neste livro, a definição de região que nos interessa é justamente a que resulta diretamente dos regionalismos. Os projetos regionalistas (ou regionalismos) são responsáveis pelos significados das regiões ao longo do tempo e estão relacionados aos próprios sentidos que os atores querem lhes conferir. A partir do conceito inicial de região e da construção de seu sentido político, outras categorias são elencadas pelos estudiosos do tema para a compreensão desse fenômeno das relações internacionais.

Em artigo seminal que marcou o ressurgimento do regionalismo na política mundial no pós-Guerra Fria, Hurrell (1995) utiliza uma gradação de conceitos para classificar o sucesso ou o fracasso dos regionalismos. De acordo com o autor, dependendo do nível de desenvolvimento de tais categorias, mais chances os regionalismos têm de alcançar sucesso. Essa visão etapista do desenvolvimento dos projetos regionalistas é alvo de críticas por parte dos analistas dos regionalismos, especialmente latino-americanos, pois condicionaria os processos regionais ao redor do mundo às tendências seguidas pelo processo europeu, tomado, assim, como modelo definidor.

Perrotta e Porcelli (2021) ressaltam que tais categorizações das fases de evolução dos regionalismos apresentam componentes deterministas (eurocêntricos) e com pretensões universais. Via de regra, essa abordagem etapista tem como ponto de chegada – portanto, o nível superior do regionalismo – o modelo mais formalizado e estabelecido pela criação de organismos regionais com estruturas burocráticas, cessão de soberania em determinadas áreas e construção de políticas comuns conceitualizada conforme o processo europeu de integração regional.

Os autores consideram quatro características que funcionam como verdadeiras "jaulas de ferros conceituais" estabelecidas pelo processo europeu como base para as teorias de regionalismo e para o avanço dos processos reais (Vivares; Dolcetti-Marcolini, 2016, citados por Perrotta; Porcelli, 2021), a saber:

I. a influência do teórico Ernst Haas na correlação automática entre regionalismo e integração regional, de que deriva a noção de que todo regionalismo deve envolver cessão de soberania a instituições supranacionais e predominância da integração econômica sobre outras agendas;

II. modelos interpretativos deterministas e lineares nos quais a integração resulta de uma sucessão histórica entre etapas claramente diferentes;

III. abordagens que sobrevalorizam objetivos de convergência e homogeneidade entre os países e minimizam as transformações das ordens regionais e mundial;

IV. a pretensão de conceitos e arcabouços teóricos universais dotados de uma falsa neutralidade valorativa ou objetividade.

A integração regional pode ser entendida como um modelo possível (entre tantos outros arranjos) de regionalismo. Esse conceito surgiu para descrever o processo europeu a partir da década de 1950 e ganhou força normativa, ou seja, capacidade de ser usado para balizar outros regionalismos em todo o mundo, determinando quais dinâmicas podem ou não ser compreendidas dentro dessa categoria.

1.3 Integração regional

O conceito de *integração regional* foi largamente utilizado como sinônimo de *regionalismo* até o fim da Guerra Fria e, pelo mesmo período, foi visto como o único tipo/modalidade de regionalismo considerado possível. Grande parte da produção teórica e das experiências reais de regionalismo durante a fase do Velho Regionalismo orbitaram em torno dessa categoria.

Mariano e Ribeiro (2020) afirmam que, embora uma grande parcela dos regionalismos sejam percebidos e referidos como integracionistas, nem todos podem ser considerados processos de integração regional. Os regionalismos seriam mais "elásticos" em oposição aos processos de integração regional, que demandam compromissos formais rumo à integração pelo lado dos Estados (Mariano; Ribeiro, 2020).

A ressalva das autoras tem origem na seguinte definição de Ernst Haas para a integração regional: "o processo pelo qual os atores políticos em vários contextos nacionais distintos são persuadidos a mudar suas lealdades, expectativas e atividades políticas em direção a um novo centro, cujas instituições têm ou exigem jurisdições sobre os Estados nacionais preexistentes"[3] (Haas, 1958, p. 16, tradução nossa).

De acordo com a definição de Haas, tendo como baliza o processo europeu para sua formulação, a integração regional representa um alto nível de formalização da cooperação regional entre Estados em determinada área ou em várias áreas, resultando na criação de uma nova instituição regional política que visa à substituição das lealdades nacionais em prol de uma lealdade regional que implica a cessão de parcelas de soberania a instituições supranacionais. Ponto importante na definição de Haas (1958) é

---

[3] No original: "*the process whereby political actors in several distinct national settings are persuaded to shift their loyalties, expectations and political activities toward a new center, whose institutions possess or demand jurisdictions over the pre-existing national states*" (Hass, 1958, p. 16).

justamente a criação de uma nova instituição, ou sujeito jurídico das Relações Internacionais, que se estabelece como base orientadora para a ação dos Estados.

A rigidez do conceito sob a definição de Haas envolve uma discussão sobre: (i) a institucionalidade dos processos regionais[4] – nesse caso, é premissa a formalização de uma instituição/mecanismo/organismo regional para gerir técnica e politicamente a cooperação regional entre os Estados; (ii) a visão de transbordamento e evolução do processo regional, isto é, quanto maior for o aprofundamento da integração em determinado tema, maior será a capacidade de avançar em outras áreas; o mesmo raciocínio de adensamento da agenda é utilizado para o avanço da institucionalidade da integração – a demanda por mais integração resulta na criação de novos organismos, burocracias e agências regionais para dar conta dessas novas necessidades; e (iii) a cessão voluntária de soberania por parte dos Estados à instituição regional.

A literatura de integração regional abordou sistematicamente, a partir da perspectiva estrita do que esta deve ser, os elementos necessários para que tal fenômeno aconteça. Mattli (1999) agrupou em três grupos as condições para a integração regional: (i) demandas para a integração; (ii) capacidades geradoras da integração; e (iii) instituições. No que concerne ao primeiro grupo, é condição precípua para que a integração se desenvolva haver altos níveis de interdependência regional, sejam eles econômicos (de importância maior, conforme o autor), sociais ou políticos. A interdependência deve englobar não só os atores estatais, mas também atores transnacionais que atuam na região.

---

4 Conforme abordaremos no Capítulo 2, boa parte dos debates relativos às teorias de integração regional concentra-se nos tipos de institucionalidade criados pelos regionalismos, sendo estes mais ou menos formais. O intergovernamentalismo e o supranacionalismo são duas das principais possibilidades de institucionalidade e funcionamento dos mecanismos regionalistas. As categorias são fonte de intenso debate entre os principais autores do campo, principalmente acerca da capacidade de tais modelos serem mais efetivos para os processos regionais.

Com relação às capacidades geradoras da integração, Mattli (1999) pontua a necessidade de haver um ou mais atores que tomem para si os custos da integração e que promovam/conduzam esse processo. A liderança é vista como fator causal condicionante do sucesso ou do fracasso da integração regional. Assim, a existência de um ator que banque os custos econômicos e políticos da integração (*paymaster*, em inglês) é *conditio sine qua non* para isso.

Por fim, o último grupo de variáveis intervenientes no processo de integração regional se refere à existência de instituições regionais, formalizadas ou não, que propiciem horizontes de ações regionais aos atores participantes do espaço regional. De acordo com o autor, essa é uma condição inercial para que a integração regional avance. O estabelecimento de fóruns, agências e instituições regionais garantiria a elaboração de normas que potencializariam a integração regional, assim como seu transbordamento institucional e de sua agenda.

Mariano e Ribeiro (2020) comentam que a visão de supranacionalidade no pensamento de Haas e na perspectiva neofuncionalista é importante não pela ideia de uma instituição superior às vontades nacionais e aos Estados. Sua relevância reside na noção de que, sem um organismo com autonomia para prosseguir com a integração regional e a construção de políticas regionais para isso, a integração regional fica presa às vontades políticas dos governos de turno e mais suscetíveis às mudanças das forças políticas (Mariano; Ribeiro, 2020).

Permeado por essa visão, o conceito de integração regional passou a ser usado apenas para os processos regionais que cumpram, em menor ou maior medida, com as condicionantes recém-expostas, tendo como ponto central o alto nível de formalização da cooperação regional entre os Estados. Cabe destacar que, até a década de 1990, a integração regional era basicamente compreendida como integração econômica. A classificação etapista do avanço da integração econômica também se tornou referência para avaliar o desenvolvimento político da integração regional.

Dessa forma, a partir de perspectivas teóricas mais *stricto sensu* de regionalismos, a integração regional consiste na modalidade mais formalizada do regionalismo, uma vez que incorre em um maior compromisso por parte dos Estados, bem como na criação de instituições e burocracias regionais que garantam a continuação das políticas e dos avanços regionais. Na América do Sul, o Mercado Comum do Sul (Mercosul), criado em 1991 por Argentina, Brasil, Uruguai e Paraguai, pode ser considerado o regionalismo mais próximo do conceito de integração regional alinhado às categorias e definições haasianas, claramente considerando as limitações desse processo.

Conforme já abordamos, a ideia da integração regional e as dinâmicas que ela envolve (a partir da Europa) dominaram por muito tempo a classificação das demais experiências de regionalismo no mundo. Para muitos autores, a integração regional só pode ser utilizada para processos formalizados e que demandam algum compartilhamento, a longo prazo, de políticas ou posições regionais para além dos governos de plantão. Nessa ótica, os regionalismos que começaram a surgir com o fim da Guerra Fria enfrentaram alguma resistência desses autores para serem classificados como integração regional.

Com o estabelecimento de uma nova ordem mundial em decorrência da vitória dos Estados Unidos no conflito bipolar, as noções de região e de regionalismo se transformaram e conjugaram aos processos regionais os desafios da globalização capitalista neoliberal. Nesse cenário, os regionalismos passaram a ser compreendidos como instrumentos de inserção em uma nova ordem internacional pautada pelo multilateralismo. Assim, o conceito de região passa a ter um significado mais flexível na política internacional, sendo entendido mais a partir da construção política de seu sentido do que pelas determinações geográficas. Dessa maneira, a integração regional é tida como um dos modelos possíveis de regionalismo, mas não como a definição do fenômeno em si.

Hurrell (1995), escrevendo exatamente na fase inicial do estabelecimento da ordem pós-Guerra Fria, ao analisar os regionalismos como dinâmicas da política internacional, decompôs o conceito em cinco categorias diferentes. Se, por um lado, como mencionado anteriormente, esse escalonamento das categorias dos processos regionais reflete a normatização etapista correlacionada ao processo europeu como horizonte de chegada, por outro, a classificação de Hurrell tem fins didáticos. Tendo isso em vista, trabalharemos com as categorias que o autor cunhou para explicar o regionalismo.

1.4 *Regionalização*

Os processos de intensificação de contato entre populações, sociedades e/ou atores de dois ou mais países de uma região sem que haja qualquer projeto ou política oficial dos Estados que estimule tais fluxos são denominados *regionalização*. De acordo com Hurrell (1995), alguns teóricos se referem a tais processos como *regionalismo suave* ou *integração informal*.

A regionalização pressupõe dinâmicas que ocorrem naturalmente, isto é, sem a existência de projetos governamentais ou de regionalismos que as justifiquem. O aumento autônomo dos fluxos econômicos e comerciais que resultam em níveis elevados de interdependência entre empresas, agentes econômicos e mercados de países de determinada região constitui-se no principal exemplo de regionalização. No entanto, também exemplifica esse conceito o aumento dos fluxos de turismo, de intercâmbios educacionais e culturais e de migrações.

Sob essa perspectiva, ela pode ser compreendida como o impulso demandante de regionalismos por parte dos atores não estatais.

Ao menos teoricamente, existe uma correlação entre altos níveis de regionalização e o surgimento de regionalismos. Quanto maior é a ocorrência de redes, fluxos, canais e circulação não só de capitais e pessoas como também de ideias, mais efetiva é a regionalização. Hurrell (1995) indica três importantes elementos para um melhor entendimento do que vem a ser regionalização: (i) ela é, ao menos a princípio, mensurável; (ii) a regionalização não é baseada em políticas concretas oriundas dos Estados nem afeta as relações entre eles; (iii) os padrões da regionalização não correspondem exatamente às fronteiras dos países, o que significa dizer que as dinâmicas de regionalização não se restringem às fronteiras nacionais.

O conceito de regionalização é útil tanto do ponto de vista analítico – já que possibilita vislumbrar em quais temas os regionalismos poderão ser estabelecidos – quanto do ponto de vista das práticas políticas dos Estados – uma vez que orienta a conformação de estratégias de cooperação de modo a potencializar ganhos e intensificar as relações entre eles.

1.5 Consciência e identidades regionais

Parte fundamental do significado dos regionalismos reside na concepção de região envolvida em cada processo. O sucesso das iniciativas regionais depende do compartilhamento de ideias, visões e princípios que projetem horizontes coletivos a médio e longo prazo para além do tipo de institucionalidade que tais iniciativas conformarão. Quanto aos elementos imateriais, bases da noção de região atreladas a cada processo, duas características são definidas por Hurrell (1995) como essenciais: a consciência e a identidade regional.

Ambas abrangem a percepção de sociedades e de indivíduos, e não apenas dos governos de turno, acerca da importância dos regionalismos. Tal importância seria constituída pelo compartilhamento de uma consciência regional, ou seja, pela sensação de pertencimento a uma comunidade cujos laços extrapolam os limites nacionais e envolvem a região. Esse pertencimento pode se apoiar tanto em fatores internos – como processos históricos comuns, língua, cultura – quanto em fatores externos – como ameaças extrarregionais das mais variadas ordens.

A construção da identidade regional é pressuposto para a consciência regional, visto que primeiro se estabelece o conteúdo e a projeção dessa identidade e posteriormente se difunde a percepção coletiva e compartilhada dela. Nesse sentido, pode-se dizer que tais categorias (identidade e consciência regional) compõem o conteúdo imaterial dos regionalismos. A formação de identidades regionais implica uma construção complexa de enunciados e referenciais comuns. É interessante observar que não há como traçar uma linearidade da causalidade entre a consciência regional e o regionalismo, de modo a identificar qual desses processos antecede o outro.

Obviamente, a existência de uma consciência regional fortemente matizada no inconsciente coletivo das sociedades nacionais de determinada região contribui sobremaneira para estabelecer os regionalismos. Porém, o regionalismo é um mecanismo essencial para o aprofundamento e a disseminação dos processos regionais – seja por políticas institucionalizadas, seja pela definição do conceito de região – para a construção da consciência regional.

1.6 *Cooperação regional entre Estados*

A cooperação regional entre os Estados é essencial para a determinação de regionalismos entre os países. Ela pode envolver processos formais, como a firma de tratados e acordos e a criação de mecanismos regionais, ou modelos informais, a exemplo de espaços de convergência sobre determinados temas, como fóruns, cúpulas e outras institucionalidades consideradas "frouxas".

Hurrell (1995) destaca que não há garantia de eficácia, independentemente de a cooperação ser mais ou menos formalizada. Os instrumentos de cooperação, assim como as categorias anteriores, também podem responder às lógicas e aos contextos regionais ou ser respostas a desafios externos que se apresentam. Esse modelo de regionalismo necessariamente implica concepções estatistas das iniciativas regionais e é formulado com o intuito de proteger e ampliar o poder dos Estados na região (Hurrell, 1995).

Se, por um lado, a cooperação regional entre Estados evoca a reafirmação do poder estatal, por outro, estende a concepção da autoridade estatal para além de seus limites territoriais. Isso porque os Estados se mostram dispostos a substituir determinados graus de liberdade legal de ação por uma influência nas políticas de outros países mediante uma gestão coletiva dos problemas da região (Hurrell, 1995). Partindo de outro extremo da ação política, a cooperação regional tem função análoga à da regionalização, no sentido de que, quanto maior for essa cooperação entre países, maior será a possibilidade de surgirem iniciativas regionais.

1.7 *Integração econômica*

A integração econômica foi percebida (a partir do modelo europeu) como uma das etapas iniciais do sucesso (ou não) das iniciativas regionais e a mais importante cooperação entre Estados. O objetivo inicial da cooperação econômica é diminuir os obstáculos comerciais entre os países, reduzindo ou eliminando tarifas e barreiras no fluxo de comércio, pessoas, capitais e bens. Durante a fase do Velho Regionalismo (de 1960 a 1990), a integração econômica foi entendida como a própria integração regional, assim como serviu de base para toda a produção teórica sobre regionalismo no período.

As fases da integração econômica foram teorizadas por Béla Balassa em 1961, tendo como lentes de análise o processo europeu. Segundo o autor, a integração econômica de dois ou mais países poderia estabelecer-se em cinco níveis, partindo de uma visão progressiva e cumulativa de um nível para o outro até chegar ao último, a integração econômica total.

As categorias de integração econômica em cada nível de Balassa (1961) devem ser entendidas como tipologias ideais. Ou seja, na teoria, elas envolvem o cumprimento de todos os critérios definidos em cada tipologia; contudo, na realidade, os instrumentos que viabilizam tais níveis podem existir de maneira "imperfeita". A Área de Preferência Tarifária (ATP) não é listada por Balassa em seus níveis, porém considera-se que pode ser compreendida como ponto anterior ao primeiro nível do autor. Nos arranjos de ATP, há redução ou eliminação das tarifas comerciais para uma lista de produtos. Não existem limites quanto ao número de ATPs de que um país pode participar, tampouco algum tipo de compromisso político ou comercial restritivo nesse arranjo.

Os cinco níveis de integração econômica regional estabelecidos por Balassa são:

1. Zona de Livre Comércio (ZLC): uma ZLC envolve a eliminação total das tarifas de comércio entre dois ou mais países. As ZLCs também podem ser expressas por meio dos Tratados de Livre Comércio (TLCs). Assim como nas ATPs, não há limitações quanto ao número de ZLCs de que um país pode participar, nem carga de compromissos relacionados à formulação de políticas comerciais conjuntas. A principal diferença do nível 1 (ATP) para o nível 2 (ZLC) é a abrangência da liberação tarifária: no primeiro

caso, a liberação se aplica apenas a uma lista de produtos e, no segundo, a todos os produtos comercializados entre os países.

II. União Aduaneira (UA): a partir desse nível, há certo aprofundamento da integração econômica regional e maior compromisso entre os Estados partícipes. Além da liberalização tarifária de todos os produtos, uma UA engloba uma Tarifa Externa Comum (TEC) compartilhada entre os países, também aplicada a todos os produtos comercializados. A TEC exige a adoção de uma política comercial na negociação com países de fora do arranjo. Seu objetivo é estimular o comércio intrabloco estabelecendo tarifas de importação mais vantajosas para os membros da UA. O maior nível de compromisso nessa fase da integração econômica está relacionado com certa parcela de cessão de soberania, necessária para a elaboração das políticas comerciais comuns e da TEC, e também se manifesta na restrição imposta aos países em poder participar apenas de uma UA por vez. Outro ponto importante sobre as UAs reside no fato de que os países-membros não podem fechar acordos comerciais com nações de fora do bloco que envolvam a negociação de questões tarifárias. Para que tratados ou acordos comerciais nesse sentido sejam efetivados, é preciso haver o consenso e a aprovação de todos os países-membros do bloco.

III. Mercado Comum (MC): nessa fase, a integração econômica não abrange apenas a construção coletiva de políticas comerciais e tarifárias, mas também a liberalização de todos os fatores de produção (bens, serviços, capitais e pessoas) e das normativas regionais necessárias. Para tanto, em um MC, há políticas comuns em todas as áreas e a aceitação de uma autoridade geral para determinar regras internas aos membros. Os Estados-membros deslocam um grande efetivo da soberania nacional para o bloco e constroem políticas e visões compartilhadas a respeito de variados temas.

IV. União Econômica e Monetária (UEM): nesse nível, além de todos os requisitos e do estabelecimento das políticas comuns do nível anterior, há a adoção de uma moeda e de uma política monetária comuns. A moeda comum implica o desenvolvimento de instituições financeiras regionais supranacionais e a substituição dos bancos centrais nacionais por uma autoridade financeira regional.

V. Integração Econômica Total: teoricamente, trata-se da última fase antes de uma união política ou federação de Estados. Nesse nível, ocorre a criação de organismos supranacionais responsáveis por construir políticas comuns e de representação política.

Os níveis de Balassa (1961) tiveram grande repercussão acadêmica e foram utilizados como balizas para as análises das instituições que foram surgindo ao longo das décadas de 1960 e 1970. A perspectiva neofuncionalista compartilha da mesma abordagem de aprofundamento da integração regional, conforme os níveis de cooperação e a construção de políticas comuns econômicas ao bloco vão se intensificando. O conceito de transbordamento (*spill over*), de Ernst Haas (1958), pode ser compreendido no âmbito dessa ideia de aumento da agenda e do escopo institucional, alcançando o nível máximo com a criação de organismos supranacionais e a substituição das lealdades nacionais.

1.8 *Coesão regional*

Hurrell (1995) afirma que a coesão regional resulta da combinação e articulação das quatro categorias anteriores (regionalização; consciência e identidade regionais; cooperação regional entre Estados;

e integração econômica). Assim, quanto maiores forem a existência e o aprofundamento desses elementos, maior será a chance de surgir uma unidade regional coesa e consolidada (Hurrell, 1995).

Nessa ótica, o autor correlaciona a coesão regional à importância dos regionalismos para a política internacional em dois sentidos: (i) quando a região define a relação entre os Estados entre si e com outros atores (fora da região); e (ii) quando a região se torna o centro e a base organizativa da formulação de políticas nos mais variados temas. Hurrell (1995) avança na compreensão dos regionalismos ao considerar não apenas o aumento que podem causar nos níveis de interdependência entre os atores, mas também sua importância política na geração de custos econômicos e políticos, bem como na distribuição do poder na ordem internacional.

Os caminhos para atingir a coesão regional variam de acordo com o regionalismo. Segundo o autor, essa coesão pode surgir da criação gradual de uma organização regional supranacional que se estabelece pela integração econômica ou, ainda, pode abranger a sobreposição de várias instituições regionais em distintas temáticas.

A categorização de Hurrell (1995) foi importante no campo teórico, apesar de ainda envolver uma lógica de fases e etapas para classificar a importância dos regionalismos. De todo modo, a configuração proposta pelo autor ampliou o entendimento dos processos e atores vinculados às dinâmicas regionalistas.

1.9 Governança regional

A construção das regiões como atores políticos, conforme pontuado ao longo deste capítulo, constitui-se no principal resultado dos regionalismos como dispositivo de alteração das relações de poder na política internacional. No entanto, outro fenômeno decorrente dos projetos regionalistas é o estabelecimento de uma ordem regional que, em alguns contextos, prevalece como primeiro nível organizador das políticas e ações estatais nas relações internacionais.

A prevalência de uma ordem regionalizada em contraposição a uma ordem global – não necessariamente em relação à divergência dos conteúdos dessa ordem, e sim quanto ao deslocamento das bases organizativas das decisões para o ambiente regional – significa que as regiões sobrepõem as lógicas universalizantes da ordem internacional e as determinações sistêmicas por estas impostas.

Assim, os regionalismos podem firmar espaços de governança regional, isto é, um conjunto de instituições materiais (organizações internacionais, tratados, políticas formalizadas etc.) e imateriais (princípios, entendimentos, convergência sobre temas específicos etc.) que pautam a ação dos Estados na política internacional. O surgimento da governança regional a partir dos regionalismos contribui para a regionalização da ordem internacional e, em certos casos, as regiões são espaços para possíveis contestações de atributos dessa ordem.

Conforme Rosenau (2000), o conceito de governança se refere a um sistema de ordenação que depende dos sentidos intersubjetivos compartilhados com base em objetivos comuns e, também, do estabelecimento de constituições e de acordos formalmente institucionalizados. A governança não pressupõe uma autoridade política designada formalmente e responsável pela aplicação das normas e/ou regras de ação, mas a capacidade reguladora da agência dos atores pautada pelas instituições (formais e informais) que sustentam essa ordem.

Portanto, a governança regional evoca a existência de uma ordem regional compartilhada pelos atores. Os regionalismos, como instrumentos geradores dessa ordem e, em determinados contextos, de uma governança regional, alteram a correlação de forças da região e desses atores na lógica internacional, potencializando seu poder de agência e a alteração dos resultados relativos aos processos internacionais. Assim como a governança global, a governança regional não é um conceito totalizante. Isso significa que ela deve ser compreendida considerando-se os níveis mais rasos ou mais profundos que interferem na ação dos atores. Em geral, quanto mais estabelecida e consolidada for uma ordem regional, maior será a capacidade do espaço de governança de transformar as ações individuais dos atores. O regionalismo se configura, pois, como o principal instrumento de fomento à ordem e à governança regionais.

1.10 *Hierarquização dos conceitos*

Como visto neste capítulo, o regionalismo como dinâmica da política internacional engloba uma ampla gama de processos e categorias, o que impossibilita esgotar conceitualmente suas aplicações e ocorrências. Sob essa perspectiva, a primeira parte desta obra tem como propósito familiarizar o leitor com os principais termos e processos atrelados à análise dos regionalismos. Nesse sentido, cabe ressaltar que, assim como qualquer outro debate nas Relações Internacionais, a disputa pelo significado de tais conceitos e por sua utilidade movimenta a produção teórica acerca dos regionalismos, bem como o estudo sobre as iniciativas empíricas.

A depender do sentido que determinadas correntes conferem aos conceitos de integração regional e regionalismo, as iniciativas regionais empíricas podem ser enquadradas ou não nessas categorias. Como pontuado anteriormente, o regionalismo pode ser entendido como uma estratégia dos Estados para potencializar sua atuação no cenário internacional mediante entendimentos e ações coletivas. Os analistas utilizam os graus de formalização e o nível de compromisso exigidos por tais iniciativas para classificá-las no âmbito dos debates sobre regionalismo e integração regional. Considerando o exposto, apresentamos, a seguir, algumas das principais oposições conceituais estabelecidas na literatura dos regionalismos e das teorias de integração:

I. **Cooperação *versus* integração regional**: ponto de dissenso especialmente entre os autores alinhados às perspectivas tradicionais das teorias de integração regional e os das correntes mais inclusivas quanto ao entendimento do que a integração regional pode significar. Ambos os conceitos (cooperação e integração regional) são utilizados para diferenciar e hierarquizar os processos regionais. Para grande parte das teorias tradicionais, qualquer iniciativa regional que não seja formalizada e/ou estabeleça um nível mínimo de cessão de soberania por parte dos Estados a uma nova instituição regional não pode ser classificada como integração regional, e sim como cooperação. Karina Mariano (2015) pontua que a cooperação possibilita a formação de consensos compartilhados entre os atores e promove acordos que podem vir a ser concretizados. Para a autora, no entanto, a integração é mais ampla que a cooperação internacional, pois pode resultar na criação de novas entidades políticas e envolve altos custos, variando de acordo com o nível de profundidade do processo de integração, caso os países optem por abandonar os mecanismos (Mariano, K. L. P., 2015). Ainda, Malamud (2013) atesta que a maioria dos processos chamados de *integração regional* na América Latina são, na realidade, experiências de cooperação, e não de integração regional *stricto sensu*. O autor afirma que a cooperação é voluntária e conjuntural, enquanto a integração regional abrange custos que dificultam a reversão do processo.

II. **Regionalismo *versus* integração regional**: conforme destacamos no início do capítulo, a literatura especializada diferencia os conceitos de regionalismo e de integração regional. Para grande parte dos analistas, a noção de integração regional só pode ser utilizada para processos formalizados e que tenham algum nível de cessão de soberania dos países-membros aos mecanismos regionais. Nesse sentido, iniciativas com baixa formalização ou mesmo informais não podem ser classificadas ou entendidas como exemplos de integração regional. Já o regionalismo pode se manifestar por meio de vários formatos e englobar várias dimensões/temas. Neste livro, adotamos a concepção de que a integração regional – nos moldes do proposto por Haas (1958) – é um tipo de regionalismo, mas não o único possível. Como fenômeno amplo, o regionalismo pode determinar a construção da integração regional por caminhos que envolvam o estabelecimento de cúpulas, fóruns e outros espaços não necessariamente formais, mas que contribuam para a formação de bases orientadoras de ação coletiva para os Estados em determinada região politicamente construída.

III. **Integração econômica *versus* integração multidimensional**: nos próximos capítulos, analisaremos de que modo os temas relacionados às iniciativas regionalistas foram se ampliando de acordo com as transformações na ordem internacional. Em suas agendas, os regionalismos passaram a incluir não apenas a eliminação de tarifas e de barreiras alfandegárias ou o aumento do comércio intrarregional, mas também temas como redução de assimetrias entre os países, construção de identidades regionais, políticas comuns nas mais variadas áreas (saúde, infraestrutura, segurança etc.), entre outros. Entretanto, tal multidimensionalidade da integração regional implica igualmente novas velocidades e etapas para que tais temáticas se desenvolvam. Isso significa que a integração econômica e o ritmo com que ela acontece não podem ser tomados como padrão de avaliação ou interpretação dos processos regionalistas não econômicos. A ampliação dos temas vinculados aos regionalismos, bem como aos territórios em que tais iniciativas ocorrem, coloca em xeque a capacidade das teorias tradicionais e eurocentradas de explicar esses processos. Os regionalismos latino-americanos, asiáticos, árabes ou africanos apresentam especificidades que não são contempladas pelas teorias de integração tradicionais e, principalmente, não envolvem mecanismos de integração econômica consolidados.

Síntese

Neste capítulo, apresentamos o regionalismo como importante fenômeno nas relações internacionais, enfocando seu duplo impacto na ação dos Estados (região e global) e a forma como ele suscita diferentes posicionamentos quanto ao seu significado. Também elencamos os principais conceitos associados aos processos dos regionalismos e explicamos de que modo a classificação das iniciativas regionais pode ter um caráter eurocêntrico e hierarquizado.

Esperamos que a familiarização com os conceitos e as discussões abordadas ao longo do capítulo sirvam de base para o avanço proposto nas próximas etapas desta obra.

Questões para revisão

1. A ideia de região é central para o regionalismo. Explique essa importância com base nos debates apresentados no capítulo.
2. Qual é a definição de integração regional para Ernst Haas?
3. De acordo com a classificação de Balassa (1961), qual das alternativas a seguir indica os níveis da integração econômica

em ordem crescente de formalidade da mais formalizada para a menos formalizada?

a. União Aduaneira, Área de Livre Comércio e Mercado Comum.

b. União Econômica e Monetária, Mercado Comum e União Aduaneira.

c. Mercado Comum, União Aduaneira e Zona de Livre Comércio.

d. Zona de Livre Comércio, União Aduaneira e Mercado Comum.

4. Conforme Hurrell (1995), a coesão regional é resultado da combinação de qual(is) categoria(s)?

a. Regionalização; consciência e identidade regionais; cooperação regional entre Estados; integração econômica.

b. Vontade política dos Estados e formação de uma união aduaneira.

c. Integração econômica entre os Estados.

d. Compartilhamento de fronteiras.

5. Assinale a alternativa que contempla níveis de integração econômica que envolvem a criação de uma Tarifa Externa Comum (TEC):

a. Zona de Livre Comércio e União Aduaneira.

b. Mercado Comum e Área de Preferência Tarifária.

c. União Aduaneira e Mercado Comum.

d. Área de Preferência Tarifária e União Econômica e Monetária.

Questão para reflexão

1. Conforme abordamos neste capítulo, os regionalismos consistem em estratégias de ação coletivas empreendidas pelos Estados para lidar com desafios globais, ao mesmo tempo que criam bases organizadoras da ação desses países a partir da ideia de região.
Nesta atividade de reflexão, propomos a você que faça a leitura da notícia indicada a seguir, sobre os 20 anos da União Africana, e analise os principais desafios enfrentados pela organização atualmente.

PODER360. **Líderes se reúnem para celebrar os 20 anos da União Africana.** 5 fev. 2022. Disponível em: <https://www.poder360.com.br/internacional/lideres-se-reunem-para-celebrar-os-20-anos-da-uniao-africana>. Acesso em: 22 jun. 2023.

Para saber mais

OBSERVATÓRIO DE REGIONALISMO. Disponível em: <http://observatorio.repri.org>. Acesso em: 15 maio 2023.

O Observatório de Regionalismo (ODR) é um grupo de pesquisa interinstitucional sobre regionalismos e processos regionais que agrega pesquisadores de diversas universidades brasileiras. Em sua página oficial, semanalmente são publicados artigos a respeito da temática. Além disso, o *site* conta com várias seções, nas quais é possível encontrar materiais para consulta acerca de regionalismos, bem como conceitos e análises relevantes para quem se interessa em saber mais sobre regionalismos e integração regional.

capítulo dois

Teorias de integração regional: teorias eurocêntricas e latino-americanas

Conteúdos do capítulo:

- Teorias europeias de integração regional.
- Teorias latino-americanas de integração regional.

Após o estudo deste capítulo, você será capaz de:

1. compreender as principais vertentes das teorias europeias e das teorias latino-americanas de integração regional;
2. identificar as diferenças conceituais entre as visões europeias e latino-americanas sobre integração regional.

Este capítulo tem o objetivo central de apresentar ao leitor os principais debates teóricos sobre a integração regional no campo das Relações Internacionais. Embora o fenômeno da integração regional tenha alcance global, contando com uma grande variedade de inciativas de integração em todas as regiões do mundo, a construção teórica das relações internacionais tem como marca a característica eurocentrada de teorização a partir da experiência do processo europeu.

Nesse sentido, também buscaremos sistematizar e expor as principais contribuições teóricas da América Latina sobre a integração regional e o regionalismo. Veremos como a região, com base em suas experiências históricas de integração regional, problematizou os processos de integração regional e construiu teorias do regionalismo com ampla capacidade analítica, além de uma grande relação entre academia e política. Partindo da centralidade e problematização do conceito de autonomia, percorreremos o pensamento latino-americano acerca do regionalismo, passando pelas abordagens contemporâneas do regionalismo pós-liberal e pós-hegemônico até chegarmos aos embates mais contemporâneos sobre a crise do regionalismo latino-americano.

Não é nossa intenção exaurir todo o debate teórico a respeito de integração regional e regionalismo. Pelo contrário, este capítulo servirá como uma apresentação dos principais conceitos adotados pelas principais teorias de integração regional. Sob essa ótica, o leitor deve considerá-lo uma base para identificar as teorias e, posteriormente, avançar para análises e aprofundamentos teóricos a partir de bibliografias, perguntas de revisão, exercícios e recomendações de leitura e estudo. Logo, com o estudo do texto que segue, o leitor poderá fazer avaliações e compreender os distintos projetos de integração regionais trabalhados ao longo desta obra.

2.1 Teorias europeias de integração regional

Como observaremos ao longo da primeira parte do capítulo, o modelo europeu de integração foi a base empírica para a construção de modelos que se constituíram como teorias clássicas da integração regional, entre as quais estão o federalismo, o funcionalismo e o neofuncionalismo, o liberal-intergovernamentalismo, o construtivismo e as teorias da integração multinível.

Tal característica levou à prática, descrita por Briceño-Ruiz (2018), de analistas avaliarem as iniciativas de integração no Sul Global sob o prisma europeu, considerando a União Europeia (UE) como tipo ideal de integração regional e analisando os processos de integração regional no restante de mundo a partir das estruturas, padrões e formatos adotados por essa organização. Com isso, toma-se o padrão europeu de integração como modelo que descreve as iniciativas externas à Europa como incompletas ou frágeis, mesmo que outras regiões apresentem importantes contribuições teóricas para o campo.

As teorias da integração regional europeia, acompanhando o proposto por Diez e Wiener (2019), podem ser divididas, de forma geral, em quatro grandes fases: a normativa, a explicativa, a analítica e a construtiva[1].

O primeiro período, ainda não propriamente caracterizado como um período da integração regional europeia, é um importante precursor da construção teórica da questão e tem no federalismo e no funcionalismo suas bases normativas. Focadas mais na busca por soluções normativas para superar a problemática da guerra na Europa,

---

1 Essa divisão deve ser entendida mais como um recurso pedagógico e explicativo das teorias. Como reforçado pelos próprios criadores, é preciso ter cautela com a divisão, visto que a maioria das abordagens combina várias dimensões da teoria, e a distinção entre as respectivas fases não é tão clara quanto analiticamente sugerido. Segundo Diez e Wiener (2019), as fases destinam-se, portanto, a identificar a emergência, o desenvolvimento e, por vezes, o domínio de tendências teóricas particulares, mas não se pretende sugerir que estas sejam as únicas (nem mesmo as dominantes).

tais teorias situam os Estados e sua soberania como o problema central de um mundo propenso à guerra.

Os primeiros modelos teóricos de integração foram elaborados observando-se os processos durante os anos 1960-70 e buscaram explicar de que modo a integração foi produzida e quais resultados foram gerados. Sob a influência das teorias das Relações Internacionais, as principais teorias desse período – neofuncionalismo e intergovernamentalismo – caracterizam-se por suposições de racionalidade dos atores e pela busca por explicações gerais sobre o processo, ao mesmo tempo que questionam a centralidade das instituições supranacionais responsáveis por conduzi-lo. Essas teorias procuram responder aos questionamentos sobre como a integração é explicada, quais são os atores que participam dela e que a conduzem, qual é o formato da integração, de que modo os interesses são formados, qual é o papel das elites nacionais e como os resultados da integração podem ser explicados.

A fase seguinte do desenvolvimento teórico europeu tem a característica de contar com abordagens mais interdisciplinares, principalmente com a ciência política e a economia, o que propicia a produção de análises comparadas, de médio alcance e focadas na análise da governança e do sistema político europeu a partir da década de 1980. Nesse processo, busca-se fazer uma revisão das teorias clássicas da integração europeia, e os objetivos estão voltados para a avaliação dos processos políticos e do funcionamento das políticas regulatórias da UE.

Nos anos 1980, o campo teórico europeu se volta para um processo de incorporação de abordagens críticas e construtivistas, em um movimento que dá início a uma nova fase explicativa. Nesse momento, as abordagens teóricas visam esclarecer de que maneira e com que consequências sociais e políticas se desenvolve a integração, bem como incorporam perspectivas normativas para explicar como a integração e a governança são conceituadas e como deveriam ser conceituadas e realizadas.

Federalismo

O federalismo surge como um projeto político para a solução de governança entre os Estados nacionais europeus no pós-Segunda Guerra Mundial, baseado principalmente nas propostas de criação de federações cosmopolitas de Kant e de Saint-Pierre como instrumentos para atingir a paz. A intenção de criar uma federação europeia passa por propostas de intelectuais, políticos como Victor Hugo, Altiero Spinelli e Jean Monnet, que reconheciam as diferenças históricas e culturais entre as nações, mas, principalmente, entendiam que os Estados europeus compartilhavam características que poderiam ser potencializadas.

A característica central dos federalistas consiste na visão crítica com relação ao Estado-nação e à soberania. Os federalistas, como Rossi e Spinelli (2017) e Albertini (1980), atribuem os problemas gerados pela anarquia internacional, em especial as disputas e os conflitos entre os Estados, à soberania absoluta do Estado nacional, a qual, inclusive, não seria compatível com o crescente processo de internacionalização da produção. No centro da proposta federalista está a defesa da criação de um arranjo de cooperação que supere a estrutura estatal e que passe a vigorar pelo princípio da supranacionalidade, após a constituição de uma federação formada por Estados.

King (1982) define *federação* como um acordo institucional que assume a forma de um Estado soberano. O que a distingue de outros Estados é a inclusão de unidades regionais em seu processo decisório central, fundamentado por uma base constitucional. Burgess (2019) pontua que a federação corresponde a um modelo de organização política que, em sua concepção teórica, tem a capacidade institucional e estrutural para acomodar e conciliar diferentes tipos de união com diferentes tipos de diversidade. Portanto, a federação seria a forma que, por um lado, reconhece formalmente, por meio das normas, os tipos de identidades e diversidades que a constituem e, por outro, reconhece que é esse senso de diferença a característica essencial para uma ordem social e política pluralista (Burgess, 2019).

Piattoni (2013) descreve que, entre os pensadores federalistas da Europa, havia a percepção de que os Estados europeus tinham uma série de características em comum que permitiam a criação de uma federação, tais como: (i) o compartilhamento do mesmo espaço geográfico, o qual, por sua vez, poderia ser determinante de uma posição geopolítica comum; (ii) a existência de sistemas políticos bastante semelhantes, organizados em democracias liberais e representativas, mesmo que tenham tradições estatais e administrativas distintas; (iii) uma interligação econômica evidenciada no fato de que o comércio intereuropeu representava a maior proporção do Produto Interno Bruto (PIB) de cada país; (iv) um compartilhamento mínimo entre os cidadãos sobre política, economia e sociedade, mesmo divididos por idiomas e tradições culturais; e aquela que a autora considera a característica mais importante, (v) a histórica interação interpessoal entre os europeus, que negociam entre si, estabelecem comunicação, viajam e firmam relacionamentos pessoais entre eles.

Os primeiros idealizadores da integração europeia incorporam os princípios federalistas na proposição da integração da Europa e, conforme aponta Burgess (2019), podem ser diferenciados em duas propostas: a proposta de Monnet e a de Spinelli. A distinção entre ambas estaria na velocidade de implementação da federação no contexto europeu.

A proposta de Monnet compreendia que a Europa se constituiria como federação de maneira incremental e gradual, em decorrência do compartilhamento de várias experiências compartilhadas entre os Estados. Segundo Burgess (2019), era inerente ao "método de Monnet" de integração a suposição de que, em certo ponto, as conquistas econômicas quantitativas se traduziriam em arranjos políticos qualitativos que fariam a unidade europeia.

Por outro lado, a proposta de Spinelli partia da crítica ao modelo de Monnet e entendia o quadro institucional vigente da Comunidade Europeia (CE)[2] como frágil e a favor de soluções nacionais para problemas comunitários. Avançando em sua crítica, o político italiano sustentava que a lógica funcionalista de Monnet não seria suficiente para criar uma relação de confiança entre os Estados e, ainda, favorecia a condição de impotência da CE como centro decisório. Assim, seria preciso superar o desenho institucional vigente com uma grande reforma que mudaria significativamente o equilíbrio do poder político do intergovernamentalismo para o supranacionalismo (Burgess, 2019).

Funcionalismo e neofuncionalismo

O argumento federalista, embora tenha sido importante para a problematização teórica nos primeiros momentos da integração europeia, não avançou como modelo de integração europeu e foi criticado por pensadores e políticos que apresentavam visões mais céticas com relação à possibilidade de constituição de uma federação no espaço europeu.

As primeiras críticas decorreram da abordagem funcionalista, principalmente a partir das ideias de David Mitrany (1975). Na base de sua proposição está o entendimento de que a intensificação das relações entre os Estados no pós-Segunda Guerra evidenciava a necessidade de criar arranjos cooperativos, os quais passavam pela fundação de instituições interestatais técnicas, especializadas e com funções específicas, capazes de operacionalizar assuntos transnacionais (Mitrany, 1975).

---

2 A Comunidade Europeia é resultado de um processo histórico decorrente do Tratado de Paris (1951) e do Tratado de Roma (1957), que estabeleceram três comunidades: (i) Comunidade Europeia do Carvão e do Aço (Ceca); (ii) Comunidade Europeia da Energia Atômica (Euratom); e (iii) Comunidade Econômica Europeia (CEE), as quais gradualmente foram sendo identificadas coletivamente como Comunidade Europeia (CE) (Burgess, 2019).

A crítica estava centrada na perspectiva de que o desenvolvimento de uma federação europeia não suplantaria os problemas estatais no nível doméstico, e a solução seria justamente promover uma cooperação internacional com base na inclusão de mecanismos de decisão tecnocráticos, com mudanças incrementais e processos de aprendizagem crescentes entre os atores internacionais. Isso se daria principalmente por meio da criação de instâncias supranacionais, aptas para reorientar e congregar os interesses dos Estados e dos grupos de interesses. A integração regional é concebida como um processo político que pressupõe trocas, geração de confiança entre as elites nacionais, e não somente um processo legal e normativo de criação de instâncias supranacionais como pressuposto nas teorias federalistas.

A teoria funcionalista, portanto, situa o sucesso da integração regional no papel da transferência de competência em temas específicos da agenda estatal para secretários/funcionários/agências especializadas, que conduziriam, por meio da criação de instâncias supranacionais, essa integração. Para Lindberg (1963), a integração é o processo pelo qual os Estados renunciam ao desejo e à faculdade de conduzir, independentemente uns dos outros, sua própria política externa, assim como suas principais políticas domésticas, e procuram tomar decisões em conjunto ou delegar o processo decisório para uma nova instituição central.

Schmitter (2010) explica que, sob esse prisma, na integração regional, há maior concessão ao papel dos atores não estatais – especialmente ao "secretariado" da organização regional –, os quais passam, juntamente com os Estados, a estabelecer e analisar as políticas de integração. Desse modo, embora os Estados nacionais ainda definam os termos iniciais dos processos, continuando como atores importantes, a determinação da direção e do alcance das políticas não é mais exclusiva; pelo contrário, ela passa a ser compartilhada com burocratas regionais.

O (neo)funcionalismo, ainda que não delimite conceitualmente a integração regional de maneira consensual[3], compartilha o entendimento de que ela é um processo, deve ser compreendida com base em uma concepção pluralista e ocorrer em locais nos quais a economia permita o intercâmbio. Além disso, as condições políticas devem proporcionar a possibilidade de representação de interesses (Niemann; Schmitter, 2019).

A lógica de compreensão da integração regional pelos (neo)funcionalistas traz consigo o entendimento da concepção pluralista do Estado, em que as elites têm agendas e interesses distintos em constante disputa para a realização da política. Nessa visão, as elites nacionais têm expectativas sobre os processos de integração, e o sucesso destes se vincula diretamente à capacidade de coordenar tais expectativas entre várias elites nacionais. Essa concepção desloca a centralidade de um interesse nacional unificado no Estado e evidencia o papel das elites econômicas e políticas na definição política.

No modelo (neo)funcionalista, a integração regional se desenvolve pela confluência de interesses nacionais, estatais e das elites, os quais são operacionalizados e implementados por uma burocracia supranacional que, por um lado, congrega e funde os interesses diversos e, por outro, leva à criação de aparatos institucionais e de soluções supranacionais para a resolução de conflitos.

O estabelecimento de confiança e o alinhamento de interesses entre as elites nacionais são pilares da concepção funcionalista. O sucesso da integração regional, por essa via, ocorreria quando os países, representados por suas elites, alterassem mutuamente as percepções com relação a outros Estados considerados como prováveis inimigos e chegassem a um consenso mínimo para toda e qualquer negociação, alinhando suas expectativas com as das outras elites da região. O meio mais eficiente para obter esse alinhamento de

---

[3] Ver as definições de Haas (1958) e Lindberg (1963).

interesses e confiança seria a fundação de instituições supranacionais. Isso porque, em virtude de sua natureza funcional, elas seriam mais capazes de gerir a diversidade de demandas das elites nacionais. Sob essa ótica, a concepção de Haas (1958) sobre a integração é ilustrativa. Para ele, trata-se de um processo no qual atores políticos de diferentes entidades nacionais são persuadidos a direcionar suas lealdades, expectativas e atividades políticas para um novo centro, cujas instituições têm ou demandam jurisdição sobre os Estados.

A perspectiva (neo)funcionalista segue algumas premissas, a saber: (i) os atores da integração são racionais e autointeressados, mas têm interesses e preferências passíveis de alteração; (ii) as instituições de integração ganham autonomia e progressivamente podem extrapolar o controle de seus criadores; (iii) o processo decisório é incremental e frequentemente motivado pelas consequências não intencionais de decisões anteriores; (iv) rejeita-se a concepção realista de que os atores racionais atuam conforme a lógica de "soma-zero"; e (v) a interdependência entre economias e setores produtivos tende a promover uma integração mais robusta (Niemann; Schmitter, 2019).

Tais premissas servem de base para o pilar central da teoria (neo)funcionalista, o conceito de *spill-over*[4]. Amplamente utilizado para identificar o elemento impulsionador e a lógica da integração mediante o aumento da interdependência funcional/econômica entre os atores, esse conceito é descrito por Haas (1958) como a lógica expansiva de integração setorial, por meio da qual a integração de um setor leva a pressões "técnicas" que forçam os Estados a integrar outros setores. Nesse sentido, alguns setores se tornam tão interdependentes que fica difícil isolá-los dos demais. Assim, a integração de um setor em nível regional só é praticável em combinação com a de outros setores. Para Haas (1958), os problemas decorrentes da integração só podem ser resolvidos integrando-se

---

4 Alguns autores utilizam a tradução "transbordamento".

mais agendas/interesses, uma vez que o processo de integração ocasiona a fundação de instituições comuns, com a transferência da soberania para as organizações regionais.

Intergovernamentalismo

O intergovernamentalismo tem sua gênese na oposição à corrente neofuncionalista. Essa teoria busca explicar os processos de integração regional com base na ideia de que, para que estes sejam possíveis, é necessário que haja uma preponderância dos interesses e das preferências dos Estados. Os pressupostos da teoria intergovernamental estão ancorados, segundo Moravcsik e Schimmelfennig (2019), em duas suposições: (i) os Estados-nação são os principais atores da integração; (ii) esses atores são racionais.

A primeira premissa desloca do centro do processo de integração o papel da autoridade centralizada e supranacional da perspectiva neofuncionalista e evidencia o papel do Estado em tal processo. Conforme os autores, é preciso considerar que os Estados atingem seus objetivos por meio de negociações e barganhas intergovernamentais, em vez da imposição de decisões políticas oriundas de uma autoridade centralizada produtora (Moravcsik; Schimmelfennig, 2019). Para a teoria intergovernamental, os Estados participam de processos de integração, mas o fazem sem a cessão decisória para instituições transnacionais.

No centro do argumento do intergovernamentalismo está a concepção de Moravcsik (1998) de que a integração – observando-se especificamente o caso europeu – pode ser entendida como uma série de escolhas racionais feitas pelos líderes nacionais, as quais respondem às restrições e oportunidades decorrentes dos interesses econômicos de elites domésticas, ao poder relativo dos Estados fruto da interdependência assimétrica e ao papel das instituições em reforçar a credibilidade dos compromissos interestaduais. Dessa maneira, a integração regional consiste em um arranjo político negociado pelos próprios Estados, de acordo com suas preferências e seus interesses, principalmente na busca por realizar cada vez mais seus próprios interesses. Nesses termos, é possível pensar que os processos de integração avançam quando atendem às expectativas e preferências domésticas, mas também podem ser revertidos quando as preferências nacionais condicionam as escolhas estatais como sendo as mais racionais.

Desse ponto decorre a segunda premissa: a racionalidade do Estado, entendida como o cálculo realizado pelos Estados para maximizar sua utilidade em determinada decisão. Nessa perspectiva, a teoria intergovernamental compreende que a integração regional é um instrumento de política dos Estados para aumentar sua capacidade de negociação e reduzir custos em um cenário de mudança política. Como pontua Krasner (2012), a integração regional pode ser percebida como um meio de conservação e melhoria das capacidades estatais, além de ser um instrumento para a promoção de um cenário mais estável e previsível. Considerando o escopo da corrente intergovernamental, devemos compreender que os resultados coletivos são explicados como fruto de ações individuais agregadas baseadas na busca eficiente de tais preferências – ainda que sujeitas às informações disponíveis e à incerteza sobre o futuro. O acordo para cooperar, ou estabelecer instituições internacionais, é explicado como o resultado coletivo de escolhas estatais racionais (estratégicas) interdependentes e de negociações intergovernamentais (Moravcsik; Schimmelfennig, 2019).

Alinhados ao pensamento de Moravcsik (1998), cabe-nos ponderar que, embora haja uma influência da estruturação realista do sistema internacional – atores estatais racionais – na teoria intergovernamental, temos de compreender que a definição do interesse do Estado não está relacionada ao seu poder relativo na política internacional, mas se constitui como o resultado de disputas entre atores domésticos com distintos interesses, em que aqueles que têm maior capacidade de influenciar e pressionar os governos conseguem ter seus interesses atendidos.

Na teoria intergovernamental, há uma perspectiva plural da concepção de Estado. Este não é um ator único e fechado, mas uma instituição representativa constantemente sujeita à construção e reconstrução de coalizões, de acordo com os interesses dos atores sociais domésticos (Moravcsik, 1993). A pluralidade de interesses entre os atores que compõem o Estado-nação se reflete, aliás, no modelo de integração adotado. Isso porque, durante as negociações na integração regional, as decisões são realizadas com base na negociação interestatal, a partir de posicionamentos formados anteriormente no ambiente doméstico, conforme as demandas internas de grupos de interesse. Moravcsik e Schimmelfennig (2019) pontuam que os Estados nacionais, quando negociam na integração regional, o fazem a partir de um cálculo que resulta das motivações e demandas de lideranças políticas, sociais e econômicas, as quais são, ainda, capazes de prover uma previsibilidade de comportamento de interações no processo de integração regional.

A teoria intergovernamental é periodicamente utilizada para explicar os processos de integração regional na América Latina e na Ásia, principalmente pela manutenção do Estado como central nos processos regionais contemporâneos, sem tentativas de criar instituições supranacionais. Como observa Briceño-Ruiz (2019), na América Latina, a integração é percebida mais como um mecanismo de fortalecimento dos Estados-nação, que promove a ação comum sob uma lógica de solidariedade, sendo concebida como ferramenta para incrementar a autonomia dos países da região.

Abordagens de governança multinível

As abordagens multinível de integração regional resultam dos avanços teóricos das teorias de integração europeia que se debruçaram sobre o papel da governança no processo de consolidação de políticas e ordens regionais. Como definem Rosenau e Czempiel (1992), a governança extrapola a ideia de governo e abrange as instituições governamentais, mas também implica mecanismos informais, de caráter não governamental, que condicionam as pessoas e as organizações dentro de sua área de atuação a adotar uma conduta determinada, além de servirem como produtores de satisfação de interesses, necessidades e demandas.

Para Piattoni (2010), a governança multinível está relacionada a um conjunto diversificado de arranjos e sistemas de coordenação e negociação entre entidades com independência formal entre si, mas com interdependência funcional, da qual decorrem relações complexas entre os atores que, por meio de coordenação e negociação, continuam redefinindo tais relações. Segundo o autor, a mudança empreendida pela teoria da governança multinível, embora não seja radical em seu objetivo, é significativa por ampliar as configurações de poder e de oportunidades políticas (Piattoni, 2010).

No caso europeu, a ideia de governança ficou consagrada a partir dos princípios que constam no Relatório da Comissão sobre a Governança Europeia, fruto do debate do Livro Branco sobre a Governança Europeia, de 2001: abertura, participação, responsabilidade, eficácia e coerência. No relatório, a Comissão Europeia considera que essa governança deve ser exercida não de maneira exclusiva pelas instituições europeias ou por ela mesma. A governança se aplica a todos os níveis dos poderes públicos, às empresas privadas e à sociedade civil organizada, uma vez que os princípios de boa governança (recém-citados) são o reflexo dos anseios da opinião pública (Comissão Europeia, 2003).

Essa concepção da Comissão Europeia potencializou e consolidou a perspectiva de uma governança multinível baseada em um processo de reforço da democracia participativa para o nível regional, mais próxima da cidadania regional e ancorada em um processo de produção de políticas públicas que conta com a participação tanto das instituições europeias quanto das instituições da sociedade civil e dos poderes locais, fortalecendo principalmente a atuação de entidades subnacionais nos processos de integração regional. A governança multinível na Europa, definida por Marks (1993), com base em experiências de integração pós-Tratado de Maastricht, como um sistema de negociações contínuas entre governos em vários níveis territoriais, incluiu no seio explicativo dos processos de integração regional o fenômeno de interação entre atores em diferentes níveis da UE, imputando um novo nível de tomada de decisão para o processo europeu a partir dos atores subnacionais de caráter descentralizado. A mudança percebida por Marks (1993) aponta para o fim da interlocução exclusiva dos governos centrais com vistas a conectar os níveis domésticos ao internacional, no momento em que o nível local passa a se vincular diretamente ao ambiente internacional sem essa mediação – condição que, aliás, gera uma divisão na tomada de decisão, ao incorporar no processo tais entes subnacionais.

Como defendem Marks e Hooghe (2004), a centralidade da governança multinível reside em uma grande variação de externalidades na provisão dos bens públicos, as quais não mais são internalizadas somente pelo governo central. Elas requerem uma negociação entre diversas escalas de atores para se chegar à decisão, podendo, muitas vezes, incluir setores da sociedade, como empresas, organizações não governamentais, sindicatos e outros atores da sociedade civil. Peters e Pierre (2019) argumentam que, em razão dessa característica, analisar os processos com base nas instituições formais de governo é um bom ponto de partida, mas pode não ser um bom ponto de chegada. Isso porque a abertura para atores não estatais (seja do mercado, seja da sociedade civil) é tanto mais importante quanto a complexidade governamental.

A teoria da governança multinível pode ser sintetizada, como fazem Hooghe e Marks (2001), em três elementos: (i) o poder decisório é descentralizado e não exercido apenas por governos nacionais, situação da qual emerge a concepção de transversalidade, segundo a qual, embora o Estado ainda permaneça como ator relevante do processo decisório, sua condição de exclusividade é superada, e a perspectiva de um processo decisório exclusivo dá lugar às interações decorrentes de vários atores e níveis; (ii) há o processo de perda de autoridade do Estado e dispersão do poder entre outros autores, inclusive como resultado da primeira característica; dessa forma, o Estado reduz sua capacidade de controlar a tomada de decisão no processo de integração, já que a pluralidade de atores o leva a se inserir no processo como mais um ator que precisa encontrar pontos médios durante a negociação com os outros atores; e (iii) observam-se a diluição da ideia de ambiente doméstico e internacional e a emergência de um tabuleiro de negociação interconectado, que possibilite a interação dos atores dos diferentes níveis – o que, anteriormente, ocorria somente nos respectivos níveis.

A natureza multinível da integração regional, ainda que possa ser compreendida, por um lado, como uma leitura teórica dos processos de implementação das políticas públicas – principalmente com relação ao caso europeu –, por outro, como descrevem Peters e Pierre (2019), acarreta importantes consequências políticas, particularmente quanto ao processo de capacitação e legitimação de atores. Conforme os autores, a lógica da governança multinível capacita (ou, em alguns casos, cria), mesmo que não formalmente, entidades regionais com Estados-membros europeus, processo que pode gerar legitimidade para a UE, visto que envolve e reconhece governos de nível inferior que tendem a ter maior legitimidade (especialmente em países multiétnicos) do que os governos nacionais.

Construtivismo

O construtivismo como perspectiva explicativa da integração regional deve ser pensado a partir de um esforço de transposição conceitual do campo teórico das relações internacionais com o intuito de explicar processos de criação de regiões e comunidades de integração regional, e não como uma teoria que surge pela explicação da integração regional *per se*. Assim, como modelo explicativo das relações internacionais, o construtivismo parte do pressuposto teórico de que os processos consistem primariamente em fatos sociais, os quais são fatos apenas por acordos humanos. Considerados como tal, esses processos enfatizam a realidade ontológica do conhecimento intersubjetivo e as implicações metodológicas e epistemológicas dessa realidade (Adler, 1999).

As abordagens construtivistas (Adler, 1999; Wendt, 1999; Onuf, 1989) baseiam-se na construção social da política internacional, concebendo as relações internacionais como frutos da interação entre estrutura e agentes. Nessa ótica, a primeira é prioritariamente definida pelo compartilhamento de ideias e identidades, e não somente por elementos materiais – característica que condiciona o que se entende dentro da teoria como interesses e identidades dos atores sociais. Essa síntese construtivista leva em conta, por um lado, a possibilidade de incorporar ideias, valores e normas como elementos explicativos da realidade internacional, mas, por outro lado, distancia-se das correntes baseadas no individualismo metodológico e na racionalidade, além de considerar que os atores da política internacional interagem em uma estrutura social que os constitui, mas que também é construída pelos mesmos atores em seu processo de interação.

Nas abordagens construtivistas, há a centralidade do processo de (co)constituição de agentes e estruturas (Wendt, 1999). Essa condição, por exemplo, é distinta de uma visão de hierarquia racionalista, na qual a estrutura condiciona o ator. Dessa maneira, Wendt (1999) estabelece que as identidades não são fixas e resultantes da estrutura, mas frutos do compartilhamento de práticas e da interação social. Avançando no entendimento relativo à formação dos interesses dos Estados, Finnemore (1996) pontua que tais interesses são intrínsecos à estrutura social na qual os Estados estão inseridos, dado que o interesse é parte do contexto político-cultural de inserção destes, pois socializa e molda as percepções de mundo, além de definir papéis na realidade política internacional.

Nesse cenário, quando vinculados às explicações sobre a integração regional, os construtivistas buscam superar as explanações focadas no entendimento de que a integração regional deve ser compreendida exclusivamente observando-se as interações estratégicas de agentes com preferências estabelecidas, trazendo para o centro da análise os esclarecimentos acerca do conteúdo e da formação das identidades/preferências dos atores, tais como os modos de interação social e o papel das normas, da linguagem e dos discursos (Checkel, 2001; Rosamond, 1999).

Christiansen, Jørgensen e Wiener (1999), por exemplo, demonstram o impacto da intersubjetividade e do contexto social no processo de integração europeia, sob o argumento de que esta transforma o sistema estatal europeu e suas unidades constituintes, ao mesmo tempo que transforma as identidades, os interesses e os comportamentos dos agentes. Ao compreenderem por que e de que modo a integração europeia teria se constituído, os autores advogam que não analisar os fenômenos intersubjetivos e o contexto social abre caminho para a perda de uma parte crucial do processo (Christiansen; Jørgensen; Wiener, 1999).

No esforço de aproximar a teoria construtivista dos estudos da integração regional, Risse (2019) destaca que a teoria contribui para (i) a concepção da mútua constituição de agentes e estruturas, (ii) ao enfatizar os efeitos constitutivos de leis, regras e políticas e como estas definem as identidades sociais e os interesses dos atores e (iii) ao focar as práticas comunicativas e a construção discursiva de significados.

Os esforços explicativos iniciais da teoria construtivista na integração regional foram direcionados para o intuito de explicar a criação de arranjos compartilhados de segurança regional a partir da noção de sensos de comunidade. As "comunidades de segurança" (Adler; Barnett, 1998) são comunidades políticas formadas com base em uma concepção partilhada de ausência de conflitos bélicos entre os atores que a compõem. Tais comunidades, como pontuam Adler e Barnett (1998), são constituídas em fases: (i) há o reconhecimento da necessidade de uma segurança compartilhada entre os Estados nacionais, mediante a fundação de instituições voltadas à superação de problemas da ação coletiva e, também, ao desenvolvimento da confiança entre os atores; (ii) em seguida, instituições de gerenciamento e coordenação militar são criadas para que, em um terceiro momento, em decorrência da diminuição das ameaças, (iii) os Estados sejam capazes de compartilhar uma identidade comum e um sistema de governança.

Posteriormente, a abordagem construtivista direcionou seus esforços para explicar – o que, em certa medida, consolidou as análises tradicionais da corrente – a constituição da identidade europeia com base na UE. De acordo com Ramos e Vila Maior (2007), os construtivistas partem de uma concepção dinâmica das identidades dos Estados e, ao examinarem a UE, esta é considerada como um espaço de interações sociais em que negociadores, políticos e pessoas têm suas identidades em permanente processo de (re)construção.

Risse (2019) operacionaliza a perspectiva (co)constitutiva da agência e da estrutura ao analisar como a UE decorre de um processo de integração em uma via de mão dupla, na qual o Estado (*policy-making*) e a organização (*institution-building*) se influenciam mutuamente em suas políticas, estruturas e comportamentos. Esse processo resulta na criação de uma identidade europeia, responsável pelo processo de "europeização" (Featherstone; Radaelli, 2003; Risse, 2019) nos Estados. Assim, ao se integrarem ao bloco, esses atores passam a adotar determinadas políticas e comportamentos resultantes da própria estrutura organizacional do bloco, ou seja, a UE geraria constrangimentos ao comportamento dos Estados. Concomitantemente, essa estrutura de constrangimento é fruto da própria ação do agente estatal.

Os construtivistas compreendem que, no caso da integração europeia, há normas que determinam padrões de comportamento estabelecidos pela coletividade dos Estados. Tais normas, como proposto por Risse (2019), servem tanto como um "leque de opções" a serem seguidas quanto como elementos definidores dos interesses e das identidades. Nesse sentido, a aceitação do arcabouço normativo da UE gera uma socialização por meio das normas que moldam preferências e interesses, a qual, para Risse e Wiener (2001), representa o processo no qual os atores internalizam as normas que influenciam o modo como veem a si mesmos e o que percebem como seus interesses.

Para além de explicações referentes a processos específicos, as leituras construtivistas trouxeram ao campo a importância da identidade como um elemento para os estudos de regionalismo e integração, centralizando a perspectiva de que as regiões podem ser subjetivamente definidas (Hurrell, 1995). Como pontua Briceño-Ruiz (2018), a variável identitária tem sido tão importante que acarretou diferentes lógicas regionais no hemisfério ocidental, como o pan-americanismo e o latino-americanismo, as experiências caribenhas e as europeias, explicadas como resultados de experiências histórico-culturais compartilhadas.

2.2 Perspectivas latino-americanas de integração regional

Após esse panorama das teorias europeias de integração regional, apresentaremos, a seguir, os principais desenvolvimentos teóricos sobre o tema no contexto da América Latina, em especial da América do Sul. Vamos nos alinhar à corrente regional que parte do reconhecimento de um pensamento próprio a respeito da integração latino-americana (Paikin; Perrotta; Porcelli, 2016, Briceño--Ruiz, 2018).

Como apontado por Perrotta (2018), a literatura regional latino-americana se caracteriza não só pela produção de conhecimento influenciada pelas abordagens centrais como também por um entendimento autônomo sobre a integração regional. Nessa esfera de uma produção autônoma, a autora reconhece no vínculo estreito entre a academia e a política um elemento central de tal produção, destacando que a gênese desta transcende as Relações Internacionais. Ou seja, Perrotta (2018) identifica que as contribuições latino-americanas para os estudos de integração fizeram parte de um processo coletivo de produção de conhecimento relacionado ao fortalecimento das ciências sociais na região. Tal construção partiu de uma posição de autonomia acadêmica tendo em vista sua usabilidade, pois se baseava no pressuposto do compromisso social com a resolução de problemas cognitivos locais e contextuais.

Autonomia

Especialmente a partir da década de 1970, uma parcela do campo teórico latino-americano das Relações Internacionais trouxe para o eixo central da construção teórica o conceito de autonomia. Essa noção foi usada para compreender a atuação internacional, as políticas externas e a inserção internacional dos países.

De acordo com Briceño-Ruiz e Simonoff (2015), a autonomia está presente no pensamento e na ação latino-americana, sendo um elemento central para a identidade regional no âmbito de sua projeção e inserção internacional. Para os autores, a integração regional, com vocação autônoma, tem sido um elemento da política externa das nações latino-americanas em diferentes contextos sistêmico-nacionais. Como argumenta Pinheiro (2004), no plano das ideias, dos valores e das doutrinas que orientam a política externa brasileira ao longo do último século, destaca-se a busca pela autonomia.

O fato de a América Latina, no sistema internacional, ser marcada por certa dependência, pela subordinação colonial e por uma posição periférica na economia global, na política internacional e na produção cultural e científica levou o continente a buscar por modelos de inserção internacional distintos e característicos.

A esse respeito, Giacalone (2012) observa que, nos estudos latino-americanos sobre política externa, parte da produção contemporânea teve o intento de analisar de que modo os Estados podem exercer sua política autonomamente, a fim de superar sua inserção econômica dependente. Tais estudos apresentaram uma visão otimista sobre a possiblidade de um exercício autônomo da política externa, ao passo que o elemento de discordância seria relacionado à maneira de alcançar isso.

Existem várias conceituações possíveis com relação à autonomia. Segundo Fonseca Jr. (1998), a concepção desse conceito varia histórica e espacialmente e conforme interesses e posições de poder. Já para Russell e Tokatlian (2003), a autonomia é concebida como o direito de um governo ser independente das estruturas de autoridade externa. Desse direito decorre o princípio da não intervenção, ou a liberdade de agir sem interferência nos assuntos internos por qualquer autoridade externa. Vigevani e Ramanzini Jr. (2014) definem a autonomia como uma política exterior livre de constrangimentos impostos por atores externos, sobretudo as potências globais, de modo que o país tenha a capacidade de executar decisões com base em seus objetivos nacionais. Na literatura latino-americana, a noção de autonomia envolveu diferentes abordagens, principalmente em virtude do período histórico em que foi formulada, da configuração geopolítica das relações internacionais e da percepção e interesses nacionais, em particular das elites nacionais, para a inserção internacional dos países da região.

Para Russel e Toklatian (2003), embora o conceito de autonomia seja polissêmico – isto é, derivado das várias abordagens teóricas utilizadas para caracterizá-lo, bem como das diferentes circunstâncias temporais e espaciais em que seu significado, escopo e importância foram considerados –, há um aspecto consensual, que se constitui no fato de a autonomia ser definida como um conceito essencialmente político.

A base dos estudos acerca da autonomia foi desenvolvida a partir das leituras do argentino Juan Carlos Puig e do brasileiro Hélio Jaguaribe. Nesse primeira corrente, a concepção do termo muito se ampara na ideia de soberania sob uma ótica westfaliana e realista das relações internacionais. Como relembra Colacrai (2009), a autonomia, para os dois autores citados, representa um esforço de reconhecer o Estado latino-americano caracterizado como periferia enquanto ator das relações internacionais, e não apenas enquanto objeto. Segundo a autora, Puig e Jaguaribe apresentam a integração como uma estratégia para reforçar a capacidade estatal de atuação no meio internacional, diminuindo, assim, a dependência em relação ao centro (Colacrai, 2009).

Puig (1982) concebeu a política internacional demarcado por uma perspectiva próxima da visão realista, transpondo a lógica do jogo de soma-zero e da anarquia internacional para compreender a política internacional e sua disputa pelo poder, marcadas pela oposição entre Estados fortes e fracos/dependentes. Para o autor, a superação desse cenário deveria justamente ocorrer por meio de um processo de autonomização nacional. Esse processo envolveria a eliminação das relações de dependência com a potência dominante. Inicialmente, isso seria alcançado pela substituição das visões, dos interesses e dos planos de desenvolvimento das elites nacionais. A mudança de comportamento e o alinhamento do país com a potência central seriam passos cruciais nesse processo.

O autor identifica quatro momentos nesse roteiro:

I. **Superação da dependência paracolonial**: mesmo que o Estado tenha uma formalidade de governo e soberania – não sendo mais uma colônia –, as elites dominantes da sociedade nacional constituem um prolongamento de governo e de poder do Estado central.

II. **Superação da dependência nacional**: os grupos internos centrais nas disputas de poder conseguem racionalizar a relação de dependência e estabelecer medidas que podem chegar à conformação de uma proposta de "projeto nacional".

III. **Definição de uma autonomia heterodoxa**: há a coexistência do reconhecimento da potência central pelo Estado, mas as elites e o modelo de desenvolvimento podem contrapor ou ter posicionamentos distintos dos interesses da potência central.

IV. **Definição de uma autonomia secessionista**: o Estado se distancia da potência central, não fazendo mais parte do bloco vigente. Nessa perspectiva, segundo o autor, "Autonomizar significa ampliar a margem de decisão própria e, normalmente, implica, portanto, recortar a margem de que desfruta algum outro. Salvo casos-limite ou atípicos, a obtenção de uma maior autonomia supõe um jogo estratégico prévio de soma-zero, no qual alguém ganha o que outro perde" (Puig, 1982, p. 44).

Ainda conforme Puig (1982), o alcance da autonomia passa por quatro estágios: (i) o *status* formal de Estado soberano; (ii) os benefícios materiais suficientes para elaborar e pôr em prática o projeto nacional; (iii) a aceitação das políticas da potência em suas áreas de interesse estratégico e a possibilidade de exercer a autonomia em setores importantes para os países latino-americanos; e (iv) a ruptura da dependência com o centro e a tomada de ações de não obediência.

Para Puig (1982), a formulação de acordos de integração regional é um instrumento de exercício da política exterior autônoma do Estado. O autor propõe uma visão de integração que parte do reconhecimento de valores e identidades compartilhados entre latino-americanos, principalmente pela noção de busca por autonomia, pela condição assimétrica do poder e pelos processos históricos de colonização compartilhados. Desse modo, Puig entende que essa visão de integração consiste em um fenômeno social no qual grupos humanos – Estados, sociedades, empresas, comunidade internacional – adotam uma regulamentação permanente em matérias que pertencem à sua competência exclusiva, alterando a forma como tais grupos sociais interagem, a partir da substituição da atuação individual pela atuação conjunta e com a intenção de permanência (Puig, 1986).

De acordo com Puig (1986), portanto, a integração regional deveria adotar uma concepção ampliada, solidária, flexível e gradual, também tendo um recorte político, cultural e social, para além de uma integração econômica. A perspectiva do autor dialoga com uma integração regional capaz de extrapolar as elites e os Estados, por meio de projetos bem-sucedidos e que influenciem as sociedades nacionais mediante políticas efetivas e com impacto social.

Por sua vez, para Hélio Jaguaribe (1979), a estrutura internacional é marcada por uma estratificação que extrapola a concepção de centro-periferia, em que a autonomia seria uma das opções para o desenvolvimento na região[5] e para superar a dependência. Logo, no pensamento do autor, a autonomia estaria relacionada à condição de inserção do Estado na estrutura hierárquica do sistema internacional.

Nessa ótica, Jaguaribe (1979) compreende a política e o capitalismo internacional como uma estrutura de constrangimentos e vulnerabilidades que dificultam o exercício do pleno desenvolvimento estatal. Segundo o autor, a autonomia estaria vinculada a um processo de concepção de políticas de desenvolvimento que fossem marcadas pela liberdade na tomada de decisão de atores estatais. A capacidade de atuação conforme suas próprias perspectivas, interesses e demandas levaria os Estados a um desenvolvimento de tipo "autônomo".

Entretanto, tal desenvolvimento depende de duas condições em relação ao sistema: a viabilidade nacional e a permissibilidade internacional (Jaguaribe, 1979). A primeira se caracteriza pela disponibilidade de recursos humanos e naturais do Estado, bem como por sua capacidade de promover o intercâmbio de tais recursos no ambiente internacional. A segunda reflete as dinâmicas referentes aos elementos da geopolítica internacional e evidencia a condição do país de neutralizar riscos internacionais provenientes de outras nações capazes de exercer formas de coerção. Logo, para o autor, a autodeterminação do desenvolvimento estatal constitui um elemento central para o exercício da autonomia.

No entanto, essa capacidade de autodeterminação estaria relacionada ao posicionamento desse Estado em tal estrutura. Segundo Jaguaribe (1979), no sistema há níveis hierárquicos que podem condicionar o Estado a adotar as seguintes posições: supremacia global, supremacia regional, autonomia e periferia.

---

5 As outras duas seriam a dependência e a revolução.

Quanto à integração regional, Jaguaribe (1979) a compreende como um meio para alcançar a autonomia, uma vez que a construção de políticas compartilhadas entre governos pode ocasionar a formação de recursos tecnológicos, financeiros e humanos, além de ser capaz de fomentar a superação das vulnerabilidades e dos constrangimentos impostos pela estrutura internacional do capitalismo. A esse respeito, o autor identificou a importância de incorporar o contexto regional ao cálculo estatal para superar a posição da região na política internacional. Com isso, a integração regional seria um mecanismo estratégico para reduzir a dependência no sistema. Nesse sentido, ela seria concebida como um instrumento de desenvolvimento do Estado, tendo como objetivos o desenvolvimento nacional, a maximização nacional e regional da autonomia de decisões e, ainda, a potencialização da endogenia do desenvolvimento e da viabilidade regional.

Posteriormente, outras interpretações regionais influenciadas pelo conceito de autonomia surgiram na literatura latino-americana. Nos marcos da década de 1980, baseados em uma leitura utilitarista da política internacional, alguns pensadores operacionalizaram a autonomia a partir de uma inserção regional e internacional por meio do reconhecimento da condição periférica e da associação à potência. Nesse contexto, destacam-se o realismo periférico de Carlos Escudé (1992, 1995) e a autonomia pela participação e integração implementada no Brasil nos anos 1990.

O realismo periférico compreende a autonomia levando em conta os custos associados à relação com a potência, na qual se busca o desenvolvimento sem confrontar as grandes potências. Assim, o reconhecimento da potência geraria ganhos em termos de desenvolvimento, e a política externa deveria estar atrelada a um cálculo de custos e benefícios materiais. Logo, a política externa deveria eliminar a tentativa de se desvincular das potências e racionalizar a posição periférica na política internacional em decorrência da ausência de autonomia, buscando capitalizar as possiblidades escassas de uma inserção menos subordinada na política internacional.

A autonomia, para Escudé (1991), não é sinônimo de liberdade de ação, mas é determinada em termos dos custos vinculados a tal liberdade. Sob essa perspectiva, o autor alerta que é importante saber distinguir o que é a autonomia em si do uso que dela se faz. Tal uso pode ser concebido como um investimento de autonomia quando visa (com sucesso ou não) alimentar a base de poder e/ou o bem-estar do país, mas também pode representar um mero exercício de autonomia, quando tem por objetivo acarretar uma manifestação pública para demonstrar a não sujeição à potência ou a outro Estado.

A conceituação de autonomia para o Estado brasileiro, segundo Vigevani e Ramanzini Jr. (2014), significou, em face do mundo exterior, a capacidade de decisão do Brasil diante dos centros de poder internacional, viabilizando a possibilidade de o país realizar escolhas reais. Os autores defendem que tal condição se fez válida em diferentes momentos, com maior ou menor intensidade, mas sempre foi um fio condutor da política externa brasileira. De acordo com eles, a noção de autonomia se complementa pela capacidade do Estado de implementar decisões baseadas em seus próprios objetivos, sem interferência ou restrição exterior, bem como pela habilidade de controlar as consequências internas dos processos ou eventos produzidos além de suas fronteiras.

Fonseca Jr. (1998) e Vigevani e Cepaluni (2007) mencionam que, ao longo da história recente da política externa brasileira, a busca pela autonomia pode ser classificada em diversos conceitos. Durante a Guerra Fria, ela se configurou como autonomia pela distância, definindo-se como uma política de não aceitação automática dos regimes internacionais prevalecentes e, sobretudo, assumindo a crença no desenvolvimento parcialmente autárquico, voltado à ênfase no mercado interno. Consequentemente, era uma diplomacia que se contrapunha a certos aspectos da agenda das grandes potências para preservar a soberania do Estado nacional (Vigevani; Cepaluni, 2007).

Com o final da Guerra Fria, conforme Fonseca Jr. (1988), a mudança gerada pela democratização brasileira, pela aceleração do processo chamado de *globalização* e pela entrada de novos temas na política internacional (meio ambiente, direitos humanos, reforma da ordem comercial internacional etc.) acarretou uma adaptação dessa autonomia. No novo cenário, manter a distância de temas polêmicos não seria vantajoso, pois participar deles seria o elemento ideal para influenciar a agenda e fazer parte dos processos decisórios da nova ordem internacional. Sob essa lógica, o conceito de autonomia pela participação se estabeleceu (Vigevani; Cepaluni, 2007) como a adesão aos regimes internacionais, inclusive os de cunho liberal, sem perder a capacidade de gestão da política externa. Nesse caso, o objetivo seria influenciar a própria formulação dos princípios e das regras que regem o sistema internacional.

Complementarmente, com relação à concepção da autonomia pela participação, o governo brasileiro desenhava, no início dos anos 1990, um realinhamento de sua política externa que conduziria uma inserção baseada em uma autonomia que não seria realizada por meio do distanciamento da política internacional, mas pela integração (Lampreia, 1998) e pela participação (Fonseca Jr., 1998) do país nas novas dinâmicas e temas impostos pelo ordenamento pós-Guerra Fria. Sob essa perspectiva, como pontua Marcelo Passini Mariano (2015), a política externa intensificava sua participação em foros multilaterais e regimes internacionais, acompanhada pela busca por uma maior institucionalização desses espaços, como forma de garantir ganhos, revelar as assimetrias de poder existentes e provocar a criação de mecanismos capazes de controlar tais diferenças.

É interessante perceber que esse movimento de novas concepções referentes às autonomias não ocorre só no Brasil, perpassando também as leituras e inserções de outros países da região. Russell e Tokatlian (2003), por exemplo, demonstram que, em decorrência das mudanças observadas na América Latina no final da década de 1990 – globalização, democratização e integração –, houve uma alteração do espaço e da forma de atuação dos países latino-americanos, instaurando-se uma ampla redefinição do conceito. Segundo os autores, esse cenário foi mote para a transição de uma concepção de autonomia antagônica para a de autonomia relacional.

A autonomia relacional, a qual se aproxima do conceito de autonomia pela participação, deve ser entendida como a capacidade e a vontade de um país, em conjunto com outros, de tomar decisões por sua própria deliberação e de enfrentar situações e processos que surjam dentro e fora de suas fronteiras. A essa perspectiva está associada a percepção de que a autonomia dos países latino-americanos não pode mais depender de políticas nacionais ou sub-regionais de isolamento, autossuficiência ou oposição, devendo ancorar-se em um novo padrão de atividade, uma nova estrutura institucional e um novo sistema de ideias e identidades definidas e desenvolvidas em uma teia de relacionamentos na qual "o outro" – em vez de "o oposto" – começa a ser parte integrante do que se é. Nessa ótica, a autonomia se define pela capacidade do Estado de participar e, efetivamente, exercer influência em questões globais, particularmente em organizações e regimes internacionais.

Para conquistar a autonomia relacional, de acordo com Russell e Tokatlian (2003), esta deve ser estabelecida por meio do fortalecimento das instituições internas e da formação de compromissos domésticos capazes de gerar instituições democráticas que produzam bens comuns.

Por fim, Vigevani e Cepaluni (2007) definem o conceito de autonomia pela diversificação, principalmente considerando a mudança de orientação da política externa durante o governo

Lula, exemplificada pela adesão do país aos princípios e às normas internacionais por meio de alianças Sul-Sul, inclusive regionais, e de acordos com parceiros não tradicionais (China, Ásia-Pacífico, África, Europa Oriental, Oriente Médio etc.), pois se acredita que tais acordos reduzem as assimetrias nas relações externas com nações mais poderosas e elevam a capacidade nacional de negociação.

Vigevani e Ramanzini Jr. (2014) chamam a atenção para o elemento central da consideração da autonomia para compreender teoricamente a integração regional na América Latina/Sul. Em virtude do modo como a questão da autonomia se insere nos objetivos de ação externa dos Estados latino-americanos, particularmente no caso do Brasil, a experiência da integração tem particularidades importantes, inclusive consequências teóricas a serem observadas. Os modelos de integração regional, com destaque para o do Mercado Comum do Sul (Mercosul) e o da União das Nações Sul-Americanas (Unasul), destoam das explicações europeias de integração regional.

Segundo Vigevani e Ramanzini Jr. (2014), os processos de integração realizados pelo Estado brasileiro estão centrados na percepção de que a promoção e o fomento de arranjos de integração mediante a formação de blocos regionais são instrumentos para fortalecer a autonomia dos Estados-membros. Diferentemente das teorias europeias, para as quais a integração surge da demanda dos atores e grupos de interesse domésticos, no caso sul-americano tal condição não se apresenta. Mesmo assim, há um processo de integração que avança sob o prisma da busca pela autonomia por parte dos Estados nacionais. Por exemplo, no Brasil, não há uma forte demanda pela integração nem houve um crescimento vigoroso da interdependência. Contudo, ao longo de quase três décadas, o país teve forte atuação em favor da integração e da cooperação regional, fato que, de acordo com os autores, explica-se pela capacidade de conectá-las à perspectiva da autonomia.

Dando prosseguimento a nossos estudos, trataremos de perspectivas teóricas que procuraram problematizar os processos contemporâneos de integração regional sul-americanos a partir de uma concepção latino-americanista.

Regionalismos pós-liberal e pós-hegemônico

Os pesquisadores Perrotta e Porcelli (2019, 2021) demonstram como a academia regional, nas últimas décadas, empreendeu esforços para compreender os regionalismos a partir da contribuição latino-americana. Eles mencionam ao menos dez adjetivos[6] que a academia imputou aos regionalismos a fim de procurar entender as diversas nuances dos processos regionais de integração. Entre as interpretações, destacam-se duas propostas de construção regional na região: o regionalismo pós-liberal e o regionalismo pós-hegemônico.

O regionalismo pós-liberal resultou de um processo de mudança regional ocorrido na virada da década de 1990, a qual ficou marcada, em termos de regionalismo, pela superação da matriz de pensamento integracionista latino-americano, quando a Comissão Econômica para a América Latina e o Caribe (Cepal), no início dos anos 1990, propôs o conceito de regionalismo aberto, o qual foi absorvido pelas políticas externas de vários países da região. Pela definição cepalina, esse tipo de regionalismo decorre de um processo crescente de interdependência no nível regional, promovido por acordos preferenciais de integração e por outras políticas, em um contexto de liberalização e desregulação capaz de fortalecer a competitividade dos países da região e, na medida do possível, constituir a formação de blocos para uma economia internacional mais aberta e transparente (Cepal, 1994).

---

6 *Regionalismo productivo*; *regionalismo social*; *regionalismo inclusivo*; *regionalismo solidario*; *regionalismo regulatorio*; *regionalismo segmentado*; *regionalismo modular*; *regionalismo declarativo*; *regionalismo superpuesto (overlapping)*; e *regionalismo à la carte*.

Percebe-se, segundo Corazza (2006), que o regionalismo aberto procurou conciliar dois fenômenos: a crescente interdependência regional resultante dos acordos preferenciais e a tendência do mercado de promover a liberalização comercial. Para o autor, esse tipo de regionalismo pretende conciliar as políticas de integração regional com as políticas que visam promover a competitividade internacional ou, ainda, procura combinar a liberalização comercial entre os parceiros do bloco regional com políticas de liberalização em relação a terceiros países. Ou seja, como acentuam seus autores, em um contexto de regionalismo aberto, os acordos de integração podem servir como mecanismo para a adoção das regras internacionais. Nesse sentido, o "regionalismo aberto" vê o mercado comum latino-americano como meio de superar o modelo de industrialização mediante a substituição de importações, de diversificar a estrutura produtiva e de diminuir a vulnerabilidade externa.

Como convém lembrar, foi nessa conjuntura que, em março de 1991, firmou-se o Tratado de Assunção, em cujo preâmbulo consta que o Mercosul seria uma tentativa de adequar a América do Sul ao novo cenário internacional. O texto afirma que a integração promovida por esse mercado é formalmente vista como uma resposta alinhada ao objetivo de engendrar uma adequada inserção internacional dos países-membros diante da evolução dos acontecimentos internacionais – especialmente, a formação de grandes espaços econômicos (Mercosul, 1991).

Sob essa ótica, o regionalismo pós-liberal demarca justamente uma contraposição ao modelo cepalino. Diferencia-se no entendimento de que a liberalização dos fluxos de comércio e de investimentos e sua consolidação em acordos comerciais não apenas não são capazes de "endogenamente" gerar benefícios para o desenvolvimento, como também podem reduzir substancialmente o espaço para a implementação de políticas nacionais "de desenvolvimento" e para a adoção de uma agenda de integração preocupada com temas de desenvolvimento e equidade (Veiga; Ríos, 2008).

Conforme Veiga e Ríos (2008), com a ampliação do entendimento da integração a partir da inclusão de temas econômicos não comerciais e de temas não econômicos, surgiu um novo entendimento da noção de integração. Esse contexto trouxe consigo critérios bastante diversificados, como a pertinência para viabilizar objetivos de desenvolvimento e/ou de equidade e o reconhecimento da necessidade de participação no processo de grupos sociais que teriam sido excluídos dos modelos liberais de integração.

Nessa visão de regionalismo, também o papel do Estado é ressignificado. No regionalismo pós-liberal, o papel ativo estatal na integração é revalorizado como agente responsável por definir a visão estratégica do perfil da integração (Lockhart, 2013). Para Lockhart (2013), nessa nova perspectiva, busca-se superar um modelo estatal incapaz de resolver problemas básicos (como pobreza e distribuição de renda) e implementar um modelo em que o Estado está apto a exercer a condução política orientada para o bem-estar da sociedade.

Exemplos de iniciativas que ilustram o modelo de regionalismo pós-liberal foram a Alianza Bolivariana para os Povos de Nossa América (Alba) – *Tratado de Comercio de los Pueblos* – e a Unasul. Essas iniciativas se destacaram pela inovação em seus modelos de integração, tanto por não buscarem adaptações às etapas ou às taxonomias tradicionais de integração econômica (como zonas de livre comércio, uniões aduaneiras ou mercados comuns) como por não conterem propósitos supranacionais em sua concepção (Sanahuja, 2012a).

Sanahuja (2012a) aponta algumas características comuns às duas iniciativas e que evidenciam suas peculiaridades, tais como:

- Há o retorno da política, do Estado e do desenvolvimento[7] como eixos da política externa, em detrimento de uma agenda de liberalização econômica.
- Ambas correspondem a iniciativas de governos de esquerda, com discursos nacionalistas, e projetam-se como espaços para o exercício de liderança regional pelos seus principais formuladores – Venezuela e Brasil.
- Ambas representam exercícios de autonomia via integração da relação de dependência imposta pelo mercado internacional e pelos Estados Unidos, refletindo até mesmo em agendas renovadas relacionadas a questões como paz, segurança e defesa, infraestrutura, gestão de crises e coordenação de política externa.
- As duas iniciativas objetivam a implementação de instituições e políticas comuns com base na ideia de integração positiva, enfatizando a cooperação Sul-Sul na região, bem como o desenvolvimento de novos mecanismos e agendas de cooperação em áreas como segurança energética, coordenação.acroeconômica, questões monetárias e financiamento do desenvolvimento.
- Dedica-se maior atenção às questões sociais e à redução das assimetrias de desenvolvimento, vinculando a integração regional à redução da pobreza e da desigualdade, com a tentativa de promover atores não estatais para legitimar socialmente a integração.

Na esteira das transformações regionais do início dos anos 2000, período marcado principalmente pelas crises econômicas neoliberais na transição do milênio, as quais evidenciaram o fracasso das políticas econômicas e sociais orientadas para o mercado, bem

---

[7] Desenvolvimento entendido no quadro mais amplo do "Consenso Pós-Washington". Isso envolve políticas que tentam distanciar-se do neoliberalismo, do regionalismo aberto e de seu foco na liberalização do comércio (Sanahuja, 2008).

como as limitações de uma integração regional econômica, a integração regional vivenciou uma inflexão e ressignificação na América Latina. Assim, outra categorização desse regionalismo latino-americano surgiu em relação ao regionalismo pós-hegemônico, principalmente por conta de uma nova leitura sobre a inserção da região na política internacional e no papel da Unasul como expressão desse regionalismo (Serbín, 2011; Riggirozzi; Tussie, 2012; Briceño-Ruiz; Hoffmann, 2015).

Inicialmente pensado por Amitav Acharya (2009) sob o entendimento de que o declínio da hegemonia estadunidense traria impactos para a conformação das regiões e do regionalismo no mundo, permitindo a emergência de ordens regionais, o conceito de regionalismo pós-hegemônico foi ressignificado por Riggirozzi e Tussie (2012, 2018a) para o contexto latino-americano com base em uma concepção gramsciana do exercício hegemônico. A linha mestra estava na perspectiva de que o espaço regional corresponde a uma estrutura de oportunidades para fortalecer o novo consenso político, construído do nacional para o regional, particularmente no campo dos direitos sociais e de forma mais autônoma com relação às potências. Desse modo, o regionalismo passou a ser entendido como uma extensão da política nacional.

Essa nova concepção do regionalismo objetiva desenvolver uma nova maneira de os Estados latino-americanos exercerem autoridade nas políticas públicas regionais, tendo como base uma nova percepção e um distanciamento em relação ao regionalismo aberto e à ingerência, principalmente dos Estados Unidos, nas decisões regionais, além de um fortalecimento nas estruturas de coordenação de demandas sociais de maior inclusão (Riggirozzi; Tussie, 2018a).

Riggirozzi e Tussie (2018b) pontuam que o regionalismo deve ser pensado para além da institucionalização de práticas transfronteiriças, ou seja, deve ser visto como um reflexo de alterações no espaço regional. Dessa forma, a região pode ser significada e ressignificada pelos seus agentes – estatais e não estatais – conforme as motivações, os interesses, as ideias, as narrativas e os resultados das políticas. As autoras tomam as regiões como construções sociais e políticas que produzem uma dinâmica que afeta a criação e a difusão de normas. Mas, para além disso, a partir do regionalismo pós-hegemônico, surgiu também a possibilidade de problematizar as práticas de ativismo social e político em nível regional. Para Riggirozzi (2012), essa perspectiva do regionalismo é entendida como uma forma de governança regional para além de uma visão de confronto com o hegemônica ou estritamente comercial, partindo de uma visão multidimensional do processo de integração, que também permite a possibilidade de integração por uma via política e social. De acordo com Riggirozzi e Tussie (2012), podemos compreender o período do regionalismo pós-hegemônico como um momento híbrido, no qual coexistem várias propostas de integração, entre as quais constam projetos mais voltados para uma perspectiva comercial, como a Aliança do Pacífico (AP) e a Comunidade Andina de Nações (CAN), projetos baseados em visões multifacetadas com propostas direcionadas ao fortalecimento da autonomia, como a Unasul e o Mercosul, e propostas vinculadas à contestação dos modelos de integração capitalistas, com forte viés político e social, como a Alba.

Conforme Briceño-Ruiz (2016), conceber o regionalismo pela sua característica pós-hegemônica tem um valor explicativo maior para o período, já que reflete a superação da condição de dominação hegemônica anterior, até mesmo com seu rompimento a partir da utilização dos processos de integração como mecanismo. Nesse sentido, a forma pós-hegemônica evidenciaria a lógica contrária ao livre comércio e estaria mais próxima de uma concepção de regionalismo orientada para a cooperação política, militar, financeira, de promoção da infraestrutura e na área da saúde.

Briceño-Ruiz (2020) problematiza e sinaliza que o regionalismo latino-americano foi pós-hegemônico não porque os Estados Unidos deixaram de ser promotores de iniciativas de integração ou cooperação, mas porque se superou, entre 2003 e 2015, a narrativa única acerca do regionalismo e da integração econômica, particularmente com o objetivo de alcançar a inserção dos países da região na economia mundial.

Esse período ficou marcado pelo aprofundamento da cooperação e do diálogo político regional, voltado ao propósito de fomentar a capacidade da ação coletiva e da soberania estatal por meio de uma diversidade de acordos, de políticas de coordenação e da busca pela formação de identidades compartilhadas e por um ativismo regional intenso (Sanahuja, 2012b). Essas circunstâncias proporcionaram um ambiente propício ao surgimento de diferentes abordagens de desenvolvimento estatal, ao fortalecimento das políticas sociais e à promoção de esforços em prol da cidadania tanto na esfera nacional quanto nos âmbitos regionais.

Crise do regionalismo

O cenário de fortalecimento do regionalismo na região começou a erodir a partir de crises sistemáticas e de mudanças políticas nacionais e regionais. Sanahuja e Burian (2020b) sinalizam que a crise financeira de 2008 marcou o fim da globalização como estrutura da ordem internacional e afetou os países na região principalmente pelo fim do ciclo de expansão dos preços de *commodities* e matérias-primas. Tal condição era a base para a nova inserção desses países na política global, bem como o sustentáculo para a expansão econômica e os avanços em políticas sociais. O cenário de crise do regionalismo gerou algumas problematizações para as teorias do regionalismo latino-americano.

Briceño-Ruiz (2020) complementa afirmando que, nesse cenário de crise econômica, tornou-se mais difícil para as instituições regionais vigentes alcançar os resultados propostos de modo que pudessem construir uma integração regional mais duradoura e cristalizar o modelo de regionalismo almejado, o que levou ao fim do ciclo pós-hegemônico e à crise do regionalismo latino-americano. A esse contexto Vadell e Giaccaglia (2020) acrescentam a ascensão internacional de políticas protecionistas e soberanas, associadas ao Brexit e à chegada de Donald Trump ao governo dos Estados Unidos, bem como a presença imparável da China na América Latina.

Paralelamente, as crises econômicas e as políticas internas que não conseguiram manter o crescimento e as políticas sociais ocasionaram o enfraquecimento das forças políticas nacionais, o que abriu terreno para o avanço de governos opositores alinhados à direita e à extrema direita. Tais grupos apresentavam propostas bem distintas de integração regional e de inserção internacional vigente, inclusive com projetos que levavam ao enfraquecimento do regionalismo e das instituições regionais.

O surgimento dos grupos de extrema direita acompanha uma dinâmica global de crise e substituição de grupos progressistas por outros conservadores, os quais, para Sanahuja e Burian (2020a), extrapolam as especificidades nacionais originadas da crise da hegemonia e têm como foco o questionamento tanto da esquerda cosmopolita quanto da direita liberal e globalista. Para os autores, em alusão ao trabalho de Zürn (2014), com a emergência desses grupos, observa-se um processo de "repolitização e contestação das normas e instituições da ordem liberal, sob uma retórica nacionalista que mobiliza aqueles que foram negativamente afetados pelos processos de globalização" (Sanahuja; Burian, 2020a, p. 26).

Mariano, Bressan e Luciano (2021) enfatizam a variedade de alternativas e projetos regionais que passaram a existir na região na primeira década do século XXI, sem que houvesse um modelo único predeterminado e sólido de integração. Esse contexto levou à interpretação de que todos os arranjos regionais podem ser desenvolvidos. Vadell e Giaccaglia (2020) acrescentam que o atual regionalismo *à la carte* manifesta uma significativa fragmentação política, como produto de distintas mudanças de governo acompanhado de uma apatia geral posteriormente aprofundada pela presença de esquemas regionais concorrentes, com perspectivas ideológicas divergentes.

Tal condição, segundo Mariano, Bressan e Luciano (2021), gerou uma ambiguidade: há na região maior liberdade de escolha para que os Estados acatem regimes mais alinhados aos objetivos de suas políticas externas e, concomitantemente, uma diversidade que aumenta a instabilidade dos processos e diminui a coesão interna das instituições. Nesse contexto, os Estados são questionados acerca de sua filiação às ações, em decorrência da consideração dos benefícios cruciais derivados dos custos de integração. Para as autoras, nesse momento do regionalismo latino-americano, é baixo o comprometimento de atores (especialmente estatais e governamentais), o que reforça a concepção de que normas regionais e estruturas são voláteis e mutáveis, feitas não para se cristalizarem ou se perpetuarem (Mariano; Bressan; Luciano, 2021).

Briceño-Ruiz (2020) sinaliza que, embora esses novos governos de centro e de extrema direita tenham obtido êxito na reversão do ciclo pós-hegemônico da integração regional latino-americana, não foram capazes de construir uma alternativa bem-sucedida, apenas tentativas irrealistas de retomar o regionalismo aberto, em um contexto de nacionalismo econômico e protecionismo após o triunfo de Donald Trump nos Estados Unidos, em 2016. A esse respeito, Neves e Honório (2019) apontam dois marcos que potencializaram a crise do regionalismo pós-liberal na região: (i) as grandes mudanças eleitorais que deram origem a grupos conservadores de direita na Argentina e no Brasil e (ii) a crise venezuelana após a morte de Hugo Chávez. Segundo Frenkel e Azzi (2021), convém buscar entender o distanciamento da região proposto por Bolsonaro, já que o fim da política "sul-americana" de Brasília não só representa uma das rupturas mais marcantes da política externa brasileira recente, como também tem implicações concretas para o futuro do regionalismo sul-americano, ao aguçar as atuais tendências de fragmentação e desintegração.

Nesse ciclo, o novo modelo de regionalismo que se desenha na região apresenta, conforme Sanahuja (2019), duas grandes tendências: (i) uma crescente contestação institucional e normativa à integração regional e, como consequência, (ii) um processo de crise das organizações regionais que ocasionaria o enfraquecimento, a fragmentação e a desintegração da integração da política regional. O primeiro marco do processo de enfraquecimento do regionalismo sul-americano foram as crises em torno da Unasul, que, incialmente, contou com a suspensão voluntária de seis membros – Argentina, Brasil, Chile, Colômbia, Paraguai e Peru; posteriormente, houve o processo de nomeação do secretário-geral que dividiu o bloco; finalmente, em 2019, ocorreu a saída de Chile, Colômbia e Brasil. Para Carvalho e Senhoras (2020), as razões para uma rápida fragmentação da regionalização transnacional estão relacionadas às dinâmicas econômicas e políticas de natureza conjuntural intra e extrarregional *vis-à-vis* questões estruturais, referentes tanto à latência de um perfil de integração rasa do bloco quanto à conformação de agendas bilaterais e plurilaterais fundamentadas em acordos preferenciais de comércio, em um contexto de crise do multilateralismo comercial e de contestação do próprio regionalismo aberto.

Neves (2020) elenca sete razões que a literatura tem utilizado para explicar a crise do regionalismo na região. Para a autora, no cenário regional, há (i) uma confluência de pressões internas e externas na dinâmica do regionalismo latino-americano como resultado de mudanças na conjuntura global e nacional, as quais levam à redefinição da dinâmica regional; seguida da (ii) falta de comprometimento e atuação dos países no sentido de exercer a liderança do processo de integração regional (especialmente sob uma perspectiva histórica, que ressalta a importância das lideranças para a construção de blocos e instituições regionais) e da (iii) instabilidade interna dos governos, fato que aprofundou a crise regional, seja pela incapacidade de estes se projetarem externamente como atores capazes de mediar conflitos, exercer a coordenação e estabilizar o sistema, seja pela alteração de suas agendas, relegando a temática da integração a segundo plano.

Essa alteração da prioridade governamental representou (iv) a priorização da autonomia nacional em detrimento da possível elaboração de uma autonomia regional – mudança que transforma as relações multilaterais na região e se reflete em instituições mais frágeis, sujeitas a crises e suscetíveis aos interesses governamentais. Como resultado da sobreposição dos interesses nacionais e da diversidade de projetos buscados pelos Estados, em um cenário de lideranças dispersas que não avançam para a construção do espaço regional, mas que rivalizam na fundação de instituições regionais, (v) a fragmentação do regionalismo surge como elemento de crise.

Como consequência da instabilidade e da priorização da agenda doméstica, observam-se (vi) um baixo intercâmbio intrarregional e uma abertura à reprimarização da economia, o que evidencia a dificuldade de promover o desenvolvimento conjunto da região. Tal condição reforça (vii) a manutenção de um processo cíclico referente à percepção e à atuação dos países da região quanto ao regionalismo – condição que ora é potencializada em esforços pró-integração, ora é rechaçada, tornando-se alvo de críticas.

Síntese

Neste capítulo, buscamos apresentar as principais teorias da integração regional desenvolvidas por pensadores europeus e latino-americanos ao longo das últimas décadas. Assim, o leitor pôde se apropriar dos conceitos teóricos referentes à integração, além de compreender as diferenças entre as abordagens europeias e latino-americanas acerca dos processos de integração regionais. Por fim, explicamos como as peculiaridades históricas, políticas e sociais impactaram a configuração de projetos de integração e propostas de regionalismos distintos na América Latina e na Europa.

Questões para revisão

1. Defina o conceito de *spill-over* e relacione-o ao processo de integração regional.

2. Assinale a alternativa que sintetiza corretamente as premissas da teoria intergovernamental para explicar a integração regional europeia:
   a. Arranjos e sistemas de coordenação e negociação entre entidades com independência formal.
   b. Os atores da integração são racionais, e o processo decisório é incremental e frequentemente motivado pelas consequências não intencionais de decisões anteriores.
   c. Os Estados-nação são os principais atores da integração e são racionais.
   d. A visão crítica com relação ao Estado-nação e à soberania.

3. Com relação ao conceito de autonomia, explique a seguinte afirmação: o que se concebe como autonomia varia histórica e espacialmente, além de ser influenciado pelas posições de poder entre os Estados, mas, na literatura latino-americana, a autonomia é a chave central para teorizar sobre a integração regional.

4. Considerando os conceitos de autonomia, assinale a alternativa **incorreta**:
   a. A autonomia pode ser concebida como o direito de um governo ser independente das estruturas de autoridade externa, direito do qual decorre o princípio da não intervenção, ou a liberdade de agir nos assuntos internos sem a interferência de qualquer autoridade externa.
   b. A formulação de acordos de integração regional dificulta o exercício da política exterior autônoma do Estado, uma vez que a integração parte do reconhecimento de valores

e identidades compartilhados entre atores, o que potencializa a condição assimétrica do poder e dos processos históricos.

   c. A autonomia pela participação está relacionada à adesão aos regimes internacionais, inclusive os de cunho liberal, sem perder a capacidade de gestão da política externa, com o objetivo de influenciar a própria formulação dos princípios e das regras que regem o sistema internacional.
   d. A autonomia pela diversificação está relacionada à adesão do país aos princípios e às normas internacionais por meio de alianças Sul-Sul, inclusive regionais, e de acordos com parceiros não tradicionais.

5. Dois dos principais conceitos que buscam explicar os regionalismos latino-americanos contemporâneos são os de regionalismo pós-liberal e regionalismo pós-hegemônico. A esse respeito, assinale a alternativa **incorreta**:

   a. O regionalismo pós-liberal sintetizou a mudança na concepção dos objetivos econômicos e comerciais das iniciativas regionais durante a década de 1990 na América Latina, sob o contexto da globalização neoliberal e do novo regionalismo. Nessa ótica, os regionalismos não deveriam isolar as regiões, mas, pelo contrário, inseri-las na nova ordem econômica internacional e na liberalização do comércio internacional.
   b. O regionalismo pós-liberal resultou da superação da concepção cepalina de integração e diferenciou-se pelo entendimento mais ampliado do conceito de integração a partir da inclusão de temas econômicos não comerciais e de temas não econômicos, além da ressignificação do papel do Estado.

c. O regionalismo pós-hegemônico parte de uma visão multidimensional do processo de integração, que também permite a possibilidade de integração por uma perspectiva política e social.

d. O período compreendido pelo regionalismo pós-hegemônico pode ser concebido como um momento híbrido, no qual coexistiram várias propostas de integração, entre as quais constam projetos mais voltados a uma perspectiva comercial e outras propostas com perspectivas multifacetadas direcionadas ao fortalecimento da autonomia.

Questão para reflexão

1. Com base na explicação das principais teorias de integração apresentadas neste capítulo, qual delas você considera mais adequada para explicar o Mercosul? Justifique sua resposta.

Para saber mais

OS DESAFIOS da integração regional no atual contexto latino-americano. **Unila**, 25 dez. 2018. Disponível em: <https://www.youtube.com/watch?v=H2WqmURZXsM>. Acesso em: 25 mar. 2023.

No vídeo indicado, os professores Felipe Cordeiro e Mônica Bruckmann analisam a atual situação da integração regional na América Latina. Levando em conta os principais fatos e crises, Bruckmann ressalta como a mudança na correlação de forças em diversos países do continente tem alterado, também, os processos de integração regional (a exemplo da crise na Venezuela e da saída dos países dos blocos de integração, como a Unasul). Além disso, a professora explica como a visão integracionista deixou a dimensão dos governos para atingir os movimentos populares e as universidades.

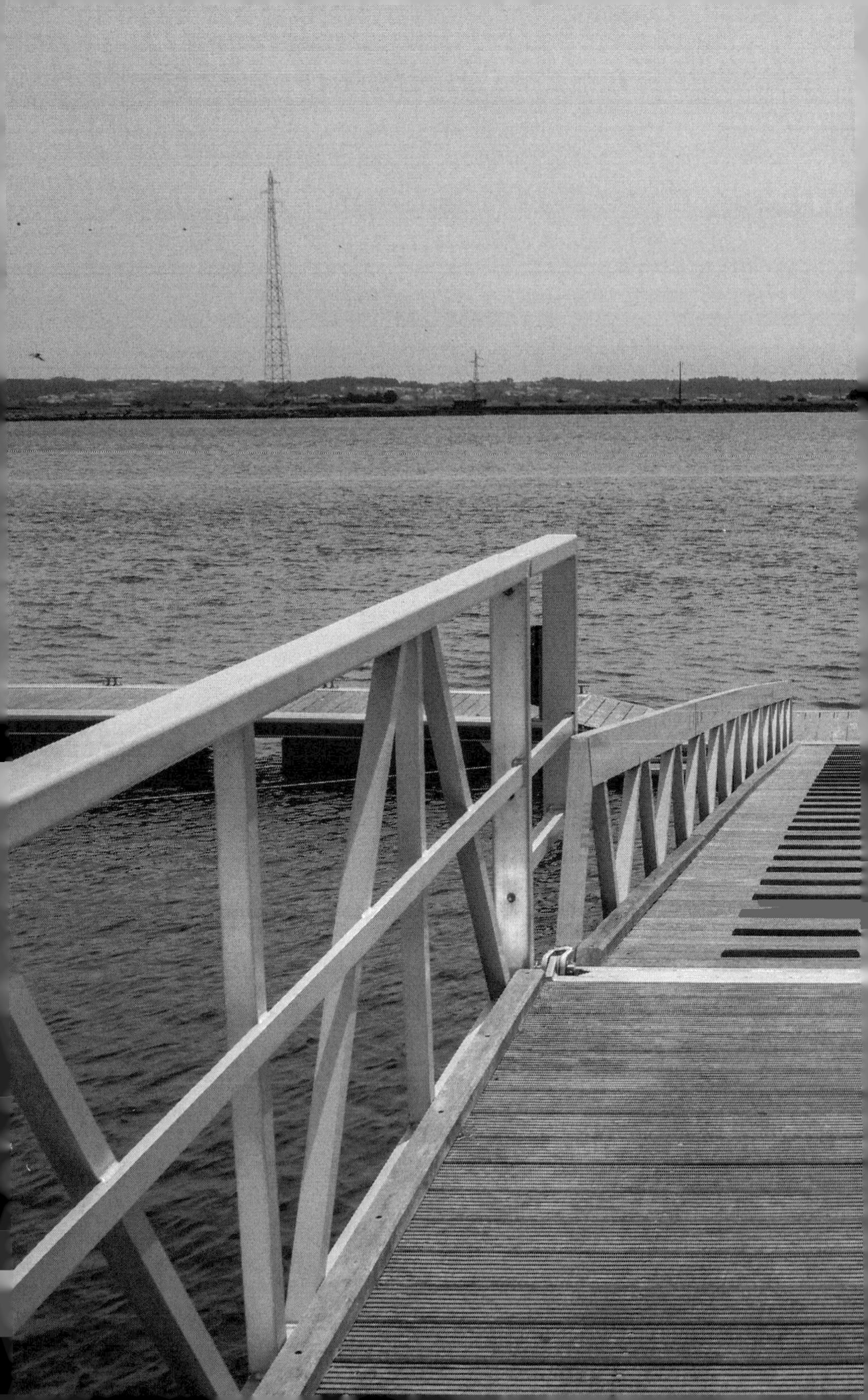

capítulo três

As ondas
do regionalismo
no mundo

Conteúdos do capítulo:

- Fases do regionalismo na história mundial.
- Protorregionalismo.
- Velho regionalismo; regionalismo fechado.
- Novo regionalismo; regionalismo aberto.
- Regionalismo comparado.

Após o estudo deste capítulo, você será capaz de:

1. identificar as fases dos regionalismos na Política Internacional e suas características;
2. reconhecer as iniciativas regionais latino-americanas e caribenhas em cada período;
3. comparar as diferentes fases dos regionalismos e sua relação com as ordens internacionais vigentes.

Neste capítulo, apresentaremos as fases dos regionalismos nas relações internacionais. O regionalismo – como fenômeno e estratégia nas relações internacionais – remete a significados e conteúdos diferentes de acordo com cada momento histórico e as respectivas transformações na ordem internacional (Söderbaum, 2015). A diversidade de formatos, resultados, causas e efeitos levou a variadas interpretações por parte dos analistas de tais fenômenos ao longo da história e, também, a formatos e funcionamentos que dificultam a compreensão dos regionalismos como movimentos homogêneos.

Articula-se, assim, a relação direta entre as produções teóricas, apresentadas no Capítulo 2, e a própria empiria regionalista que se desenvolveu no cenário internacional ao longo do tempo, objeto deste capítulo.

De acordo com Söderbaum (2015), os regionalismos podem ser categorizados em quatro grandes fases na Política Internacional: (i) o protorregionalismo[1], do final do século XIX até o fim da Segunda Guerra Mundial (II GM); (ii) o velho regionalismo, do final dos anos 1940 até 1980; (iii) o novo regionalismo, que engloba os projetos regionais a partir do final da Guerra Fria e no contexto da conformação da nova ordem internacional, a qual teve início na década de 1990; e (iv) o regionalismo comparado, o qual se refere aos regionalismos nas primeiras décadas do século XXI e à emergência dos processos regionalistas em diferentes partes do globo e com distintos significados e objetivos.

3.1 Protorregionalismo (do século XIX ao fim da Segunda Guerra Mundial)

As experiências formais de regionalismo sintetizadas em instituições criadas para os fins de integração regional começaram a surgir a partir do fim da II GM. No entanto, pode-se afirmar que o

---

[1] Tradução livre do termo em inglês *"early regionalism"*, utilizado por Söderbaum (2015).

pensamento integracionista emergiu no final do século XIX como consequência direta dos processos de colonização. De acordo com Söderbaum (2015), a colonização despertou visões acerca da importância de construir regiões tanto por parte dos países recém-independizados quanto pelos colonizadores. Na América Latina, a proposta de Simón Bolívar para a criação de uma confederação das ex-colônias hispânicas se baseava no argumento de que era necessário proteger-se contra uma tentativa de "recolonização" por parte das nações europeias após as independências. O pensamento de Bolívar pode ser entendido como precursor do regionalismo como estratégia de atuação coletiva na política internacional. No Capítulo 5, abordaremos mais detalhadamente o pensamento integracionista latino-americano no século XIX.

Outros projetos panregionais, como o pan-europeísmo, o pan--africanismo, o pan-asiatismo e o pan-arabismo, também surgiram no final dos anos 1800 e início dos anos 1900 como tentativa de chegar a uma unidade política e intersocietal sem necessariamente envolver a criação de mecanismos intergovernamentais formalizados. Os movimentos panregionais combinavam, em suas narrativas e propostas, perspectivas geopolíticas, socioeconômicas, culturais e raciais comuns articuladas à ideia de região (Söderbaum, 2015).

Ainda entre o final do século XIX e início do XX, não se observavam mecanismos formais de regionalismo, organizações regionais institucionalizadas, ferramentas intergovernamentais ou blocos econômicos. Entretanto, já havia propostas para a elaboração de uma espécie de governança regional nos mais variados temas, por meio da construção da região como identidade compartilhada – tanto como aspecto defensivo quanto como aspecto propositivo.

Söderbaum (2015) nomeia essa fase de *protorregionalismo*, inferindo que, apesar da ausência do regionalismo como fenômeno materializado na Política Internacional, o pensamento integracionista e as propostas de construção regional já eram perceptíveis nas diferentes partes do mundo. O autor destaca a União

Alfandegária Sul-Africana (Sacu, na sigla em inglês), fundada em 1889, e a Organização dos Estados Americanos (OEA), de 1947, criada após o fim da II GM no continente americano, como exemplos desse protorregionalismo. A OEA é categorizada como uma instituição que resultou de um regionalismo hegemônico, por ser parte importante da arquitetura de governança estadunidense no continente americano no contexto da Guerra Fria.

A partir do fim da II GM e da consequente ordem internacional estabelecida no confronto bipolar durante as décadas da Guerra Fria, o regionalismo ganhou importância na dinâmica internacional principalmente mediante o desenvolvimento da Comunidade do Carvão e do Aço (Ceca) no continente europeu, em 1951, organização que posteriormente se transformaria na União Europeia (UE). A essa fase do regionalismo a literatura especializada denomina *velho regionalismo*.

3.2 Velho regionalismo (1945-1990)

O velho regionalismo (*old regionalism*, em inglês) corresponde historicamente ao período que vai do imediato pós-II GM até o final dos anos 1980. É classificado por muitos analistas como a primeira fase/onda de regionalismo no mundo. Conforme González e Perrotta (2021), o velho regionalismo consistiu no processo de reconstrução dos países da Europa Ocidental. O marco inicial dessa fase e as primeiras produções teóricas sobre fenômenos regionais tiveram como foco, portanto, a Europa e a formação da Comunidade Europeia (Söderbaum, 2015).

As iniciativas regionalistas nos marcos do velho regionalismo são Estado-centradas, ou seja, lideradas pelos Estados. Nesse sentido, segundo Hettne (2003), o regionalismo só poderia ser concebido como resultado da cooperação formalizada entre Estados, com base em uma lógica vestfaliana do sistema de Estados. Os motivos pelos quais surgiram os mecanismos de integração regional responderam diretamente aos principais elementos que compunham a ordem internacional no pós-II GM. Entre eles, podemos destacar: (i) a estrutura bipolar do sistema internacional e a disputa entre EUA e URSS plasmada no conflito da Guerra Fria; (ii) os processos de descolonização nos continentes africano e asiático a partir de 1950; (iii) a reconstrução das nações europeias no pós-guerra e a necessidade de estabelecer uma governança regional da segurança europeia; (iv) os impactos do pensamento cepalino clássico na questão do desenvolvimento na América Latina, sintetizada na contribuição de Raúl Prebisch sobre centro-periferia e o conceito de deterioração dos termos de troca, para explicar as vulnerabilidades das economias dos países latino-caribenhos e a necessidade da industrialização; e (v) o forte papel do Estado na condução das economias nacionais e o protecionismo como estratégia de defesa comercial e base para os regionalismos.

Nesse contexto, os regionalismos eram entendidos essencialmente pelo viés econômico ou da segurança regional. Até o início do século XXI, a expressão *integração regional* necessariamente envolvia a ideia e o formato dos mecanismos de integração econômica regional. O próprio conceito de integração regional era compreendido como um plano de cooperação entre Estados, com a finalidade de integrar formalmente suas economias nacionais. Assim como apontamos no Capítulo 1, o desenvolvimento da integração regional era visto pelo avanço nos níveis de integração econômica, conforme as tipologias de Balassa (1961).

As iniciativas integracionistas no velho regionalismo implicaram uma definição geograficamente bem marcada de região. Via de regra, a construção do sentido do termo tem um forte componente geográfico e parte de um nexo de defesa dos países, seja no campo da segurança, seja no da economia, como protecionismo. No início desta seção, destacamos que outro tema indutor do regionalismo no período foi a segurança regional. O Tratado de Roma, de 1957, ato normativo responsável pela criação da Comunidade Econômica Europeia (CEE), tinha como contexto a necessidade de elaborar canais de cooperação na área da segurança regional entre países que tiveram suas relações diplomáticas abaladas pelo histórico das duas guerras mundiais. Dessa maneira, a questão da segurança regional foi central para o desenvolvimento do processo europeu, em que os países estavam vulneráveis às disputas do conflito Leste-Oeste.

Em grande medida, a construção da "região para dentro" refletiu as consequências do conflito bipolar como princípio organizador da ordem internacional do período, como apontamos anteriormente, posicionando a região como possível espaço de defesa dos países em face das adversidades e dos constrangimentos da ordem bipolar. Ao analisarem as instituições regionais criadas sob o contexto do velho regionalismo, Nye e Keohane (1971) identificam dois tipos principais: (i) organizações políticas macrorregionais com a finalidade de conter conflitos e (ii) arranjos microrregionais formais de integração econômica. Entre os exemplos citados pelos autores, estão na primeira categoria a União do Magrebe Árabe (AMU, na sigla em inglês), a Comunidade Econômica dos Estados da África Ocidental (Cedeao) e o Conselho de Cooperação do Golfo (CCG). No segundo grupo estão a Conferência sobre a Segurança e a Cooperação na Europa (CSCE) e o Fórum Regional da Associação das Nações do Sudeste Asiático (Asean) (Hurrell, 1995).

Na próxima seção, abordaremos as experiências regionalistas no contexto do velho regionalismo na América Latina e no Caribe. Em nossa região, a Comissão Econômica para a América Latina e o Caribe (Cepal) e o pensamento desenvolvido no interior da instituição nos anos 1950 e 1960 tiveram grande importância na interpretação do que deveriam ser as iniciativas de regionalismo. Sob essa ótica, antes de tratarmos do regionalismo fechado – interpretação latino-caribenha do velho regionalismo – e dos organismos criados nesse período, apresentaremos brevemente o papel da Cepal e as ideias produzidas nessa instituição.

A Comissão Econômica para a América Latina e o Caribe (Cepal) como think tank *da integração na América Latina e no Caribe*

Na década de 1950, o regionalismo na América Latina e no Caribe foi determinantemente influenciado pelas teses desenvolvidas no âmbito da Cepal. Francisco Oliveira (2006) pontua que é somente a partir dessa instituição que se pode falar na conformação de uma identidade latino-americana amplamente compartilhada. No seio da Cepal, ao longo dos anos 1950 e 1960, foram concebidas as explicações para o estado de desenvolvimento (ou não desenvolvimento) dos países latino-americanos em contraponto às teses neoclássicas da economia, as quais sustentavam uma visão etapista do progresso econômico no capitalismo. Segundo essa teoria, o desenvolvimento dos países da América Latina se explicava pelo fato de que as nações da região estavam em um nível inferior do desenvolvimento capitalista e, tão logo as barreiras de âmbito tecnológico, político, econômico e fiscal fossem alteradas, tais países alcançariam o mesmo nível econômico daqueles de capitalismo avançado.

Por essa lógica, bastaria que os países da América Latina seguissem a "receita" das nações capitalistas mais avançadas para que seus níveis econômicos e de crescimento se equiparassem aos dos países ricos. A visão "etapista" do desenvolvimento era a resposta que as instituições financeiras multilaterais internacionais, como o Fundo Monetário Internacional (FMI) ou o Banco Mundial (BM), utilizavam para explicar as desigualdades no comércio e na economia internacional entre as nações ricas e pobres. Foi no âmbito da Cepal, por meio do pensamento de intelectuais como Raúl Prebisch e Celso Furtado, que se construíram explicações divergentes do *mainstream* teórico e político à época, a respeito das causas da pobreza e dos baixos índices de desenvolvimento nos países latino-americanos.

Raúl Prebisch, primeiro presidente da Cepal, elaborou a teoria das relações centro-periferia para contextualizar as relações comerciais entre os países da América Latina e os países de capitalismo avançado. De acordo com essa teoria, os países periféricos se encontram em uma relação desfavorável no comércio internacional, pois os produtos que produzem e exportam – basicamente *commodities* agrícolas – têm um valor de troca muito inferior em comparação com os bens que importam dos países de capitalismo avançado (manufaturas e demais produtos de alto valor agregado). Nessa perspectiva, a diferença entre os valores dos produtos intercambiados entre o centro e a periferia explica a relação desigual no comércio entre eles, sendo o centro beneficiado por produzir e vender produtos com maior valor do que o dos produzidos pelos países da periferia.

Aos efeitos dessa relação Prebisch denominou *deterioração dos termos de troca*, somando a esse diagnóstico a análise de que o ciclo de desigualdade nas relações comerciais é o que explica o próprio funcionamento do capitalismo. Assim, para romperem com esse ciclo, os países da periferia teriam de produzir produtos de alto valor agregado e, portanto, mais caros para serem comercializados internacionalmente. No entanto, para isso, seria preciso que essas nações dispusessem de máquinas, tecnologias e capital suficiente para promover os processos industrializantes. O baixo valor dos produtos feitos por esses países impedia que conseguissem financiar sua industrialização, reproduzindo o ciclo das relações centro-periferia. Além disso, Prebisch também apontou que as *commodities* eram mais vulneráveis à flutuação de preços no mercado internacional, razão pela qual não havia segurança para que os países da periferia controlassem seu valor e garantissem os meios necessários para promover sua industrialização.

Por meio dessa teoria, conhecida por ser o pensamento clássico da Cepal, a visão etapista do desenvolvimento capitalista foi desafiada, e a desigualdade nas relações comerciais e econômicas entre países pobres e ricos foi explicada através da própria lógica de funcionamento do capitalismo baseada nas relações centro-periferia. O pensamento clássico cepalino foi fortemente influenciado pela perspectiva keynesiana e, portanto, relega aos Estados um importante papel no desenvolvimento econômico.

Nesse sentido, a concepção da Cepal é defendida como o caminho para superar a deterioração dos termos de troca de políticas públicas no âmbito econômico que fomentem a industrialização dos países e, assim, a substituição das importações. Nessa perspectiva, a integração regional e a criação de um mercado comum que integrasse as economias latino-americanas com base em uma concepção de complementaridade foram apregoadas pela Cepal como rotas mais viáveis para a industrialização dos países e a superação dos baixos níveis de desenvolvimento.

Um importante documento histórico dessa proposta foi o relatório intitulado *The Latin America Common Market*, preparado e apresentado pela Cepal em 1959 no Departamento das Nações Unidas para Assuntos Econômicos e Sociais (UN Desa, na sigla em inglês). Nele são descritas as razões pelas quais a América Latina seria beneficiada economicamente com o estabelecimento de um mercado comum, bem como as ações necessárias para que tal mercado pudesse ser efetivado. Ainda, o documento aponta a urgência de uma proposta de integração econômica entre os países latino-americanos. Portanto, nesse contexto, a integração é justificada e entendida por meio da dimensão econômica. É o compartilhamento das mesmas estruturas econômicas e de suas consequências para o desenvolvimento dos países que justifica os argumentos cepalinos favoráveis ao estabelecimento de um mercado comum latino-americano.

A integração econômica como instrumento de industrialização dos países era apresentada como o meio pelo qual seria possível realizar a substituição das importações de produtos manufaturados dos países do centro com base na seguinte previsão: em 1975 (o documento é de 1959), caso o mercado comum funcionasse, 90% da demanda de manufaturados na América Latina seria preenchida pela produção das economias locais, e apenas 10% precisariam ser importados de outra região (United Nations, 1959). Logo, a industrialização seria um modo de os países superarem sua "condição periférica".

Sob essa ótica, o processo da conformação dessa iniciativa envolvia fases para a harmonização tarifária, a eliminação de tarifas aduaneiras e a implementação de uma área de livre comércio que considerasse as assimetrias econômicas e de desenvolvimento entre os países latino-americanos. O prazo para que tais medidas gerassem os efeitos necessários para firmar o mercado comum era de dez anos. As apostas principais consistiam no aumento e no fomento das interações comerciais intrabloco, ou seja, entre as economias latino-americanas, como motor do funcionamento do mercado comum.

Nesse cenário, conforme o relatório, três objetivos seriam alcançados: (i) um novo padrão de comércio intrarregional, não mais focado em suprir os países de centro com *commodities*, e sim em promover a complementaridade e a intensificação das trocas comerciais na região; (ii) a redução da vulnerabilidade externa dos países da América Latina em face das flutuações do mercado; e (iii) o desenvolvimento (United Nations, 1959).

Ao defender uma proposta de complementaridade entre as economias para pensar a substituição de importações intrabloco, o relatório sugere que cada país poderia especializar-se na produção de manufaturas mais condizentes com seus parques industriais, seus recursos naturais e as possibilidades de seus mercados. Assim, a importação dos parceiros latino-americanos ocorreria somente em relação ao que tais nações não poderiam produzir e, ainda, conforme as demandas de seus mercados internos.

Bielschowsky (2009) sintetiza as ideias centrais produzidas no âmbito da Cepal em seus 30 primeiros anos de existência da seguinte forma: a industrialização (década de 1950); a necessidade das reformas nos âmbitos fiscal, financeiro, agrário e administrativo com o objetivo de aprofundar a industrialização e reduzir as desigualdades (década de 1960); e a orientação dos modelos de desenvolvimento. Esse pensamento construído ao longo do período citado e fortemente apoiado no objetivo da industrialização como meio de superar o subdesenvolvimento foi denominado *estruturalismo cepalino*.

A articulação do processo de substituição de importações à integração econômica regional – isto é, tomando a integração regional como o instrumento para a industrialização dos países da América Latina – e a realização de tal processo foram as bases de sustentação das propostas de integração econômica existentes na América Latina entre 1950 e 1980, no contexto do chamado *regionalismo fechado*.

O regionalismo fechado – interpretação cepalina do velho regionalismo – compreendeu uma visão de políticas de integração econômica que buscavam intensificar as interações comerciais intrarregionais, estimulando a complementaridade das economias latino-americanas e a redução da dependência no âmbito das importações dos países de desenvolvimento avançado. O pensamento cepalino clássico foi a base sobre a qual o regionalismo fechado foi teoricamente pensado.

3.3 *Regionalismo fechado (1950-1980)*

Conforme mencionamos na seção anterior, o movimento em prol da formação de iniciativas de integração econômica na América Latina a partir dos anos 1950 foi basicamente impulsionado por duas questões: (i) a substituição de importações como modelo de desenvolvimento dos países da região fortemente influenciados pela leitura centro-periferia da Cepal e da visão da industrialização para superar essa condição e (ii) como resposta ao processo de formação da CEE e à ameaça que ela geraria para a exportação dos produtos latino-americanos no mercado mundial, especialmente as *commodities* agrícolas.

Segundo Riggirozzi e Tussie (2018a), a motivação contida nos mecanismos criados sob os postulados do regionalismo fechado residia no entendimento de que a integração comercial das economias latino-americanas diversificaria as exportações e facilitaria a substituição de importações em uma escala regional. A aposta era que a complementaridade econômica em âmbito regional e o comércio intrazona fortaleceriam as economias nacionais. Cumpre destacar que, nesse período, boa parte dos países latino-americanos pautou seus modelos de desenvolvimento nos ditames do nacional--desenvolvimentismo, elaborado no âmbito do pensamento cepalino clássico.

O modelo nacional-desenvolvimentista tinha um forte caráter nacionalista e colocava o Estado como o maior promotor da economia dos países. Portanto, caberia ao Estado investir e orientar o desenvolvimento da economia nacional e, principalmente, gerenciar e elaborar políticas de investimento para setores estratégicos, como as indústrias de transformação e de base. O objetivo final do nacional-desenvolvimentismo era fomentar a industrialização das nações por meio do já citado processo de substituição de importações.

As iniciativas de integração regional que surgiram no contexto do regionalismo fechado foram, majoritariamente, processos de integração econômica de forte apelo à complementaridade comercial dos países da região. Como o próprio nome sugere, tais iniciativas buscavam "fechar" a região às vulnerabilidades econômicas externas, garantindo um ambiente mais favorável às economias latino-americanas e caribenhas. Dessa maneira, as iniciativas de regionalismo visavam instaurar uma integração "para dentro" (*hacia dentro*, em espanhol).

A liberalização tarifária no comércio é uma característica comum de tais iniciativas, e o nível de comprometimento em relação aos acordos variou conforme os arranjos institucionais. Nesse diapasão, o regionalismo fechado pode ser entendido como um mecanismo de defesa e de relativo controle em face da dinâmica mundial de liberalização comercial de 1950 a 1989, conforme postulado como elemento central dos regionalismos sob a influência do velho regionalismo.

Concatenadas com o ciclo nacional-desenvolvimentista na América Latina, as iniciativas do regionalismo fechado buscavam garantir um espaço de comércio "seguro" e capaz de promover a capacidade industrial e a complementaridade de produtos entre os países da América Latina e do Caribe. A esse respeito, na sequência, apresentaremos, por ordem cronológica, as iniciativas de integração regional criadas durante a fase do regionalismo fechado. Sublinha-se, entre os regionalismos sub-regionais, o pioneirismo dos processos centro-americanos, cujas raízes datam do unionismo centro-americano do século XIX.

Em razão de seu caráter geograficamente auto-orientado, a literatura sul-americana de regionalismos costuma não abordar sistematicamente os processos de integração da América Central. Cabe reforçar, portanto, a vanguarda dos processos dessa sub-região e as iniciativas que buscaram a cooperação regional e o aumento do intercâmbio comercial entre os países. Desse modo, a integração centro-americana marcou o começo dos mecanismos integracionistas na América Latina.

Organização de Estados Centro-Americanos (Odeca)

Em 1951, por meio da Carta de San Salvador, foi criada a Organização dos Estados Centro-Americanos (Odeca), fundada por Honduras, Costa Rica, El Salvador, Guatemala e Nicarágua. O principal objetivo desse organismo foi concentrar e impulsionar os processos de integração regional que passaram a se desenvolver na América Central. A Odeca foi bastante importante como espaço de convergência regional para o surgimento de iniciativas como o Mercado Comum Centro-Americano (MCCA), o Banco Centro-Americano de Integração Econômica (BCIE), entre outros processos sub-regionais. Em 1991, a Odeca foi substituída pelo Sistema de Integração Centro-Americano (Sica), que concentra sob um mesmo guarda-chuva institucional diferentes iniciativas e dimensões da integração na América Central.

As Associações Latino-Americanas de Livre Comércio: da Alalc (1960) à Aladi (1980)

A proposta de criação de um mercado comum latino-americano, conforme proposto pela Cepal e defendido por Prebisch no Conselho Econômico da Organização das Nações Unidas (ONU) em 1959, incluía algumas etapas para sua consolidação. Sob essa perspectiva, ocorreu a fundação da Associação Latino-Americana de Livre Comércio (Alalc).

Em 18 de fevereiro de 1960, em Montevidéu, no Uruguai, foi assinado o Tratado de Montevidéu, documento que estabelece a criação de uma zona de livre comércio e que instituiu a Alalc. Argentina, Brasil, Chile, México, Paraguai, Peru e Uruguai subscreveram o tratado em 1960 e, posteriormente, outros países aderiram: Colômbia, em 1961, Equador, em 1962, Venezuela, em 1966, e Bolívia, em 1967.

A Alalc tinha como principais objetivos eliminar as barreiras comerciais entre os países e proteger as indústrias nacionais com subsídios e protecionismo regional. A ampliação dos mercados nacionais para uma perspectiva regional era entendida como uma forma de assegurar o desenvolvimento econômico das nações e a industrialização destas em um cenário mais seguro. A coordenação das capacidades produtivas dos países da Alalc, conforme o tratado, geraria maior complementaridade econômica e compensação comercial aos países de menor desenvolvimento relativo.

As dificuldades estipuladas pelo tratado quanto à implementação das medidas de liberalização, somadas ao protecionismo de alguns países, colaboraram para que a Alalc não alcançasse seus objetivos iniciais. Além desses fatos, também foram entraves o baixo nível de complementaridade das economias regionais, a alta dependência do mercado extrarregional, as vulnerabilidades econômicas estruturais e os fluxos reduzidos do intercâmbio comercial com os parceiros latino-americanos (Vieira, 2015).

Conforme Amorim (2010), o tratado de 1960 previa que qualquer concessão feita a um país deveria ser estendida aos demais membros. Esse ideal se tornava quase impossível de ser posto em prática, visto que os países tinham relações políticas, comerciais e econômicas díspares entre si. Portanto, como salienta Amorim (2010, p. 9), "O Brasil não podia fazer nada em conjunto com a Argentina que tivesse que fazer também com a Venezuela, com o México ou com os demais países da Alalc".

Em 1980, firmou-se um novo tratado que refundou a Alalc, agora sob o nome de Associação Latino-Americana de Integração (Aladi). A Aladi representou a revisão dos entraves e avanços da Alalc, assim como a flexibilização dos acordos comerciais, com o objetivo de criar uma área de preferência econômica e um mercado comum latino-americano por meio de três mecanismos principais: "uma preferência tarifária regional, aplicada a produtos originários dos países-membros frente às tarifas em vigor para terceiros países; acordos de alcance regional (comuns a todos os países-membros); e acordos de alcance parcial, com a participação de dois ou mais países da área" (Aladi, 2023).

A possibilidade dos acordos de alcance parcial, ou seja, a flexibilização da obrigatoriedade de extensão das condições negociadas a todos os membros da iniciativa, impulsionou acordos sub-regionais de integração econômica e viabilizou arranjos que desembocaram em mecanismos de integração sub-regionais, como o Mercosul.

De acordo com Vieira (2015), os acordos sub-regionais, isto é, de liberalização comercial, firmados por apenas um grupo de países deveriam respeitar os princípios e conceitos comuns da Aladi. Assim, ela passou a atuar como um centro articulador da convergência regional (pelas vias sub-regionais) encarregado de registrar os acordos de alcance parcial nas mais variadas matérias (Vieira, 2015).

Dessa forma, a Aladi se transformou, ao longo de sua existência, em um "guarda-chuva" jurídico da integração econômica na América Latina e no Caribe. Amparadas pelo sistema jurídico da organização, as iniciativas de integração econômica sub-regionais ganharam legitimidade jurídica comercial no regime comercial internacional. Conforme destacado no *site* oficial da Aladi (2023), "cabe à Associação [...] apoiar e fomentar estes esforços a fim de que confluam progressivamente para a criação de um espaço econômico comum".

Ainda no âmbito da Aladi, em 1982 foi estabelecido o Convênio de Pagamentos e Créditos Recíprocos (CCR), importante instrumento financeiro de comércio intrarregional. Trata-se de um mecanismo de compensação de pagamentos internacionais entre os bancos centrais dos países signatários decorrentes do comércio realizado entre eles. O CCR foi criado em um contexto de escassez de divisas por parte dos países na década de 1980.

O CRR funciona da seguinte forma: após o término de cada período de compensação, "somente se transfere ou se recebe, segundo resulte deficitário ou superavitário, o saldo global do banco central de cada país perante os demais" (BCB, 2023). Além disso,

> o CCR oferece, **entre os bancos centrais**, garantias recíprocas de **conversibilidade** (conversão imediata para dólares dos Estados Unidos, dos pagamentos efetuados por suas instituições em moeda local), de **transferibilidade** (remessa dos dólares correspondentes aos pagamentos efetuados por suas instituições) e de **reembolso**

(a aceitação irrevogável dos débitos que lhes forem imputados, resultantes de operações cursadas sob o Convênio). (BCB, 2023, grifo do original)

Participam do CCR os bancos centrais de Argentina, Bolívia, Brasil, Chile, Colômbia, Equador, México, Paraguai, Peru, Uruguai, Venezuela e República Dominicana.

Atualmente, 13 países compõem a Aladi: Argentina, Bolívia, Brasil, Chile, Colômbia, Cuba, Equador, México, Panamá, Paraguai, Peru, Uruguai e Venezuela, os quais representam, em conjunto, 20 milhões de quilômetros quadrados e mais de 510 milhões de habitantes. A Nicarágua foi aceita como membro em 2011 e está em processo de adequação às condições exigidas pela iniciativa para a sua definitiva adesão (Aladi, 2023).

Conforme ressaltamos anteriormente, tanto a Alalc quanto a Aladi são exemplos de iniciativas de integração sob a égide do regionalismo fechado. Ambas têm objetivos com forte demarcação de valorização do intercâmbio comercial regional e de industrialização dos países-membros nos marcos do nacional-desenvolvimentismo e do processo de substituição de importações.

Para além das dificuldades e dos entraves conjunturais, principalmente vinculados aos protecionismos nacionais e às dificuldades impostas pelas normas jurídicas dos tratados em tela, o movimento de criação das Associações Latino-Americanas de Livre Comércio, no início de 1960, com seu relançamento em 1980, foi precursor de processos sub-regionais que surgiram a partir delas.

Nesse ponto reside o principal elemento de importância dessas iniciativas: a Alalc e a Aladi foram responsáveis pelos movimentos que impulsionaram os mecanismos sub-regionais de integração. Elas também trouxeram à tona a diversidade dos modelos e objetivos da integração econômica que envolvem os países da região. Isso se reflete até hoje na quantidade de iniciativas de integração econômica existentes na América Latina e no Caribe.

Mercado Comum Centro-Americano (MCCA)

O Tratado Geral de Integração Centro-Americana entrou em vigência em 4 de julho de 1961 e criou o Mercado Comum Centro-Americano (MCCA). Composto por Costa Rica, El Salvador, Guatemala, Honduras e Nicarágua, seu objetivo principal, à época, era fomentar políticas de coordenação do desenvolvimento regional com vistas a fortalecer as economias dos países.

Como explicam Zapata e Pérez (2001), o MCCA também tem como base intelectual os postulados de Prebisch e da Cepal. Portanto, deveria estabelecer um mercado comum e promover o desenvolvimento industrial, a redução da dependência em relação aos produtos primários e o investimento intrarregional. As medidas estipuladas no tratado para atingir tais metas envolviam a liberalização de todas as tarifas alfandegárias entre os países-membros, o tratamento não discriminatório aos produtos dos países da região e a aplicação de legislação nacional aos investimentos provindos dos Estados-membros (Zapata; Pérez, 2001).

Alguns organismos foram criados para ajudar o MCCA a obter êxito ao implementar um mercado comum na região, tais como o BCIE, em 1961, e o Conselho Monetário Centro-Americano (CMCA), em 1964, cujo objetivo era propiciar a união monetária entre os países (Zapata; Pérez, 2011). Com mais de 40 anos de existência, o MCCA passou por transformações que alteraram suas estruturas e seus objetivos de acordo com as mudanças dos contextos econômicos e políticos no continente. Na década de 1970, a instituição foi impactada pela crise do petróleo e por instabilidades internas de alguns países-membros. Já no final dos anos 1980, houve uma retomada da iniciativa, que, a partir de 1990, inseriu-se em um contexto maior da integração centro-americana, com a criação do Sica.

Pacto Andino (PA)/Comunidade Andina de Nações (CAN)

Firmado por Bolívia, Colômbia, Chile, Equador e Peru, o Pacto Andino (PA) foi estabelecido pelo Acordo de Cartagena, em 1969. Em 1973, a Venezuela aderiu ao tratado e, em 1976, três anos depois do golpe de Estado, o Chile se retirou do pacto. As diferenças de capacidade econômica, interesses e objetivos motivaram esses países a deixar a Alalc e criar tal iniciativa (Neves; Honório, 2019).

Sob essa perspectiva, o PA surgiu como uma proposta de integração econômica e de incremento do comércio intrabloco. Ao longo de sua existência, várias instituições foram sendo implementadas em sua estrutura, como: a Corporação Andina de Fomento (CAF), em 1970; o Fundo Andino de Reservas, em 1978; o Tribunal Andino de Justiça, o Parlamento Andino e o Conselho Andino de Ministros de Relações Exteriores, em 1979.

A CAF pode ser considerada uma das maiores contribuições do processo andino para a integração latino-americana e, especialmente, sul-americana. Trata-se de uma instituição financeira multilateral que realiza operações de crédito, de recursos não reembolsáveis, de estruturação técnica e de financiamento de entes públicos e privados na região. Ela é responsável por financiar boa parte de projetos de infraestrutura e de outros ligados ao desenvolvimento dos países.

Em 1993, ocorreu a criação da Zona de Livre Comércio Andina e, em 1996, o Acordo de Cartagena foi revisado, dando origem à fundação da Comunidade Andina de Nações (CAN). Segundo Mariano e Ribeiro (2020), apesar de sua institucionalidade sólida, a CAN nunca conseguiu promover seu objetivo inicial de aumentar a interdependência econômica entre os países do bloco. A implementação da Aliança Bolivariana para os Povos de Nossa América (Alba) demarcou uma clara divisão no interior do bloco entre bolivarianos (Venezuela, Equador e Bolívia) e liberais (Colômbia e Peru), o que gerou um esvaziamento da importância da CAN na política externa dos países (Mariano; Ribeiro, 2020). Em 2006, a Venezuela deixou o bloco em razão do fato de que Peru e Colômbia haviam assinado tratados de livre comércio com os Estados Unidos.

A CAN constitui o processo de integração mais antigo e mais institucionalizado da América do Sul. A reforma da instituição e sua refundação, em 1990, ficaram marcadas pela criação do Sistema Andino de Integração (SAI). De acordo com o *site* oficial da CAN (2023), o SAI é o órgão responsável por organizar e articular o funcionamento dos organismos criados sob a CAN. Ele tem a finalidade de fazer uma coordenação efetiva das instituições do mecanismo, promovendo a integração andina e a projeção externa da CAN.

O SAI é composto por: (i) organismos de coordenação e direção, como o Conselho Presidencial Andino, o Conselho Andino de Ministros de Relações Exteriores e a Comissão da Comunidade Andina; (ii) organizações e instituições comunitárias, como o Tribunal de Justiça, o Parlamento Andino, a Secretaria-Geral, a Corporação Andina de Fomento (CAF), o Fundo Latino-Americano de Reservas, o Organismo Andino de Saúde – Convênio Hipólito Unanue, a Universidade Andina Simón Bolívar e o Convênio Sociolaboral Simón Rodríguez; e (iii) instâncias de participação da sociedade civil, como o Conselho Consultivo Empresarial, o Conselho Consultivo Laboral, o Conselho Consultivo de Povos Indígenas e o Conselho Consultivo Andino de Autoridades Municipais. Assim, o SAI instaurou um novo momento da CAN, mais alinhada a uma perspectiva multidimensional e de múltiplos atores na agenda da integração andina.

Comunidade do Caribe (Caricom)

Os regionalismos caribenhos têm dinâmicas e historiografias bastante diferentes do resto da América Latina. Conforme destaca Briceño-Ruiz (2007), por um lado, a integração regional no Caribe está estreitamente ligada aos processos de descolonização dos países da região desde 1950. À época, a integração era vista como uma alternativa de viabilidade política dos territórios caribenhos, devendo-se observar que tais processos tinham sido vivenciados por grande parte da América Latina nas primeiras décadas do século XIX (Briceño-Ruiz, 2007).

Por outro lado, os dois subsistemas que existiam na região, o caribe anglófono e o caribe hispânico, organizaram-se de modo próprio e paralelamente em relação a seus processos de integração. Exemplo dessa dinâmica foi a fundação da Federação das Índias Ocidentais, em 1958, que reunia Dominica, Granada, Jamaica, Montserrat, São Cristóvão-Nevis-Anguilla, Santa Lúcia, São Vicente e Trinidad e Tobago, todas ex-colônias britânicas. Essa associação foi criada pela Inglaterra e objetivava estabelecer uma união aduaneira entre as nações, além de impulsionar políticas favoráveis à atração de investimentos externos (Briceño-Ruiz, 2007). Ainda segundo o autor, a iniciativa colapsou em 1962, em razão de diferenças entre os membros, bem como pela resistência da Jamaica em liberalizar suas tarifas comerciais e abrir seu mercado aos vizinhos.

Apesar do fracasso quanto aos objetivos econômicos, conforme pontua Briceño-Ruiz (2007), a iniciativa gerou um sentimento de pertencimentos entre os países envolvidos que impulsionou o surgimento de outras propostas de integração. É nesse cenário que a criação da Comunidade do Caribe (Caricom), em 1973, deve ser compreendida.

No mesmo ano em que a Federação das Índias Ocidentais foi encerrada (1962), dois de seus principais integrantes – Jamaica e Trinidad e Tobago – tornaram-se independentes. O governo deste último articulou uma série de reuniões entre os países para forjar um novo mecanismo de integração que criasse uma área de livre comércio entre eles. Assim, em 1968, surgiu a Área de Livre Comércio Caribenha (Carifta, na sigla em inglês), composta por Antígua, Barbados, Trinidad e Tobago, Guiana, Dominica, Granada, Jamaica, Montserrat, São Cristóvão-Nevis-Anguilla, Santa Lúcia, São Vicente e Belize.

Em 1972, essas nações decidiram transformar a Carifta em um mercado comum e estabeleceram a Caricom a partir de 1973. Durante a década de 1990, nações como Ilhas Cayman, Ilhas Virgens Britânicas, Suriname e Haiti formalizaram suas entradas no mecanismo. A Caricom tem uma estrutura institucional bastante robusta. Além dos órgãos administrativos da iniciativa, tais como a Secretaria da Caricom e o Conselho de Presidentes e Ministros, ela também conta com conselhos nos seguintes temas: comércio e desenvolvimento econômico; relações externas e comunitárias; desenvolvimento humano e social; planejamento e finanças; e conselho de lei e segurança nacional.

Sistema Econômico Latino-Americano e do Caribe (Sela)

O Sistema Econômico Latino-Americano e do Caribe (Sela) foi criado em 1975 por Venezuela e México e tinha como principal objetivo firmar mecanismos de concertação econômica e de cooperação em áreas específicas entre os países (Estenssoro, 1994; Briceño-Ruiz, 2007). O Sela tem sede em Caracas e é composto por 25 países: Argentina, Bahamas, Barbados, Belize, Bolívia, Brasil, Colômbia, Cuba, Chile, Equador, El Salvador, Guatemala, Guiana, Haiti, Honduras, México, Nicarágua, Panamá, Paraguai, Peru, República Dominicana, Suriname, Trinidad e Tobago, Uruguai e Venezuela.

De acordo com informações retiradas do *site* oficial do Sela (2023), na 31ª Reunião Ordinária, em 2005, os países decidiram renomear a iniciativa para incorporar os países caribenhos. O Sela funciona como um fórum de concertação política, sem uma agenda ou objetivos estritamente definidos. O organismo anualmente promove reuniões ministeriais para tratar de temas ou assuntos de interesse regional e pode ser entendido como uma instituição que congrega membros de diversos mecanismos de integração econômica na América Latina e no Caribe, os quais se encontram sob a institucionalidade do Sela, para pensar coletivamente temas e desafios às nações da região.

Grupo de Contadora/Grupo de Apoio à Contadora/Grupo do Rio

O Grupo de Contadora foi criado em 1983 como uma resposta às intervenções dos Estados Unidos sob o governo Reagan na América Central. Composto por México, Panamá, Colômbia e Venezuela, tratava-se de um fórum político que se organizava nos moldes de cúpulas e visava coordenar posicionamentos conjuntos em relação à política intervencionista estadunidense. Em 1986, Argentina, Brasil, Peru e Uruguai formaram o Grupo de Apoio à Contadora, unindo-se às nações fundadoras e fortalecendo politicamente a convergência dos países latino-americanos em relação aos Estados Unidos. Essa iniciativa se consolidou no Grupo do Rio, ou Mecanismo Permanente de Consulta e Concertação Política da América Latina e do Caribe, primeiro fórum de concertação política essencialmente latino-americano. Em 2010, sob os governos à esquerda na América Latina, o Grupo do Rio deu lugar à Comunidade de Estados Latino-Americanos e Caribenhos (Celac).

O Grupo de Contadora e seus desdobramentos se inserem na tradição latino-americana do regionalismo de cúpulas e despontaram como a primeira iniciativa formal referente ao estabelecimento de um mecanismo de diálogo e concertação política no continente protagonizado por países latino-americanos e caribenhos. Em certa medida, o grupo se opôs ao papel da OEA, criada pelos Estados Unidos sob o contexto da Guerra Fria com o objetivo de fomentar uma governança regional orientada por esse país.

Os regionalismos pautados no velho regionalismo entraram em crise por conta das transformações na ordem internacional decorrentes do fim da Guerra Fria. Ou seja, os rumos, as agendas, os princípios e os enquadramentos do velho regionalismo passaram a não mais fazer sentido no novo contexto de universalização do capitalismo neoliberal, da multilateralização das relações internacionais e da expansão do livre comércio. Já no final da década de 1980, a ideia de arranjos regionais como instrumentos de proteção dos países e, até mesmo, de protecionismo no campo econômico começou a ser vista como obstáculo à plena inserção de tais nações nas novas dinâmicas econômicas globais e do comércio internacional.

A própria ideia de região foi ressignificada e ganhou contornos mais fluidos, adequando-se ao novo contexto da globalização neoliberal do pós-Guerra Fria. A partir dos anos 1990, uma nova onda de regionalismo e, portanto, novos formatos institucionais, temas e estratégias de regionalismos ganharam força e marcaram a segunda fase dos regionalismos, conhecida como *novo regionalismo*.

3.4 *Novo regionalismo (a partir de 1990)*

O novo regionalismo representou a retomada dos processos regionais na Política Internacional com o fim da Guerra Fria e sob a agenda da globalização neoliberal. As iniciativas regionais foram entendidas como partes necessárias às reformas estruturais que os países precisaram realizar para se inserirem na economia mundial. Sob essa ótica, os regionalismos foram instrumentos de complementação e aprofundamento das reformas econômicas, de universalização do livre comércio e das alterações deste último estabelecidas nos marcos da Organização Mundial do Comércio (OMC)[2], criada

---

[2] A OMC foi fundada na Rodada Uruguai do GATT, em 1994. A organização é um dos pilares da arquitetura econômica e comercial do pós-Guerra Fria e da multilateralização da ordem internacional no período.

em 1994 em substituição ao Acordo Geral de Tarifas e Comércio (GATT, na sigla em inglês).

Os movimentos de regionalização nos marcos do novo regionalismo tinham a função de fortalecer os mercados e abrir as economias nacionais ao livre comércio. Nesse aspecto, as iniciativas sob o novo regionalismo traziam uma lógica oposta à do período anterior: se no velho regionalismo o objetivo principal era proteger a região e voltar-se para dentro, no novo contexto os arranjos regionais não deveriam ser obstáculos ao livre comércio e os protecionismos deveriam ser eliminados. Os novos acordos regionais buscaram atrair investimentos externos, empresas multinacionais e toda sorte de capitais para as economias dos países envolvidos.

Conforme exposto por Briceño-Ruiz (2018), os acordos regionais nos marcos do novo regionalismo não visavam apenas eliminar as barreiras tarifárias no comércio entre os países. Também era um objetivo promover uma série de adequações em relação às legislações e aos dispositivos de funcionamento das economias das nações a fim de propiciar o fluxo de capital sem maiores percalços. Assim, passaram a ser temas centrais na agenda das iniciativas de integração: a liberalização do mercado de serviços; o acesso a licitações públicas por atores estrangeiros; a privatização de setores estratégicos da economia dos países; normas trabalhistas e ambientais relacionadas ao comércio; regras e normas referentes à competição entre empresas; questões de patentes e proteção intelectual, entre outras (Briceño-Ruiz, 2018).

O novo regionalismo deve ser compreendido como um instrumento para o desenvolvimento das agendas econômica e comercial no âmbito das instituições multilaterais, como a OMC, e monetárias, como o FMI e o Banco Mundial. Diante das dificuldades de avanço ao longo da década de 1990 e no início do século XXI quanto aos temas OMC *plus*, ocasionadas pela alta complexidade das negociações multilaterais, os regionalismos foram vistos como meios mais viáveis para atingir tais objetivos em um contexto com menos atores, tanto nos arranjos bilaterais quanto nos trilaterais. Isso significa que parte da agenda que não avançou no âmbito da OMC, por conta da impossibilidade de se chegar a um consenso nas decisões em fóruns multilaterais, foi atingida nos acordos regionais, como nos casos do direito dos investidores, da regulação do comércio eletrônico, da abertura ao capital internacional de setores estratégicos das economias nacionais, entre outros.

Hettne (2003) elenca três principais características do novo regionalismo: (i) o contexto em que se insere é o da globalização; logo, ele e a multipolaridade podem ser vistos como dois lados de uma mesma moeda; (ii) maior pluralidade de atores: enquanto os regionalismos da fase anterior eram protagonizados pelos Estados (Estado-centradas), as iniciativas no novo regionalismo envolvem a participação de atores não estatais que operam em diferentes níveis no sistema global; (iii) na esfera econômica, o novo regionalismo pressupõe uma compatibilidade com a interdependência econômica e uma perspectiva de abertura à economia mundial. A essa lista Hurrell (1995) adiciona dois elementos importantes: (i) a ampla variação no nível de institucionalização dos regionalismos e (ii) o aumento acentuado da consciência regional em várias partes do mundo. No entanto, isso nem sempre se traduz de forma fácil ou livre de problemas nos mecanismos concretos de cooperação (Hurrell, 1995).

Com relação a este último ponto levantado por Hurrell (1995), cabe destacar que o conceito de região no novo regionalismo passou por uma forte mudança de sentido em comparação com a fase anterior. A partir de 1990, houve um maior foco na "construção da região" em detrimento da afirmação dos elementos formais dessa região, baseados em aspectos geográficos ou identitários. Adicionou-se uma perspectiva multidimensional à concepção de região, inserindo-a como parte da lógica globalizante, e não mais como um obstáculo a ela. Tal pensamento foi importante pois alterou o entendimento político da função dos regionalismos, especialmente das iniciativas do campo econômico. Isso porque, se antes a região servia como proteção aos desafios globais, no novo regionalismo ela passou a ser um instrumento de inserção nas estruturas internacionais.

Essa perspectiva subsidiou os acordos comerciais entre países economicamente bastante assimétricos, como o Acordo de Livre Comércio da América do Norte (Nafta), que entrou em vigor em 1994 e foi assinado por Estados Unidos, Canadá e México. A Iniciativa para as Américas, depois consolidada na proposta da Área de Livre Comércio das Américas (Alca), foi lançada pelo governo de George Bush, em 1990, e também pode ser entendida no contexto do novo regionalismo.

É importante pontuar que o novo regionalismo corresponde à fase dos regionalismos que surgiram após o fim da Guerra Fria e que visavam responder aos desafios impostos por uma nova ordem internacional equacionando-os a partir das regiões. Em uma primeira fase (década de 1990), tais iniciativas basicamente responderam ao receituário neoliberal imposto pelo novo regime econômico global, contribuindo para a abertura econômica dos países e sua inserção nos fluxos do comércio internacional. No início desse período, houve um significativo aumento de acordos de livre comércio e de iniciativas regionais orientadas "para fora", com objetivos vinculados à redução de protecionismos comerciais e tarifários. Na América Latina e no Caribe, essas iniciativas forjadas na década de 1990 foram apropriadas no âmbito do conceito do regionalismo aberto.

Regionalismo aberto

Na América Latina, as transformações no regionalismo decorrentes dos anos 1990 foram aglutinadas na ideia de *regionalismo aberto*, termo que sintetiza a mudança na concepção dos objetivos econômicos e comerciais das iniciativas regionais durante a década de

1990 na América Latina, sob o contexto da globalização neoliberal e do novo regionalismo. Nessa ótica, os regionalismos não deveriam isolar as regiões, mas, ao contrário, inseri-las na nova ordem econômica internacional e na liberalização do comércio internacional.

Briceño-Ruiz (2018) aponta que o projeto de um regionalismo que não se restringisse aos países de uma região ganhou força no continente asiático, impulsionado pelo Japão, no final da década de 1980. As iniciativas que irromperam durante o regionalismo aberto tinham objetivos marcadamente comerciais e se fundamentaram na inserção das nações na economia global. Os mecanismos de integração geraram uma impressão de maior segurança e controle entre os países diante de um cenário internacional de globalização e de novos desafios, especialmente de ordem econômica. A crise da dívida dos anos 1980, fruto dos endividamentos externos dos países por consequência dos limites econômicos dos modelos nacional--desenvolvimentistas, colocava os governos da região em uma situação de vulnerabilidade na economia mundial.

Assim, os governos latino-americanos precisavam renegociar suas dívidas externas e as condições destas com órgãos de financiamento, como o FMI, o Banco Mundial e o Banco Interamericano de Desenvolvimento (BID). A obtenção dos créditos era condicionada a um pacote de medidas, reformas e políticas que os países deveriam cumprir para terem acesso às cotas dos empréstimos. Tais necessidades de mudanças e adequações dos Estados à nova ordem neoliberal se traduziram nas políticas do Consenso de Washington.

A expressão *Consenso de Washington* remete a uma reunião organizada pelo *think tank* estadunidense Peterson Institute for International Economics (PIIE), em 1989, da qual participaram representantes do Departamento do Tesouro dos Estados Unidos, do FMI, do Banco Mundial e de outras instituições internacionais financeiras, além dos ministros de economia dos países da América Latina e do Caribe. Na reunião, foram estabelecidas várias políticas que promoveriam o ajustamento das economias desses países à fase neoliberal do capitalismo no pós-Guerra Fria e à "modernização" por meio de reformas fiscais, tarifárias e tributárias.

O economista inglês John Williamson, autor de um artigo que serviu de base para o encontro, cunhou o termo *Consenso de Washington* pelo fato de que, na reunião, foram estabelecidas diretrizes comuns a serem aplicadas pelos países latino-americanos a fim de se ajustarem à nova ordem econômica mundial. Conforme o consenso da época, o desenvolvimento, tema central para os países em todos os períodos históricos, agora seria atingido mediante a adoção das políticas neoliberais.

O receituário do Consenso de Washington se resumiu a dez medidas: (i) disciplina fiscal; (ii) redução dos gastos públicos; (iii) reforma tributária; (iv) juros de mercado; (v) câmbio de mercado; (vi) abertura comercial; (vii) investimento estrangeiro direto com eliminação de restrições; (viii) privatização das estatais; (ix) desregulamentação (afrouxamento das leis econômicas e trabalhistas); e (x) direito à propriedade intelectual.

Ao longo de toda a década de 1990, os governos da região pautaram suas políticas públicas nos mais variados temas a partir do modelo neoliberal. Em menor ou maior grau, o câmbio flutuante, a redução de tarifas de comércio externo, privatizações, cortes em gastos sociais e reformas trabalhistas, fiscais e tributárias foram medidas adotadas pela maioria das nações latino-americanas e caribenhas no período.

No esteio das mudanças e condicionalidades externas impostas aos países da região, a Cepal produziu, em 1994, um estudo intitulado *El regionalismo abierto en America Latina y Caribe*, no qual apresentou a nova visão do caminho que o regionalismo latino-americano e caribenho deveria seguir.

A Cepal diagnosticou que a integração na América Latina e no Caribe na década de 1990 implicava a interação de dois fenômenos: primeiro, a abertura comercial e as políticas de desregulamentação que os países estavam empreendendo em nível nacional, demonstrando a importância do comércio exterior para as economias dessas nações; segundo, a tendência de uma integração impulsionada por acordos ou políticas explícitas de preferências a determinados países, especialmente vizinhos (Honório, 2013).

O modo pelo qual esses dois processos interagiram entre si foi decisivo para que os países da América Latina alcançassem uma melhor inserção na economia internacional. A resposta da instituição para tal desafio foi o regionalismo aberto.

A principal ideia do regionalismo aberto era que as nações deveriam enxergar a integração como um mecanismo de defesa para se protegerem de um eventual aumento do protecionismo por parte dos países desenvolvidos. No entanto, o caminho indicado pela Cepal para isso não era a formação de blocos, e sim a assinatura de Tratados de Livre Comércio (TLCs) entre os países.

Além de conceituar e mostrar os objetivos e as bases do regionalismo aberto, o documento elaborado pela Cepal explora as relações entre o multilateralismo e o regionalismo, bem como os mecanismos, os instrumentos, as políticas e os esquemas institucionais que, no julgamento do organismo, possibilitaram o avanço dos compromissos de integração regional. O propósito da Cepal foi estimular o debate da integração latino-americana em um contexto qualitativamente distinto das décadas anteriores: o contexto de liberalização da economia (Honório, 2013).

A incorporação do neoliberalismo às diretrizes do regionalismo ficou evidente justamente pelo tipo de arranjo estimulado pela Cepal: os TLCs. Isso pode ser constatado pelo fato de o estudo citar o Nafta como exemplo a ser seguido pelos países da América Latina. À época, considerava-se que os TLCs promoveriam um acesso mais estável aos principais mercados do mundo, reforçariam a credibilidade das políticas dos países da região e garantiriam a incorporação dos últimos ao processo de globalização (Honório, 2013).

O estabelecimento desses tratados entre nações cujas assimetrias econômicas ou tecnológicas eram bastante pronunciadas – como no caso do Nafta, com México, Canadá e Estados Unidos – não é visto como ruim ou prejudicial às economias menores, mas como uma oportunidade para que tais nações se desenvolvam. A esse respeito, o regionalismo aberto diverge diametralmente do regionalismo fechado, impulsionado pela Cepal entre as décadas de 1960 e 1980, cuja premissa era buscar complementaridade econômica e comercial entre os países da América Latina a fim de reduzir a vulnerabilidade em face de nações de capitalismo desenvolvido.

Os acordos de integração, portanto, seriam instrumentos para melhorar a competitividade dos países da região e a base para a plena adesão à economia internacional neoliberal. Nesse sentido, os regionalismos deveriam buscar a eliminação dos protecionismos e das barreiras comerciais nos marcos das políticas de liberalização, em vez de se converterem em obstáculos que impedissem a abertura e a inserção das economias latino-americanas e caribenhas nas cadeias globais de valor (Cepal, 1994).

Lima e Coutinho (2007) expõem uma contradição quanto à expressão *regionalismo aberto*: o primeiro vocábulo sinaliza uma preferência pela região, e o segundo nega ou qualifica essa mesma orientação. Ou seja, podemos afirmar que a contradição explícita no termo representa a necessidade de inter-relacionar dois movimentos aparentemente com resultados opostos: as políticas de integração regional e as políticas de abertura comercial a terceiros (Honório, 2013).

Até a década de 1990, a integração regional era compreendida dentro dos limites do protecionismo comercial. Com o regionalismo aberto, por sua vez, estabeleceu-se um vínculo entre a liberalização da economia e a abertura dos mercados com tratados comerciais. Além disso, no âmbito da lógica do regionalismo aberto, o papel do Estado mudou se comparado com o estruturalismo cepalino das décadas de 1970 e 1980. Na lógica do Consenso de

Washington, o Estado ficaria reduzido à promoção mais eficiente da competição internacional, instaurando políticas de desregulamentação financeira e abertura comercial (Lima; Coutinho, 2007).

Os principais objetivos das iniciativas originadas ou reestruturadas sob a influência do regionalismo aberto foram: (i) a ênfase na agenda comercial da integração; (ii) a liberalização do comércio intrarregional; (iii) a inserção das economias regionais nas cadeias globais de produção; e (iv) a atração de investimentos externos para os países. Portanto, o regionalismo aberto representou a adequação da agenda da integração regional da América Latina e do Caribe ao neoliberalismo, à abertura comercial e aos condicionantes do Consenso de Washington.

Ao longo da década de 1990, proliferaram propostas de integração regional com agendas comercialistas, visando à liberalização do comércio e à abertura das economias nacionais. A seguir, trataremos das principais iniciativas na região criadas sob o contexto do regionalismo aberto na América Latina e no Caribe. Elas são reflexos importantes em nível regional e em relação ao perfil de inserção dos países considerando-se os ajustes resultantes das agendas neoliberais que impactaram diretamente as políticas externas de tais governos.

Área de Livre Comércio das Américas (Alca)

A Iniciativa para as Américas ou Área de Livre Comércio das Américas (Alca) surgiu como uma proposta dos Estados Unidos sob o governo de George Bush (1989-1993) em 1990. A intenção era firmar uma área de livre comércio envolvendo todos os países do continente americano, e esse projeto pode ser considerado um dos maiores símbolos do regionalismo aberto na região sob a orientação estadunidense. Sua articulação política ocorreu em 1994, na Cúpula das Américas em Miami, ainda na época de Bill Clinton (1993-2001). A Alca significou a parcela regional dos governos estadunidenses da década de 1990 na estratégia econômica global desse país, seja sob a égide da "democratização global" do governo republicano Bush, seja sob a égide da "aliança global pela democracia" do democrata Clinton.

A liberalização do comércio e a abertura das economias latino-americanas e caribenhas seriam negociadas em rodadas organizadas ao longo de 15 anos (1990 a 2005) em torno dos seguintes temas: acesso a mercados; agricultura; compras governamentais; investimentos; políticas de concorrência; direitos de propriedade intelectual; serviços; soluções de controvérsias; subsídios; *antidumping* e medidas compensatórias; economias menores; sociedade civil; assuntos institucionais; e comércio eletrônico.

Conforme aponta Bastos (2012), a proposta da Alca, em princípio, seria atrativa aos países da América Latina e do Caribe na medida em que possibilitaria maior capacidade de competição aos setores econômicos e acesso ao mercado interno estadunidense. No entanto, ao longo das negociações, as assimetrias marcadamente expressivas entre os países e, principalmente, entre estes e os Estados Unidos, somadas à indisponibilidade estadunidense de abandonar seu protecionismo em setores vitais para os países latino-americanos (como o caso de setores agrícolas), foram deixando as negociações mais vagarosas e fazendo com que as nações se sentissem economicamente ameaçadas.

Ao longo das negociações entre os governos, denominadas Cúpulas das Américas, diferentes setores domésticos dos países foram se mobilizando e criando verdadeiras resistências à iniciativa. Algumas manifestações, aliás, partiram de movimentações regionais, como o caso dos sindicatos de trabalhadores latino-americanos. Impulsionados pela percepção de que a proposta da Alca envolveria não apenas temas comerciais-tarifários, mas também redução dos fatores de produção, como mão de obra, os sindicatos temiam que uma das consequências da iniciativa seria o desmonte e a flexibilização das leis trabalhistas nos países, assim como a redução dos salários com vistas a baratear a mão de obra. Tal mobilização resultou em uma cartilha de defesa dos trabalhadores latino-americanos elaborada pelas centrais sindicais da região, o Manifesto dos Trabalhadores das Américas, a qual foi distribuída em uma das reuniões de negociação dos governos sobre a proposta.

Essas movimentações eram trazidas à mesa de negociações por parte dos países da América Latina e do Caribe como elemento de barganha. Outra dinâmica importante fruto do processo de negociação da Alca foi a estratégia de negociação conjunta implementada pelos países do Mercosul mais a Venezuela, conhecida como Mercosul + 1. As negociações da Alca se davam por meio das cúpulas organizadas pelos Estados Unidos, nas quais se buscava chegar a um consenso sobre os temas em pauta. Assim como em qualquer negociação multilateral, as dificuldades nos acordos comuns se mostravam como impeditivos cada vez mais reais para a finalização das negociações.

Aproveitando-se de seu poder econômico e político, a estratégia estadunidense era calcada na abordagem bilateral, país a país. Assim, os EUA apresentavam propostas individuais de concessões e condicionantes que, posteriormente, eram incorporadas ao acordo maior negociado multilateralmente. O padrão negociador do país norte-americano se ancorava na enorme assimetria política, de poder e econômica entre ele e os demais países da região e, até mesmo, na dependência estrutural forjada ao longo dos séculos.

Com base nesse diagnóstico de negociação e na posição de vulnerabilidade em que uma negociação individual com os Estados Unidos coloca os países latino-americanos, Brasil, Argentina, Paraguai e Uruguai decidiram negociar em bloco na Alca. O Mercosul, criado em 1991, foi o instrumento que viabilizou a negociação conjunta desses países, aos quais se somou a Venezuela. Na prática, os Estados Unidos tinham de negociar conjuntamente com os cinco países, o que resultou em maior capacidade de barganha por parte destes e em uma posição de maior força em face dos interesses estadunidenses.

De acordo com Honório (2013), as rodadas da Alca foram importantes como processo político regional para os países latino-americanos e caribenhos. Isso porque explicitaram os limites e alcances das estratégias de inserção econômica internacional nos marcos do neoliberalismo. A Alca mobilizou os países para a reflexão sobre os custos dos modelos de integração sob o regionalismo aberto em seus setores internos e nas economias nacionais.

A Alca foi encerrada em 2005, na IV Cúpula das Américas, em Mar del Plata, na Argentina. Nessa reunião, os países optaram por encerrar as negociações da iniciativa. Durante toda a década de 1990, as negociações da Alca também passaram a compor as agendas domésticas dos países, seja nos planos de governo dos candidatos à presidência do período, seja por parte dos setores domésticos que seriam diretamente impactados por ela. É interessante apontar que a organização pode ser compreendida como o primeiro grande tema de relações internacionais com ampla difusão no seio das sociedades latino-americanas no período de entrada na nova ordem internacional, fruto do fim da Guerra Fria.

Tal momento também confluiu com a redemocratização dos países da região e a retomada do caráter coletivo, tanto no tocante à ação quanto em relação aos aspectos distributivos das políticas interna e externa. Conforme já citamos, a mobilização de setores domésticos por parte dos países latino-americanos ou mesmo dos Estados Unidos é fundamental para entender o desenlace da iniciativa. O descrédito dos resultados das plataformas neoliberais adotadas pela maioria dos governos no período ao longo da década de 1990 também contribuiu para um processo que foi decisivo para o término da Alca como proposta: a chegada ao poder de governos de esquerda ou de centro-esquerda na maioria dos países da América do Sul a partir de 2003.

A denominada *virada progressista* na região foi fundamental para que a iniciativa estadunidense caísse em descrédito como estratégia de crescimento e desenvolvimento para os países da América Latina e do Caribe. Eleitos como contrapartida aos governos neoliberais da década anterior, os presidentes do chamado *regionalismo pós-hegemônico* (tema de que trataremos mais adiante) descapitalizaram politicamente a iniciativa e a colocaram em posição diametralmente oposta à do modelo de integração que a região deveria seguir a partir de 2003.

Área de Livre Comércio Sul-Americana (Alcsa)

A Área de Livre Comércio Sul-Americana (Alcsa) pode ser considerada como um exemplo do regionalismo aberto na política externa brasileira. Ela surgiu como proposta em 1992, no governo Itamar Franco, encabeçada por Celso Amorim, então ministro de Relações Exteriores. O principal objetivo da Alcsa era criar uma área de livre comércio entre os países do Mercosul e da CAN em um horizonte de dez anos.

A Alcsa representou uma tentativa do governo brasileiro de destacar a importância do subcontinente sul-americano como espaço geoeconômico na ótica do regionalismo aberto, uma vez que tanto a proposta da Alca quanto a do Nafta inseriam a América Latina, como espaço geopolítico, em posição de vulnerabilidade em relação aos Estados Unidos. A Alcsa deixou de existir nos governos de Fernando Henrique Cardoso (FHC). Porém, como aponta Bandeira (2010), em 1998, as nações das duas iniciativas firmaram um acordo-quadro prevendo a criação de uma área de livre comércio a partir do ano 2000. Esse acordo foi o embrião de outra proposta brasileira apresentada na I Reunião de Presidentes Sul-Americanos, a Comunidade Sul-Americana de Nações (Casa).

É possível afirmar que a Alcsa foi uma das primeiras iniciativas da diplomacia brasileira a forjar a ideia de América do Sul, mesmo que nos limites de um modelo de regionalismo aberto, como espaço econômico e político importante. Tal construção perpassou toda a década de 1990 e o início dos anos 2000 e materializou-se nos governos de Lula da Silva (2003-2010), com a institucionalização do subcontinente como lócus geopolítico.

Mercado Comum do Sul (Mercosul)

O Mercado Comum do Sul (Mercosul) foi estabelecido pelo Tratado de Assunção, assinado em 1991 pelos governos de Argentina, Brasil, Paraguai e Uruguai. Esse mecanismo de integração pode ser considerado como uma evolução dos processos de cooperação no âmbito econômico entre Brasil e Argentina decorrentes do final da década de 1980.

Tal aproximação foi consolidada com a assinatura do Programa de Integração e Cooperação Econômica (Pice), em 1986. O Pice abarcava uma série de protocolos de cooperação industrial em setores complementares das economias, cujo objetivo residia na modernização tecnológica de tais nações. Com uma lógica essencialmente desenvolvimentista – reflexo ainda marcante dos modelos de desenvolvimento que ambos os países adotaram nas décadas anteriores –, a cooperação presente no Pice englobava a oferta de cooperação estatal para a realização de um programa regional de industrialização (Honório, 2013).

Nesse diapasão, a principal diferença entre o Pice e o Mercosul é que este trazia consigo a ideia de que a formação de um mercado maior na região poderia atrair parceiros comerciais intra e extrarregionais (Honório, 2013). Assim como o Pice podia ser visto dentro do contexto de integração marcada pelos princípios do regionalismo fechado, o Mercosul, por sua vez, respondia diretamente aos desafios do período do regionalismo latino-americano, condicionado pelos objetivos do regionalismo aberto.

Apesar de o arranjo mercosulino (uma proposta de integração econômica) ter sido elaborado de acordo com os objetivos do regionalismo aberto e, portanto, conter uma agenda de liberalização comercial, eliminação tarifária e facilitação do comércio intra e extrabloco, o modelo institucional pelo qual os países-membros optaram (um mercado comum), implicando a adoção de políticas comerciais comuns, significou a resistência desses países aos tratados de livre comércio que hegemonizaram as iniciativas do período. O Mercosul, portanto, pode ser enxergado como resposta e resistência ao ambiente de liberalização econômica mundial. Ele foi especialmente importante nas negociações da Alca, conforme já mencionamos, nas quais os países do bloco negociavam em conjunto, bem como em foros multilaterais, como a OMC (Honório, 2013).

O Mercosul teve forte inspiração no processo de integração europeu, isto é, a estrutura organizacional do bloco e mesmo o horizonte da criação de um mercado comum foram diretamente inspirados no modelo europeu. A engenhosidade das diplomacias brasileira e argentina no lançamento do bloco sob o arranjo de um mercado comum – portanto, implicando compromissos coletivos entre os países do Mercosul em negociações com parceiros extrabloco – garantiu certa proteção aos países do Cone Sul em face das investidas dos Estados Unidos para a assinatura de tratados de livre comércio. Uruguai e Paraguai estavam negociando tais acordos quando a proposta do Mercosul se consolidou. Bandeira (2010) pontua que o Mercosul não foi bem recebido pelo governo estadunidense, tendo sido classificado como um exemplo de protecionismo não condizente com o contexto do regionalismo aberto.

Na primeira década de sua existência, o Mercosul elevou consideravelmente os índices comerciais intrabloco, chegando a um aumento de aproximadamente 150%. Contudo, essa ascensão comercial foi interrompida a partir de 1998, quando crises cambiais internacionais atingiram Brasil e Argentina, dificultando o cumprimento dos objetivos econômicos do bloco. Nesse cenário, sobressaiu-se a necessidade do fortalecimento político e da redução das assimetrias comerciais e de desenvolvimento entre os países-membros (Honório, 2013).

Esse contexto fez com que os países voltassem suas preocupações para suas políticas domésticas (Lima; Coutinho, 2007). A fase de acirramento dos nacionalismos no interior do bloco e suas consequências para o processo de liberalização tarifária intrabloco culminaram na denominada *primeira crise do Mercosul*. Tal crise durou até o surgimento dos governos progressistas na América do Sul sob os marcos do regionalismo pós-hegemônico. Nessa fase, o bloco foi ressignificado, ampliando seu escopo de atuação e de instituições intrabloco, as quais buscaram dar conta das novas necessidades dos países e do próprio papel do subcontinente a partir de 2003. Esse tema será abordado em mais detalhes na sequência desta obra. Por ora, cabe ressaltar que o Mercosul cumpriu um importante papel de afirmação de uma identidade sul-americana, com base na dimensão comercial, no ápice da vigência do regionalismo aberto na América Latina.

Associação dos Estados do Caribe (AEC)

Criada em 1994, a Associação dos Estados do Caribe (AEC) teve como objetivo principal a promoção de um mecanismo de consulta e cooperação entre os Estados do Caribe. Conforme seu tratado constitutivo, as bases para a ação da iniciativa foram: a criação de um espaço econômico ampliado na região; a preservação da integridade ambiental do Mar do Caribe; e a promoção do desenvolvimento sustentável do Grande Caribe. Suas áreas focais são: comércio, transporte, turismo sustentável e cooperação em desastres naturais (AEC, 2023).

O conceito de Grande Caribe, em seu sentido político, foi forjado a partir dessa iniciativa e, junto com ele, criou-se a Zona de Cooperação do Grande Caribe. Conforme o *site* oficial do organismo, esse conceito é mais amplo do que sua relação com os países banhados pelo Mar do Caribe e faz referência às características comuns históricas, sociais e culturais de seus membros (AEC, 2023).

Do ponto de vista geográfico, tal concepção abarca os países da Antilhas e outros cujos territórios abrangem também a América Central, a América do Norte, os países andinos e outras áreas da América do Sul.

São membros da iniciativa: Antígua e Barbuda, Barbados, Belize, Colômbia, Costa Rica, Cuba, Dominica, El Salvador, Granada, Guatemala, Guiana, Haiti, Honduras, Jamaica, Bahamas, México, Nicarágua, Panamá, São Cristóvão e Neves, Santa Lúcia, São Vicente e Granadinas, Suriname, Trinidad e Tobago e Venezuela.

A AEC pode ser compreendida como uma resposta dos países caribenhos ao momento de ênfase do regionalismo como estratégia de projeção política no cenário internacional do pós-Guerra Fria. A opção por estabelecer uma zona de cooperação em temas como a gestão do Mar do Caribe ou mesmo fortalecer a ideia de Grande Caribe estava alinhada ao credenciamento de tais temáticas na nova ordem internacional pós-1990 e deu origem a um espaço de concertação política próprio das nações da região.

Sistema de Integração Centro-Americano (Sica)

O Sistema de Integração Centro-Americano (Sica) foi criado em 1991 como um desdobramento da Odeca e ampliou e aprofundou os objetivos de sua instituição embrionária. Foi assinado por Costa Rica, Belize, El Salvador, Guatemala, Honduras, Nicarágua, Panamá e República Dominicana.

O Sica deve ser entendido como um processo impulsionado a partir dos Acordos de Paz de Esquipulas, firmados pelos países da América Central no final da década de 1980. Foi um marco importante para a afirmação da democracia na região e um estímulo político para a integração regional. Nesse cenário, os países reativaram mecanismos já existentes, como o MCCA, e adotaram como lemas para essa nova fase do regionalismo centro-americano a democracia, o desenvolvimento, a liberdade e a paz.

O Protocolo de Tegucigalpa, de 1991, que estabeleceu o Sica, fundamentou-se em uma visão ampliada e conjunta dos processos de integração regionais das décadas anteriores e de suas agendas em todos os âmbitos. Dessa forma, nos marcos do Sica, foram acordados o Tratado Geral de Integração Econômica Centro-Americana, o Tratado de Integração Social, a Aliança para o Desenvolvimento Sustentável (Alides, na sigla em espanhol), a Política de Igualdade e Equidade de Gênero, entre outros. Tais documentos foram a base para o desenvolvimento das ações do organismo ao longo das décadas de 1990 e 2000. Entre tais ações, destacamos a Estratégia de Segurança e Gênero Centro-Americana e a Política Regional de Igualdade e Equidade de Gênero (Prieg).

Briceño-Ruiz (2007) salienta que o Sica incorporou a multidimensionalidade à sua proposta regional muito antes de tal conceito ser aplicado na América do Sul. Assim, ele reposicionou os regionalismos centro-americanos com base em uma visão coletiva dos desafios e das oportunidades dos países. Em 2013, a iniciativa foi relançada e definiu-se uma agenda prioritária considerando cinco pilares: segurança democrática, cambio climático e gestão de risco, integração social, integração econômica e fortalecimento institucional.

Acordo de Livre Comércio da América do Norte (Nafta)

O Acordo de Livre Comércio da América do Norte (Nafta) foi assinado em 1994 por Estados Unidos, Canadá e México. Conforme mencionamos no início da seção sobre o regionalismo aberto, o modelo de acordos de livre comércio era considerado o tipo ideal para a nova fase do regionalismo que se consolidou nos marcos do regionalismo neoliberal na América Latina e no Caribe e da expansão do livre comércio.

O Nafta estabeleceu uma zona de livre comércio eliminando os protecionismos tarifários e estimulando os intercâmbios comerciais. As consequências econômicas desse tratado foram bastante diferentes para os três países, em decorrência das enormes assimetrias econômicas, industriais e tecnológicas entre eles. Nesse sentido, o Nafta significou o aumento da dependência da economia mexicana em relação à economia estadunidense e um progressivo processo de deterioração de sua capacidade industrial em face da pouca chance de competir com as empresas e os fatores de produção do país vizinho.

A entrada do México no acordo também deve ser entendida como um movimento de adoção de uma política externa menos nacionalista e mais pró-Estados Unidos – que, aliás, marcou os governos mexicanos do final da década de 1980 e começo dos anos 1990 (Freitas, 2008). Pressupostos importantes para esse movimento, além do contexto da hegemonia dos Estados Unidos no pós-Guerra Fria, foram as consequências econômicas da década perdida mexicana e da moratória de 1982. Décadas após a assinatura do Nafta, a economia mexicana se caracterizava pela presença massiva de maquiladoras, principalmente no norte do país, assim como pela desregulamentação das leis trabalhistas e pela destruição dos sindicatos.

O Nafta carrega consigo alguns simbolismos políticos que foram requisitados em diferentes momentos da história recente latino-americana, como exemplo de subordinação aos ditames do Consenso de Washington, na década de 1990, e do alinhamento aos Estados Unidos em detrimento das propostas de integração latino-americanas. As consequências da entrada do México no Nafta foram utilizadas como exemplos negativos do que a Alca poderia causar aos países caso o acordo fosse concretizado.

A entrada do México no Nafta também provocou fortes reações internas. A mais importante delas foi o levante do Exército Zapatista de Libertação Nacional (EZLN), em 1º de janeiro de 1994.

Os acordos do Nafta envolviam a descontinuidade de uma política de distribuição de terras estabelecida desde a Revolução Mexicana de 1910. Formado majoritariamente por campesinos e campesinas indígenas, o EZLN reivindicava trabalho, terra, teto, alimentação, saúde, educação, independência, liberdade, democracia, justiça e paz. Nesse contexto, as consequências da entrada do México no Nafta eram vistas como negativas para as populações pobres e campesinas do país, uma vez que abrangiam a destruição do modo de vida dessas comunidades.

Dessa maneira, o levante do EZLN foi categorizado como o primeiro movimento antiglobalista mundial e constituiu-se tanto como marco das resistências dos povos latino-americanos e caribenhos diante das políticas neoliberais no continente quanto como embrião de processos de contestação da globalização neoliberal impulsionados por movimentos sociais e ambientais transnacionais que irromperam no final da década de 1990. Com relação a tais movimentos, os mais conhecidos foram os protestos de Seattle, em 1999, durante a Rodada do Milênio da OMC.

3.5 *Regionalismo comparado (a partir de 2000)*

González e Perrotta (2021) afirmam que a fase do regionalismo comparado coincidiu com a abertura geopolítica das relações internacionais a atores do Sul Global nas primeiras décadas do século XXI. Os regionalismos desse período podem ser classificados como anti-hegemônicos, no sentido de que foram estabelecidos a partir das regiões, em vez de serem controlados pelas superpotências. As principais características de tais esquemas incluem visões multidimensionais dos temas, grande variedade de desenhos institucionais das iniciativas e o aumento da importância da participação de atores não estatais (Söderbaum, 2015).

Essa nova fase dos regionalismos indica, em certo sentido, uma superação do novo regionalismo, com a ideia de *beyond new regionalism* (para além do novo regionalismo). Em termos teóricos, Balogun (2021) aponta que o regionalismo comparativo evoluiu para compreender três vertentes empíricas principais: (i) a comparação empírica de identidades regionais, isto é, a concepção de regiões como estruturas constituídas em entrelaçamentos mútuos com base em suas identidades regionais; (ii) uma mudança normativa, no sentido de descentralizar a Europa e a UE como principais referências de comparação, levando o foco para os atores regionais no Sul Global; e (iii) um enfoque metodológico baseado na riqueza de comparação – ou seja, as regiões podem e devem ser comparadas no tempo, dentro e por meio de diferentes espaços e escalas –, o que Söderbaum chamou de *concepção pluralista* (Balogun, 2021).

O contexto histórico do regionalismo comparado – o século XXI – significou um redimensionamento dos regionalismos quanto à importância das regiões como polos geopolíticos. O surgimento de potências emergentes como atores relevantes no cenário internacional, a exemplo de Brasil, China, Rússia e África do Sul, com a conformação do BRICS, elencou as regiões e, portanto, as respectivas iniciativas regionais como atores políticos. Desse modo, conforme menciona Balogun (2021), a formação da identidade regional e sua articulação como capital político pelos Estados constituíram-se como as principais características do regionalismo comparado. No Capítulo 5, abordaremos as iniciativas forjadas no âmbito do regionalismo comparado na América Latina e no Caribe. A título de comparação e síntese deste capítulo, apresentamos no Quadro 3.1 as fases dos regionalismos.

Quadro 3.1 – Velho regionalismo, novo regionalismo e regionalismo comparado

	Velho regionalismo	Novo regionalismo	Regionalismo comparado
Contexto da ordem internacional	Mundo bipolar Guerra Fria	Pós-Guerra Fria Globalização e neoliberalismo	Ordem mundial multipolar e multicomplexa Guerra ao terror Crise financeira BRICS/potências emergentes
Links entre os modelos de governança nacional, regional e global	Contenção dos nacionalismos (na Europa) ou avanço dos nacionalismos (Sul Global)	Resistência, contenção ou avanço da globalização neoliberal	Ordens regionais Pós-hegemônico, pós-neoliberal, regionalismo heterodoxo Regiões que fazem parte de vários níveis de governança global
Setores, atores e formas de organização	Estados, integração estadocêntrica e altamente formalizada	Multissetorial Atores estatais vs. não estatais Regionalismo vs. regionalização Formal vs. informal	Tanto multissetoriais quanto setoriais específicos Estatal e não estatal Múltiplas formas de organização
Ontologia	Integração regional Organizações regionais e subsistemas Linhas regionais claras	Pluralismo ontológico, confusão e desacordo Regionalismo Regionalização Organizações regionais	Regiões porosas e sobrepostas Pluralismo conceitual Regiões, regionalismos, redes, governança regional

(continua)

(Quadro 3.1 – conclusão)

	Velho regionalismo	Novo regionalismo	Regionalismo comparado
Epistemologia	Domínio do positivismo, racionalismo e materialismo Estruturalismo (Sul Global)	Racionalismo vs. construtivismo vs. teoria crítica Materialismo vs. ideias/identidades Conflito epistemológico	Pluralismo epistemológico Diálogos emergentes
Metodologia	Europa-centrada e com rígida comparação com o processo europeu	Especialização regional (paroquialismo) vs. falso universalismo (eurocentrismo) Comparação como estudos de caso paralelos ou estudos quantitativos Pouco diálogo entre os estudos da UE e os regionalismos de RI/economia política internacional	Aumento da comparação Surgimento de regionalismos comparados não eurocêntricos (melhor sensibilidade contextual e menos rigidez conceitual)

Fonte: Söderbaum, 2015, p. 23, tradução nossa.

Síntese

Neste capítulo, vimos que os regionalismos são fenômenos historicizados nas relações internacionais e que suas formatações, objetivos e temáticas respondem às conjunturas globais dos períodos. As diferentes fases do regionalismo evidenciam as ideias-forças que influenciaram a criação dos mecanismos e das iniciativas regionais em cada momento histórico.

Questões para revisão

1. Conforme Söderbaum (2015), os regionalismos podem ser historicamente classificados em quatro fases. Quais são elas?

2. Qual é a importância da Cepal para o regionalismo na América Latina e no Caribe?

3. Assinale a alternativa que apresenta características das iniciativas nos marcos do regionalismo fechado:
   a. Forte apelo à complementaridade comercial entre os países e modelos de integração voltados "para dentro".
   b. Modelos de integração voltados "para fora" e estimulados pelo contexto de globalização.
   c. Mecanismos de integração formados por países muito assimétricos economicamente.
   d. Predomínio de temas culturais, sociais e políticos nas iniciativas de integração.

4. Assinale a alternativa que apresenta mecanismos ou propostas surgidas nos marcos do regionalismo aberto:
   a. Alalc, Pacto Andino e Caricom.
   b. Nafta, Mercosul e Alca.
   c. Unasul e Odeca.
   d. Sela, Grupo de Apoio à Contadora e OEA.

5. Multipolaridade, guerra ao terror, crise financeira e BRICS são características de qual fase do regionalismo na política internacional?
   a. Regionalismo fechado.
   b. Regionalismo aberto.
   c. Protorregionalismo.
   d. Regionalismo comparado.

Questão para reflexão

1. Os regionalismos na América Latina e no Caribe são entendidos pelos governos como meios para que os países alcancem maior desenvolvimento econômico e social. Com base na análise do Gráfico A, a seguir, relacione a superação da pobreza com a agenda dos mecanismos de integração existentes.

Gráfico A – Pobreza na América Latina

Pobreza acelera na América Latina
Em %

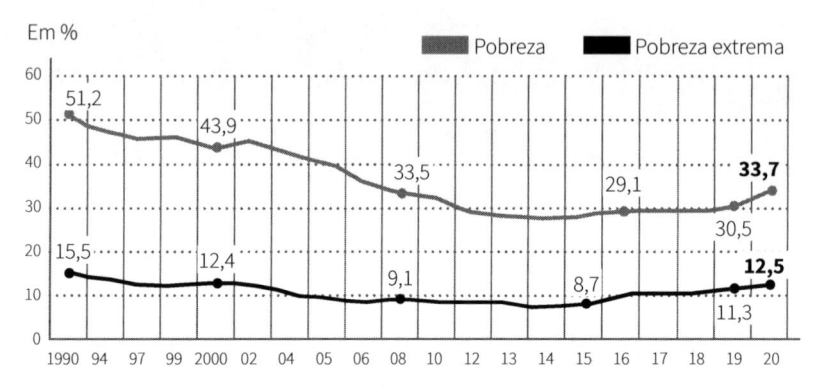

[Gráfico de linhas mostrando a evolução da pobreza e pobreza extrema na América Latina entre 1990 e 2020. Pobreza: 51,2 (1990); 43,9 (1999); 33,5 (2008); 29,1 (2017); 33,7 (2020). Pobreza extrema: 15,5 (1990); 12,4 (2000); 9,1 (2013); 8,7 (2015); 11,3 (2019); 12,5 (2020).]

Fonte: Gombata, 2021.

Para saber mais

CEPAL – Comissão Econômica para a América Latina e o Caribe. Disponível em: <https://www.cepal.org/pt-br>. Acesso em: 25 maio 2023.

A Cepal é um organismo da ONU criado para a formulação de políticas de desenvolvimento para a América Latina e o Caribe. Conheça mais sobre ela no *site* oficial.

capítulo quatro

A multidimensionalidade dos regionalismos

Conteúdos do capítulo:

- Multidimensionalidade dos regionalismos.
- Cúpulas Sociais do Mercosul.
- Dimensão indígena do Mercosul.

Após o estudo deste capítulo, você será capaz de:

1. compreender as diferentes dimensões dos regionalismos;
2. entender o desenvolvimento da agenda social no Mercosul;
3. analisar a importância do regionalismo pós-hegemônico para a ampliação das temáticas da integração na América do Sul.

Conforme vimos nos capítulos anteriores, não foi apenas a interpretação do conceito de regionalismo que se transformou ao longo da história; também as temáticas, ou dimensões, de suas iniciativas se alteraram. Os regionalismos possibilitam a construção de projetos coletivos nas mais diversas áreas. Nessa ótica, a partir do século XXI, observou-se uma proliferação de regionalismos de agendas multidimensionais, ou seja, que simultaneamente combinam temas diferentes em uma mesma iniciativa.

Neste capítulo, abordaremos a ideia de multidimensionalidade dos regionalismos, problematizando suas implicações para a compreensão desse fenômeno. Com base nas experiências do regionalismo pós-hegemônico na América do Sul, apresentaremos dimensões relativamente recentes dos regionalismos sul-americanos, tais como a dimensão social e a dimensão indígena, ambas no âmbito do Mercado Comum do Sul (Mercosul).

4.1 *Dimensões dos regionalismos*

Ao longo da história, os regionalismos foram ampliando seu escopo em relação aos objetos/temas das iniciativas regionais. Essas transformações devem ser historicamente localizadas, uma vez que são reflexos da conjuntura política, econômica, geopolítica e social de cada fase dos regionalismos, reproduzidos em diferentes regiões do mundo de acordo com suas peculiaridades.

Ao tomarmos como referência o movimento integracionista latino-americano, observamos que o pensamento inaugural do regionalismo nessa parte do mundo se concentrou na proteção das independências dos Estados recém-criados do jugo dos colonizadores europeus. Nesse sentido, a sobrevivência política dessas novas nações orientou as primeiras tentativas de integração regional na América Latina. O teor do regionalismo foi de ordem geopolítica e refletiu a conjuntura externa das tentativas de manter a hegemonia das potências europeias na América Latina formalmente indepentizada, assim como a conjuntura regional marcada pelo crescente protagonismo dos Estados Unidos na política hemisférica.

A partir da década de 1950, tanto na Europa como na América Latina, as iniciativas de integração regional passaram a ter como foco a dimensão econômica. Conforme pontuamos no capítulo anterior, as primeiras iniciativas empíricas de regionalismo perseguiram a área econômica como via de aproximação e coordenação regional. O exemplo mais referenciado nos estudos de integração regional é o caso do processo europeu. O contexto do pós-Segunda Guerra Mundial (doravante, II GM), tanto político quanto econômico, foi responsável por impulsionar o surgimento da Comunidade Europeia do Carvão e do Aço (Ceca), criada em 1951 por Alemanha Ocidental, França, Itália, Bélgica, Luxemburgo e Países Baixos. A necessidade de engajar tais países em relações que distensionassem possíveis fontes de conflito e de buscar áreas convergentes a todos (como a redução de tarifas comerciais em produtos estratégicos e o desenvolvimento econômico) subsidiou a leitura funcionalista de David Mitrany para a nascente integração europeia.

Até o começo do século XXI, as iniciativas de integração regional remetiam essencialmente à integração econômica. Portanto, os estudos e as teorias a respeito desses processos orbitavam, majoritariamente, em torno das discussões referentes a tal temática. Questões políticas e sociais, entre outras que ganharam relevância nos regionalismos ao longo de seu desenvolvimento, foram tomadas como consequências da integração econômica. Sob essa perspectiva, podemos afirmar que, durante muito tempo, falar de integração regional ou regionalismo era falar da dimensão econômica desses processos. Essa visão se tornou problemática porque, além de ser centrada na experiência do processo europeu, excluía do debate teórico iniciativas em outras regiões do mundo, motivadas por dimensões não exclusivamente econômicas.

Mas só podemos falar em integração regional quando há integração econômica? A economia e o comércio são as únicas dimensões dos regionalismos? A resposta para as duas perguntas é "não". Nas últimas décadas, a concepção das múltiplas dimensões, ou múltiplos temas, que envolvem os regionalismos ganhou destaque, seja pelos desafios que as outras dimensões/temáticas impuseram às iniciativas já existentes – como as questões culturais no seio da União Europeia –, seja pelas mudanças dos contextos políticos e ideológicos das regiões que colocaram em pauta o desenvolvimento de regionalismos com bases culturais, sociais, políticas e outras temáticas para além da economia e do comércio – como na América do Sul, nos governos progressistas a partir de 2003.

As diversas temáticas indutoras relativas a processos regionais significaram novos desafios interpretativos para as teorias que versam sobre a integração regional e os regionalismos. Isso ocorre porque o tipo de institucionalidade ou os atores que participam dos processos de integração em temas não econômicos demonstram as limitações interpretativas das perspectivas centradas na visão *mainstream* do que pode ser considerado ou não integração regional.

Desse modo, a ideia de múltiplas dimensões dos regionalismos expande a compreensão das iniciativas regionais para além do protagonismo dos Estados como atores exclusivos e, por consequência, amplia o debate intergovernamentalidade *versus* supranacionalidade como categorias institucionais automáticas dos processos. A construção de entendimentos coletivos e regionais sobre temas como cidadania, direitos humanos, cultura, territorialidade, políticas sociais e outras mobiliza atores subnacionais e não governamentais das sociedades dos países e traz para o debate dos regionalismos novas práticas e formas de coordenação regional.

As velocidades referentes às diferentes dimensões dos regionalismos também variam de acordo com as dinâmicas próprias de cada tema. Por exemplo, a dimensão de integração da infraestrutura demanda ações e entendimentos que mobilizem acordos de longa duração entre os atores envolvidos, uma vez que englobam financiamentos e concessões que perpassam governos. A construção de um corredor rodoviário que cruza dois ou mais países exige que a coordenação entre os governos federais também articule interesses, custos, vantagens e desvantagens quanto aos governos locais e aos diversos grupos sociais envolvidos direta ou indiretamente. Tais elementos destacam necessidades específicas para se entender e interpretar teoricamente determinada dimensão da integração regional. O mesmo se aplica quando se traz para o campo do regionalismo a elaboração de uma cidadania regional. Por se tratar de um elemento imaterial que se refere à difusão de uma consciência compartilhada de futuro e, portanto, da construção de políticas públicas que incitem tal percepção como motor de alavancagem, a integração nessa dimensão também é de longo prazo. A criação de órgãos legislativos de cunho regional, como o Parlamento do Mercosul (Parlasul), pode ser vista como uma dessas políticas que visam à construção da cidadania regional. No entanto, em que pese a existência desse organismo, nem todos os países têm disseminado internamente em suas sociedades a importância de tal órgão ou mesmo a eleição direta de seus representantes. No Brasil, a indicação do representante do país no Parlasul ocorre por via indireta, ao contrário do que se pratica em países como Argentina ou Paraguai, onde há eleição para essa representação.

No caso específico da construção de uma cidadania regional, para além da criação de órgãos institucionalizados nos mecanismos de integração, é necessária a atuação, por exemplo, dos partidos políticos nacionais, com o intuito de mobilizar a pauta da integração regional e sua importância, bem como de setores da sociedade civil e da academia, desenvolvendo pesquisas e estudos, levantando dados e informações que sirvam para a construção de visões extranacionais de direitos e deveres dos indivíduos. Logo, fica evidente que a ampliação do escopo do que se pode considerar como dimensões dos regionalismos evoca uma série de processos, atores e dinâmicas que exigem novas perspectivas teóricas de análise e produção de conhecimento.

Conceito importante na ampliação dos regionalismos, principalmente a partir do século XXI, é o de multidimensionalidade. A ideia de multidimensionalidade remete à combinação/coexistência de duas ou mais dimensões como objetivos das iniciativas e dos mecanismos regionalistas. O regionalismo multidimensional foi especialmente observado na América do Sul ao longo da década de 2000. Como exemplos, podemos citar a União das Nações Sul-Americanas (Unasul) e a Aliança Bolivariana para os Povos de Nossa América (Alba). Em ambas as iniciativas, buscou-se alcançar uma coordenação regional em múltiplas temáticas, como infraestrutura, saúde, cultura, economia e comunicação. Os regionalismos multidimensionais, desde sua gênese, estabelecem objetivos de múltiplas dimensões para os projetos de integração regional.

A multidimensionalidade dos regionalismos sul-americanos no século XXI também pode ser vista na ampliação dos temas de instituições já consolidadas na região, como no caso do Mercado Comum do Sul (Mercosul). A transformação da agenda mercosulina com a virada progressista no subcontinente representou um importante passo para a ampliação da agenda de trabalho do bloco, incorporando-se temáticas como a integração de pautas indígenas, de mulheres e de negros e a institucionalização de organismos para dar conta dessas novas demandas, como a criação do Instituto Social do Mercosul (ISM), em 2006, e do Instituto de Políticas Públicas em Direitos Humanos (IPPDH), em 2007.

Neste capítulo, abordaremos brevemente exemplos de duas temáticas não tradicionalmente exploradas pela literatura de regionalismos: (i) a dimensão social e (ii) a dimensão indígena. Ambas terão como lugar de análise o Mercosul em sua fase pós-hegemônica, buscando-se evidenciar a importância de refletir sobre esses processos como contribuições ao próprio avanço da integração na América do Sul.

4.2 O Mercosul Social

Desde a criação do bloco, a agenda social no Mercosul ficou muito restrita aos temas comerciais. Os primeiros debates sociais no âmbito desse organismo ocorreram por meio das agendas de trabalho e sindical. O primeiro espaço criado resultou de reivindicações dos movimentos sindicais apresentadas pelos Ministérios do Trabalho dos países do bloco e foi consolidado com a criação do Subgrupo de Trabalho 11 (SGT-11) para tratar de questões de trabalho e sindicais. O SGT-11 inicialmente se diferenciou dos demais ao tomar para si o espaço institucional para a discussão dos temas sociais. O SGT teve grande importância no Mercosul, pois cristalizou institucionalmente o debate social e proporcionou a primeira experiência participativa no bloco, ainda que com limitações de atuação do movimento sindical e de seu caráter consultivo.

Em 1994, com o Protocolo de Ouro Preto, ocorreu outro passo relevante na história da agenda social no bloco: a criação do Foro Consultivo Econômico e Social (FCES). Também de caráter consultivo, o foro foi estabelecido com o intuito de ser o órgão de representação dos setores econômicos e sociais dentro do Mercosul, formado pelas representações dos setores econômicos e sociais dos Estados Partes. Nesse momento, algumas instâncias que extrapolavam a perspectiva comercial começavam a ser desenhadas na institucionalidade regional.

Em decorrência da experiência do SGT-11, posteriormente foram criados o SGT de Saúde, em 1996, e o SGT-6, voltado aos temas ambientais, além do estabelecimento da primeira versão da Declaração Sociolaboral do Mercosul, marco da agenda social do bloco na década. Firmada em 1998, ela consistiu em uma tentativa de avanço em promover, mediante um instrumento regional, a garantia de direitos e princípios relacionados ao trabalho individual e coletivo, por meio do compromisso de definir ações relacionadas aos impactos sociais resultantes dos modelos de liberalização comercial vigentes.

Em 2000, os membros assinaram a Carta de Buenos Aires de Compromisso Social no Mercosul. A importância desse documento reside no reconhecimento regional de que a erradicação da pobreza não estaria vinculada ao crescimento econômico, sendo, portanto, necessário ter o compromisso de elaborar políticas comuns contra a exclusão social. Na carta, os governos evidenciam a intenção de avançar na igualdade social por meio de um desenvolvimento econômico equilibrado e justo, mediante uma atenção prioritária aos setores mais desprotegidos da população em termos de alimentação, saúde, emprego, moradia e educação.

Mesmo com esses importantes avanços, até o início dos anos 2000, a agenda social do bloco foi bem restritiva, fruto de uma visão mercantilizada do Mercosul. A partir de 2003, a ascensão dos governos progressistas na América do Sul alterou a agenda de integração regional, que passou a ser entendida como um projeto mais abrangente, o qual não estava restrito apenas à dimensão comercial.

O marco político dessa mudança foi a declaração conjunta dos presidentes Kirchner e Lula em Buenos Aires, em 2003, a qual fundou as bases políticas para a ampliação da agenda social no bloco. Na declaração, reforçou-se a necessidade de impulsionar a participação ativa da sociedade civil, fortalecendo os organismos existentes, bem como as iniciativas que pudessem contribuir para a complementação, a associação e o diálogo amplo e plural. Além disso, destacou-se o novo modelo de integração proposto, que buscava a conformação de um modelo de desenvolvimento no qual se associavam o crescimento, a justiça social e a dignidade dos cidadãos.

Nesse contexto, o bloco passou a considerar que "a relevância e o entendimento da dimensão social no processo de integração regional supõem conceber políticas sociais não como compensatórias e subsidiárias do crescimento econômico, mas assumir que todas as políticas públicas conformam uma estratégia de desenvolvimento humano." (Mercosul, 2012a, p. 28, tradução nossa).

No mesmo ano, foi aprovado pelo Conselho do Mercado Comum (CMC) o Programa de Trabalho do Mercosul 2004-2006, que trazia um eixo denominado Mercosul Social, no qual, para além de uma primeira iniciativa de ampliação da participação social, buscava-se fomentar o desenvolvimento de estruturas de articulação entre os Estados em temas sociais como combate à pobreza, educação, visibilidade cultural e esportiva, circulação e direitos laborais, direitos humanos, educação e cidadania.

Especificamente nessa resolução, é importante atentar para duas inovações apresentadas. A primeira diz respeito à menção ao conceito de "Mercosul cidadão". Pela primeira vez, emergia normativamente no bloco a possibilidade de criar uma cidadania regional, mediante a implementação de normas integradas em temáticas educacionais, sociais, culturais e de cooperação judicial. O segundo ponto, "Educação para o Mercosul", creditava à Reunião dos Ministros de Educação os objetivos de aplicar o ensino do espanhol e do português nas escolas dos países-membros, avançar nas negociações para o reconhecimento mútuo de títulos profissionais com intenção de fomentar a circulação de profissionais, bem como iniciar uma agenda de cooperação para melhorar os níveis educacionais no bloco.

Em 2005, na Reunião de Ministros e Autoridades de Desenvolvimento Social (RMADS) do Mercosul e Estados associados, foi aprovada a Declaração de Princípios do Mercosul Social, na qual se afirmava a relação entre a consolidação da democracia no Mercosul e a construção de uma sociedade mais igualitária. Tal processo passaria pela indissociabilidade das políticas econômicas e das políticas sociais. Seus fundamentos conceituais consideram os seguintes elementos:

I. centralidade da dimensão social da integração que pretenda promover o desenvolvimento humano e social integral;
II. indissociabilidade entre o social e o econômico na formulação, no desenho, na implementação e na avaliação das políticas sociais regionais;
III. reafirmação do núcleo familiar como eixo privilegiado de intervenção das políticas sociais na região;
IV. relevância da segurança alimentar e nutricional;
V. centralidade do papel do Estado;
VI. proteção e promoção social a partir da perspectiva dos direitos, superando-se a visão meramente compensatória do social;
VII. transversalidade de uma abordagem que vise combater e evitar todo tipo de discriminação, seja por questões étnico-raciais, de gênero ou geracionais;
VIII. participação da comunidade para uma sociedade civil organizacionalmente fortalecida; e
IX. perspectiva territorial e descentralizada das intervenções públicas, considerando-se a redução das assimetrias intra e transfronteiriças.

Nacionalmente, os governos deram início a ações para fortalecer a agenda social no bloco e ampliar a participação da sociedade civil nas temáticas. Já em 2003, a chancelaria argentina criou a Representación Especial para la Integración y la Participación Social (Reips), uma estrutura voltada ao propósito de coordenar a participação social na política externa no âmbito do Mercosul com vistas a, em conjunto com o Consejo Consultivo de la Sociedad Civil, promover ações na política de integração regional.

No Brasil, em 2004, foram realizados os Encontros com o Mercosul, focados na ampliação nacional do debate sobre integração regional. Posteriormente, em 2008, o governo criou o Programa Mercosul Social e Participativo (PSMP) para fomentar discussões nos campos político, social, cultural, econômico, financeiro e comercial que envolvam aspectos relacionados ao Mercosul.

Em 2005, o governo uruguaio lançou o Programa Somos Mercosul, com atuação social, política e cultural, o qual se constituiu como o aporte democratizador das relações entre a sociedade civil e os Estados nacionais na discussão das políticas regionais. Em 2014, no mesmo país, foi criado o Sistema de Diálogo y Consulta (SDC), com a função de ampliar e institucionalizar a participação para o intercâmbio de informação e opinião entre as organizações sociais e a chancelaria, contendo uma comissão de integração regional e fronteiriça.

Com base nas experiências nacionais, juntamente com a ampliação das agendas sociais no bloco, foram desenhadas as bases institucionais para a realização das Cúpulas Sociais do Mercosul, cuja primeira edição ocorreu em Córdoba, em 2006, em paralelo a um evento organizado pela chancelaria argentina, o I Encontro por um Mercosul Produtivo e Social, considerado o primeiro evento multissetorial da sociedade civil, concomitantemente com a cúpula presidencial. No encontro, reuniram-se as lideranças da sociedade civil da região, que já se relacionavam em espaços de interação regionais setoriais (como sindicatos). Por sua vez, as lideranças multissetoriais criadas a partir do contexto das negociações da Área de Livre Comércio das Américas (Alca) organizaram-se na Aliança Social Continental (ASC).

Com a articulação dessas experiências de participação social no âmbito do organismo, importantes instrumentos foram elaborados como resultados desses processos. Entre eles, citamos: a Declaração Sociolaboral do Mercosul (DSM), em 2015; o Plano Estratégico de Ação Social do Mercosul (Peas); e o Estatuto da Cidadania do Mercosul (ECM). Além dessas normativas, também ocorreu a ampliação do escopo institucional da dimensão social no organismo. Tais instâncias foram responsáveis pela operacionalização da dimensão social no Mercosul, a saber: a Comissão de Coordenação de Ministros de Assuntos Sociais do Mercosul (CCMASM), o ISM e o IPPDH.

A Declaração Sociolaboral do Mercosul (DSM) de 2015 foi uma reedição da proposta de 1998 e contou com a inclusão de direitos e princípios relacionados aos trabalhadores e empregadores dos Estados Partes. Ela trouxe inovações com base em dois novos princípios: (i) o trabalho decente e de empresas sustentáveis e (ii) as questões de igualdade de gênero, de tratamento para trabalhadores com deficiência, além da prevenção e erradicação do trabalho infantil.

Tal atualização demonstrou a experiência do tema no bloco e a interconexão com os princípios expressos nas resoluções e convenções da Organização Internacional do Trabalho (OIT), principalmente na busca por um alinhamento aos objetivos propostos pela organização com relação ao trabalho decente. A declaração também procurou garantir alguns direitos dos trabalhadores, em especial a limitação da jornada de trabalho, os direitos a férias e a descansos, além de licenças, remuneração e proteção contra a demissão arbitrária. Logo, ela estabeleceu uma nova base de direitos para os trabalhadores do bloco, com a preocupação de firmar princípios de não discriminação dos trabalhadores em razão de raça; origem nacional; cor, sexo ou orientação sexual; idade; credo; opinião política ou sindical; ideologia; posição econômica ou qualquer outra condição social ou familiar. Ainda, outros objetivos da DSM foram: combater ou eliminar o trabalho forçado, infantil e de menores; garantir a liberdade de associação trabalhista; proteger desempregados; fomentar o emprego, a formação profissional, a saúde e a segurança no trabalho, assim como a seguridade social.

Outro marco na consolidação do Mercosul Social foi a aprovação, em 2011, do Plano Estratégico de Ação Social do Mercosul (Peas), debatido desde a Cúpula Social realizada em Córdoba (Argentina, em 2006), na qual as presidências do bloco demandaram aos ministros de Estado a elaboração de um plano estratégico voltado para a área social. Estruturado em dez eixos relacionados aos Objetivos de Desenvolvimento do Milênio (ODM), 26 diretrizes e uma gama de objetivos prioritários, o Peas reúne políticas sociais comuns que visam erradicar a miséria, a fome, a pobreza e o analfabetismo, além de universalizar os serviços de saúde pública. Representando o primeiro esforço regional de consecução de projetos sociais, o Peas representou um guia que indica as prioridades em termos de políticas públicas da região, definidas pelo conjunto de ministérios e organismos públicos do Mercosul. Assim, pode ser entendido como um instrumento fundamental para articular e desenvolver ações específicas, abrangentes e intersetoriais, consolidando a dimensão social do Mercosul (Instituto Social do Mercosul, 2017). Os dez eixos do Peas são estes:

- Eixo 1 – Erradicar a fome, a pobreza e combater as desigualdades sociais
- Eixo 2 – Garantir os direitos humanos, a assistência humanitária e a igualdade étnica, racial e de gênero
- Eixo 3 – Universalizar a saúde pública
- Eixo 4 – Universalizar a educação e erradicar o analfabetismo
- Eixo 5 – Valorizar e promover a diversidade cultural
- Eixo 6 – Garantir a inclusão produtiva
- Eixo 7 – Assegurar o acesso ao trabalho decente e aos direitos previdenciários
- Eixo 8 – Promover a sustentabilidade ambiental
- Eixo 9 – Assegurar o diálogo social
- Eixo 10 – Estabelecer mecanismos de cooperação regional para a implementação e o financiamento de políticas sociais

Para fomentar a dimensão social no Mercosul, foram criados dois órgãos com o objetivo de promover a integração entre as áreas dos países-membros em assuntos sociais: a já citada Comissão de Coordenação de Ministros de Assuntos Sociais do Mercosul

(CCMASM) e, com a função de apoiar, do ponto de vista técnico, as políticas sociais do bloco, o Instituto Social do Mercosul (ISM). Com o propósito de articular e promover a coordenação entre ministros das áreas sociais no Mercosul, a CCMASM logrou esforços para fomentar uma agenda social integrada, sendo, inclusive, a responsável institucional pelas discussões para a elaboração e implantação do Peas. Com a CCMASM, houve a institucionalização da participação dos ministros de Estado de políticas sociais – saúde, educação, cultura, trabalho e desenvolvimento agrário e autoridades em desenvolvimento social – nas reuniões ampliadas do principal órgão do Mercosul, o CMC, com a competência para propor ao Grupo Mercado Comum (GMC) a adoção de projetos sociais regionais específicos que complementem os objetivos e programas nacionais.

Após a formatação institucional das Cúpulas Sociais, no ano seguinte, em 2007, o ISM foi criado como resultado do processo iniciado com a institucionalização da RMADS do Mercosul, cuja finalidade essencial foi, precisamente, hierarquizar a dimensão social da integração regional e subsidiar tecnicamente as políticas sociais do bloco. O instituto é uma instância técnica permanente de pesquisa no campo das políticas sociais e implementação de linhas estratégicas aprovadas pela RMADS, com vistas a contribuir para a consolidação da dimensão social como eixo central do processo de integração do Mercosul.

Outro espaço institucional no âmbito social do Mercosul é o Instituto de Políticas Públicas em Direitos Humanos (IPPDH). Firmado pelo CMC, em 2009, sob o âmbito da Reunião de Altas Autoridades em Direitos Humanos (RAADH), o IPPDH tem o objetivo de contribuir para o fortalecimento do Estado de direito nos Estados Partes, mediante a concepção e o monitoramento de políticas públicas de direitos humanos, bem como colaborar para consolidar os direitos humanos como eixo fundamental da identidade e do desenvolvimento do Mercosul. Esse instituto tem como funções orientadoras a cooperação técnica, a pesquisa, a capacitação e o apoio à coordenação de políticas regionais de direitos humanos, além de fornecer capacitação e formação em temas de direitos humanos para organizações da sociedade civil dos países-membros.

O último grande avanço na área social do Mercosul foi a aprovação do Estatuto da Cidadania do Mercosul (ECM), resultante de um processo iniciado em 2010 com a aprovação do Plano de Ação para a Criação de um Estatuto da Cidadania do Mercosul. No estatuto, buscou-se consolidar, por meio de um aparato normativo, os direitos fundamentais para os cidadãos do bloco, entre os quais destacamos a adoção de uma circulação livre de pessoas, a igualdade de direitos e liberdades civis e o reconhecimento de direitos culturais, educacionais e de acesso ao trabalho e à saúde.

Esse plano foi articulado e fomentando pelo recém-criado Alto Representante Geral do Mercosul (ARGM), com a intenção de elaborar, no âmbito do bloco, um conjunto de direitos fundamentais básicos, a saber: (i) a implementação de uma política de livre circulação de pessoas na região; (ii) a igualdade de direitos e liberdades civis, sociais, culturais e econômicas para os nacionais dos Estados Partes do Mercosul; e (iii) a igualdade de condições de acesso ao trabalho, à saúde e à educação.

Ao longo de quase uma década, a proposta foi sendo atualizada, inclusive do ponto de vista das instituições responsáveis pela sua formulação. No marco das comemorações de 30 anos do Mercosul, o ECM foi lançado em 26 de março de 2021, na Cúpula Virtual de Presidentes da República do Mercosul, durante a presidência *pro tempore* da Argentina.

Dividido em 11 capítulos temáticos (circulação de pessoas; integração fronteiriça; cooperação judicial e consular; trabalho e emprego; seguridade social; educação; transporte; comunicações; defesa do consumidor; direitos políticos; e acesso do cidadão aos órgãos do Mercosul), o estatuto representou um avanço ao trazer para o centro das políticas sociais do bloco a formação do cidadão e da cidadania do Mercosul, englobando tanto os nacionais quanto os residentes legais dos Estados Partes, além de incluir um conjunto de direitos e benefícios dos cidadãos do bloco.

Conforme estabelece em seu texto introdutório (Mercosul, 2010), o estatuto tem como objetivos a visibilização e a promoção dos direitos e benefícios contemplados no acervo jurídico vigente do Mercosul em favor dos nacionais, cidadãos e residentes dos Estados Partes do Mercosul, cujo escopo depende das respectivas legislações nacionais e da natureza específica dos diferentes instrumentos. Dessa forma, o estatuto tem como característica a proposta de ser um instrumento dinâmico e capaz de ser atualizado à medida que novos direitos e benefícios forem reconhecidos pelas normas do bloco.

Na história do Mercosul, as Cúpulas Sociais constituem a representação do esforço social e institucional para a criação de espaços regulares de envolvimento social. Embora no bloco existam espaços para a participação institucional, ainda não havia a estrutura e a possibilidade de canalizar as demandas da sociedade para a elaboração de ações e políticas. Com as Cúpulas Sociais, o Mercosul passou a reconhecer a atuação de organizações e movimentos sociais como atores importantes para o aprofundamento e o sucesso do processo de integração, assim como para o conhecimento, por parte da população, dos benefícios e direitos declarados de tal processo[1].

A primeira edição das Cúpulas Sociais ocorreu em 2006, primeiramente como evento paralelo da Cúpula de Chefes de Estado, em Córdoba. Foi ao final desse ano, em Brasília, que pela primeira vez ocorreu um evento com a denominação Cúpulas Sociais do Mercosul. Realizadas até 2016 com periodicidade semestral e sob a responsabilidade de cada presidência *pro tempore*, as Cúpulas Sociais foram concebidas como

---

1 Mercosul/CMC/DEC n. 10/15.

espaços supranacionais nos quais os temas regionais têm, em geral, primazia sobre os nacionais, ensejam o controle social e a valorização de uma cidadania ativa e legitimadora do processo de integração, dão transparência ao processo decisório, conferem adensamento da esfera pública regional na definição de políticas públicas e acesso a direitos sociais, e consolidam uma cultura democrática de integração. (Silva; Martins, 2015, p. 25)

Com o tempo, as Cúpulas foram institucionalmente se fortalecendo no Mercosul, reconhecidas como espaço de debate privilegiado com a sociedade sobre temas da integração[2], com sua institucionalização como evento regular e oficial do bloco[3], além de servirem para canalizar debates acerca de temáticas que ainda não estavam em voga.

Ao longo da realização das Cúpulas, em decorrência da centralidade dos pontos focais nacionais, seu formato e sua programação foram bastante heterogêneos, isto é, sem um roteiro único. Os temas e os formatos foram escolhidos com base nas prioridades nacionais pelos governos que ocupavam a presidência *pro tempore*. Dependendo do caso, contou-se com organizações sociais mais ou menos inseridas no processo de organização das Cúpulas.

No transcorrer de seus dez anos de existência, as Cúpulas Sociais englobaram debates e propostas nas seguintes temáticas: negros; igualdade racial e combate à xenofobia; agricultura familiar, camponesa e indígena; comunicação; cultura e identidade; direitos humanos; verdade; crianças e adolescentes; lésbicas, *gays*, bissexuais e pessoas transgênero (LGBT); pessoas idosas e pessoas deficientes; economia solidária, cooperativas, micro, pequenas e médias empresas; educação; estabilidade democrática, geopolítica, segurança e defesa continental; expansão do Mercosul; Fundo para a Convergência Estrutural do Mercosul (Focem) e combate

---

2 Mercosul/CMC/DEC n. 65/10.

3 Mercosul/CMC/DEC n. 10/15.

às assimetrias; integração produtiva; ISM; IPPDH; Peas; ECM; juventude; meio ambiente e recursos naturais; migrações; modelos de integração, modelos de desenvolvimento; negociações comerciais internacionais; mulheres; parlamento; participação social; Cúpulas Sociais; povos originários/indígenas (Silva; Martins, 2015).

A esse respeito, importantes resultados para o avanço da noção de cidadania do Mercosul decorreram das Cúpulas Sociais. Podemos citar a consolidação da agenda social por meio da criação de políticas do bloco, como a elaboração do Plano de Ação Social para o Mercosul e o avanço em temas de fronteiras. Em temas específicos, como as migrações, as Cúpulas contribuíram para visualizar a problemática no nível regional e unificar critérios para a luta dos direitos dos migrantes, comparando e intercambiando as diversas experiências migratórias, as respectivas leis e sua aplicação (Silva; Martins, 2015).

Atualmente, cabe refletir acerca do desafio imposto para a construção de uma cidadania no Mercosul considerando-se a ausência de parte desses espaços institucionais que potencializam o acesso à cidadania no bloco, principalmente em virtude do hiato na realização das Cúpulas Sociais – desde 2016 –, além das dificuldades impostas à participação da sociedade civil. Em paralelo, também cumpre ponderar criticamente sobre os espaços e formatos da participação social existentes no Mercosul para fomentar a capacidade de formar agendas, práticas e políticas de integração.

Desde a criação do Mercosul, a participação social esteve muito atrelada a uma condição consultiva e com pouca incidência na proposição de agendas, temas e pautas a serem debatidos no bloco. Tendo em vista a condição intergovernamental do organismo, é necessário desenvolver mais mecanismos de responsividade às sociedades nacionais. Entretanto, em que pesem as críticas, é incontestável que as Cúpulas Sociais foram responsáveis por impulsionar o acesso de grupos até então invisibilizados no processo de integração e por adotar suas agendas como pautas programáticas em diversos espaços e normativas do Mercosul.

O processo desencadeado pelas Cúpulas coloca em destaque o papel dos atores não estatais na elaboração dos processos integracionistas, capilarizando a integração regional a partir de processos que vão de baixo (sociedade) para cima (Estados). Nesse sentido, tal processo subverte a lógica de uma integração que é meramente ofertada pelos governos, passando-se a observar a demanda dos grupos sociais. Em termos teóricos, trata-se de um dos principais componentes de inovação na análise dos regionalismos no século XXI.

Como exemplos desse avanço, podemos citar a Reunião de Ministras e Altas Autoridades da Mulher do Mercosul (RMAAM), a Reunião de Ministros e Altas Autoridades sobre Direitos dos Afrodescendentes (Rafro) e a Reunião de Autoridades sobre Povos Indígenas (Rapim), todas fundadas na última década como reflexo direto da ampliação do escopo temático e institucional resultante do regionalismo pós-hegemônico no Mercosul. Na próxima seção, apresentaremos a construção da dimensão indígena no bloco mediante a análise do processo de criação da Rapim.

4.3 *A agenda indígena e o Mercosul*

O reconhecimento da temática indígena como pauta importante na integração regional mercosulina foi consequência do processo das Cúpulas Sociais. Os povos indígenas localizados nos territórios dos Estados Partes mobilizaram suas lutas e reivindicações conforme foram conquistando espaços representativos no interior do bloco. A questão indígena, apesar de sua evidente centralidade nos processos de integração em nosso subcontinente, via de regra esteve de fora dos regionalismos oficiais.

Como aponta Graziano (2021), embora a temática ambiental seja frequente nos debates do Mercosul desde sua criação, pouco se fala sobre os indígenas e os impactos das decisões do bloco para esse grupo social.

Embora as populações indígenas estejam entre os grupos mais vulneráveis e empobrecidos da América Latina [...], as questões relacionadas a seus direitos estiveram historicamente ausentes nas agendas de integração sul-americana e nos projetos de desenvolvimento regional. Ao reforçarem a concepção hegemônica de desenvolvimento, centrada na ideia de progresso econômico e baseada na exploração infinita da natureza e da vida, os projetos integracionistas, pelo contrário, acabam por acentuar as violações dos direitos dos povos indígenas. (Graziano, 2021)

Nicolao e Juanena (2014) observam que a temática indígena, no geral, é subabordada na literatura acadêmica do regionalismo latino-americano. Contrariamente a esse diagnóstico de invisibilização da temática indígena nas teorias de integração, os autores pontuam que, em termos de raízes culturais compartilhadas, principalmente no caso específico do Mercosul, os povos indígenas têm suma importância quanto à coesão cultural nos processos de integração na América Latina: "no mundo selvático do Amazonas ao Rio da Prata, encontram-se os guaranis (tupi-guarani ou arawak) que constituem a raiz vernácula comum dos países do Mercosul" (Nicolao; Juanena, 2014, p. 62, tradução nossa).

Nesse sentido, podemos dizer que a herança indígena compartilhada por todos os países formados nos processos pós-independências na América Latina se caracteriza como pedra fundamental para a composição de uma identidade regional. Apesar dessa relevância, os povos indígenas não são protagonistas nas experiências formalizadas de regionalismo e apenas há pouco tempo tiveram suas demandas reconhecidas em órgãos como o Mercosul.

Os regionalismos, no entanto, afetaram diretamente as condições de vida dos povos indígenas nas últimas décadas. As iniciativas do regionalismo aberto aprofundaram a situação de pauperização dessa parcela da sociedade – os indígenas representam, atualmente, a maior parcela das populações mais pobres na América Latina.

As reformas neoliberais, a abertura dos territórios à exploração das multinacionais e a construção de megaprojetos de infraestrutura, como no caso de hidrelétricas, contribuíram para a expulsão dos povos indígenas de seus territórios e, com efeito, para o aumento dos níveis de pobreza desse grupo.

A investida neoliberal na forma dos regionalismos abertos na América Latina provocou reações importantes dos movimentos indígenas no continente. Entre elas, Nicolao e Juanena (2014) destacam: (i) a erupção do movimento zapatista em Chiapas, como resposta à entrada do México no Acordo de Livre Comércio da América do Norte (Nafta), em 1994; (ii) o conteúdo multicultural do Acordo de Paz Firme e Duradoura na Guatemala, em 1996; (iii) a articulação e o protagonismo da Confederação das Organizações Indígenas do Equador (Conaie) nos processos políticos do país; (iv) a intensa mobilização das organizações quéchua e aimará na Bolívia e a articulação política dos mapuche no Chile; e (v) o impacto midiático de lideranças indígenas brasileiras, venezuelanas e colombianas (Nicolao; Juanena, 2014).

As demandas e agendas dos povos indígenas na América Latina, movimentadas desde os anos 1970, envolvem dois pontos principais: (i) o reconhecimento constitucional da existência desses povos como sujeitos específicos no interior da nação e (ii) o estabelecimento dos direitos indígenas em dispor dos meios materiais e culturais necessários para sua reprodução e seu crescimento (Nicolao; Juanena, 2014).

Ao analisarem o processo de inclusão de pautas e demandas indígenas no Mercosul a partir de um recorte histórico, as autoras atestam que, durante as primeiras décadas do bloco, houve uma completa invisibilização das realidades e reivindicações das populações indígenas. Esse cenário podia ser verificado tanto pela não existência de espaços institucionais representativos e de atendimento especializado a esse grupo quanto pela ausência de dados ou informações acerca de tais populações em seus países (Nicolao; Juanena, 2014).

A abertura do Mercosul à participação indígena e à construção de uma agenda direcionada às reivindicações históricas desses grupos ocorreu nos marcos das transformações no bloco sob a égide do regionalismo pós-hegemônico. A ampliação do escopo da integração no Mercosul, consequência da virada progressista nos governos na América do Sul, e o redesenho dos objetivos e atores da integração regional significaram a abertura do bloco a essa população.

A participação indígena ganhou contornos mais proeminentes a partir do estabelecimento do Mercosul Social e das Cúpulas Sociais. O I Encontro Regional por um Mercosul Social e Produtivo, realizado em 2006, é considerado o principal antecedente das Cúpulas Sociais. Em sua declaração final, fez-se constar a Declaração da Cúpula dos Povos pela Soberania e Integração na América do Sul. Tal documento incluía uma demanda aos governos da região referente à necessidade de implementar políticas que respeitassem os espaços comuns dos povos originários nas fronteiras, sem dividir seus territórios ancestrais, além da reivindicação de que as temáticas indígenas fossem transversalizadas no âmbito do Mercosul. O respeito às tradições e às culturas indígenas também foram demandadas, especialmente em relação à promoção de uma educação de base intercultural e do respeito às línguas indígenas (Nicolao; Juanena, 2014).

Conforme Nicolao e Juanena (2014), a análise dos documentos resultantes das Cúpulas Sociais claramente aponta para uma progressiva participação e inclusão das pautas indígenas e da realidade dos povos originários no Mercosul. Marco histórico desse processo foi a Cúpula Social de 2008, realizada em Tucumán, na qual a Comissão dos Povos Indígenas elaborou um relatório que foi incorporado à declaração final da reunião, convocando os Estados Partes a assumir o compromisso de devotar respeito integral aos direitos indígenas, alocados em três eixos: território, multiculturalidade e legislação (Nicolao; Juanena, 2014).

A Cúpula de 2008 teve como resultados também a cobrança pela criação de uma representação institucionalizada dos povos indígenas no Mercosul, a inclusão da história, da linguagem e da cosmovisão cultural de cada um desses povos nos sistemas educativos dos países-membros e a proposta de elaboração de um programa de valorização e difusão da sabedoria ancestral, da saúde tradicional, da soberania alimentar, dos cuidados arqueológicos e das economias locais ancestrais (Nicolao; Juanena, 2014).

A partir de 2012, as demandas e pautas indígenas deixaram de aparecer somente nos documentos declarativos e passaram a ser inseridas nos conteúdos programáticos do bloco, ainda que timidamente. Exemplo disso foi a inclusão de pautas indígenas no Peas, elaborado no âmbito do ISM. Embora essa ação tenha representado um significativo avanço para a construção de uma agenda dos povos indígenas no bloco, cabe salientar que as Cúpulas não eram instituições permanentes incorporadas à estrutura institucional do Mercosul.

A trajetória do estabelecimento de um espaço de representação indígena permanente formalizado no bloco passou pela proposta do Mercosul Indígena, durante a presidência *pro tempore* venezuelana do Mercosul, em 2013, e foi um importante antecedente para a criação da Reunião de Autoridades sobre Povos Indígenas (Rapim), em 2014.

Conforme a Decisão n. 14/14 do CMC, que instituiu a Rapim, a reunião passou a ser órgão auxiliar do CMC, com o objetivo de coordenar discussões, políticas e iniciativas que beneficiem os povos indígenas dos Estados Partes, além de promover a interconexão cultural, social, econômica, política e institucional no marco da integração (Mercosul, 2014a).

O preâmbulo da Decisão n. 14/14 destaca a importância dos povos indígenas no processo integracionista no Mercosul e recupera simbolicamente a luta e o protagonismo histórico dessa população na construção de horizontes compartilhados:

CONSIDERANDO:
Que os Povos indígenas se revestem de relevância histórica e cultural para os Estados Partes.

Que os Povos indígenas dos Estados Partes se caracterizam por manter relações de preservação da natureza e de harmonia com a Mãe Terra.

Que o tratamento dos temas de interesse para os Povos indígenas dentro do MERCOSUL contribui para o fortalecimento dos pilares social, cultural, econômico e político do processo de integração.

Que o conteúdo do Eixo II do Plano Estratégico de Ação Social do MERCOSUL (PEAS) estabelece a obrigação de garantir os Direitos Humanos, a assistência humanitária e a igualdade étnica, racial e de gênero.

Que é conveniente estabelecer um âmbito dentro da estrutura organizacional do MERCOSUL para o encontro dos Povos Indígenas e o tratamento dos temas que lhes são pertinentes, a fim de promover sua participação no processo de integração. (Mercosul, 2014a)

No mesmo ano em que ocorreu a fundação da Rapim, foi aprovado, no âmbito do CMC, o Plano de Ação 2015-2017, que estabelecia as principais ações a serem desenvolvidas nos marcos do trabalho da reunião. O documento firmou seis eixos temáticos que estruturaram os objetivos da agenda indígena no Mercosul no período, a saber (Mercosul, 2014b): (i) acesso, gozo e exercício pleno de seus direitos humanos individuais e coletivos (sociais, políticos, territoriais, ambientais, econômicos e culturais); (ii) participação indígena; (iii) construção de consensos internacionais sobre o tema indígena; (iv) cultura e saberes ancestrais dos povos indígenas; (v) práticas e produtos tradicionais sustentáveis; e (vi) fortalecimento institucional do Mercosul Indígena.

Desde 2014, a Rapim já organizou 14 reuniões no âmbito do Mercosul. Segundo Nicolao e Juanena (2014), os povos indígenas vêm desempenhando um papel protagonista no giro pós--hegemônico no regionalismo latino-americano, especificamente no Mercosul. O retrospecto traçado aqui acerca da inclusão da participação indígena no bloco ilustra a trajetória de construção dos regionalismos de baixo para cima, ou seja, um projeto de integração que surgiu como demanda direta das populações e dos setores sociais que historicamente não ocuparam lugar central nas instituições políticas oficiais dos países do Mercosul.

Esses processos também exigem novas formulações teóricas que deem conta de explicar e analisar a contribuição desses grupos para o desenvolvimento dos regionalismos. A esse respeito, a produção teórica deve considerar epistemologias que contemplem os povos indígenas, por exemplo, como sujeitos de ação nos processos de integração regional, e não apenas como receptores passivos dos resultados de tais mecanismos. O cenário futuro que se desenha no que concerne não apenas aos regionalismos mas às próprias relações internacionais insere a temática ambiental na centralidade da agenda internacional.

Síntese

Neste capítulo, abordamos a multidimensionalidade dos regionalismos por meio da análise do desenvolvimento da agenda social e indígena no Mercosul, correlacionando a construção desses temas às transformações sofridas pelo bloco diante da emergência de governos progressistas na América do Sul na década de 2000. Buscamos destacar a importância de tais processos na inclusão de novos atores nos processos de integração e na construção das agendas regionais de baixo para cima.

Questões para revisão

1. O que significa afirmar que os regionalismos são multidimensionais?

2. Quais foram os primeiros temas sociais discutidos no âmbito do Mercosul? Explique.

3. Qual foi o último grande avanço das Cúpulas Sociais do Mercosul?
   a. A criação do Instituto Social do Mercosul (ISM).
   b. A erradicação da pobreza nos países do bloco.
   c. A aprovação do Estatuto da Cidadania do Mercosul (ECM).
   d. A implementação de uma política social conjunta para os países do bloco.

4. Assinale a alternativa que contempla três objetivos do Plano Estratégico de Ação Social do Mercosul (Peas):
   a. Flexibilizar o comércio na região; criar uma instituição supranacional na área social; impulsionar obras de infraestrutura no bloco.
   b. Valorizar e promover a diversidade cultural; promover a sustentabilidade ambiental; universalizar a saúde pública.
   c. Garantir a inclusão produtiva; impulsionar o livre comércio regional; facilitar a circulação de capital internacional.
   d. Impulsionar o livre comércio regional; criar uma instituição supranacional na área social; alinhar-se aos objetivos sociais da Organização dos Estados Americanos (OEA).

5. Em que ano foi criada a Reunião de Autoridades sobre Povos Indígenas (Rapim) no âmbito do Mercosul?
   a. 2008.
   b. 2014.
   c. 2015.
   d. 2003.

Questão para reflexão

1. A Amazônia é, sem dúvida, o bioma mais importante para a América do Sul. Por isso, a preservação dessa floresta é motivo de preocupação não apenas para os governos em cujos territórios ela se encontra, mas também para a governança global do meio ambiente. Tendo isso em vista, faça a leitura da notícia indicada a seguir e, depois, reflita sobre as possibilidades de a integração regional reverter o triste cenário de destruição da Amazônia. De que modo as pautas indígenas podem contribuir para a reversão desse contexto?

GARCIA, R. Com apoio de cientistas, indígenas pedem 80% da Amazônia preservada até 2025. **O Globo**, São Paulo, 8 nov. 2022. Disponível em: <https://oglobo.globo.com/mundo/noticia/2022/11/com-apoio-de-cientistas-indios-pedem-80percent-da-amazonia-preservada-ate-2025.ghtml>. Acesso em: 22 jun. 2023.

Para saber mais

PLAN Estratégico de Acción Social: estructura, evaluación y acompañamiento. Disponível em: <https://www.youtube.com/watch?v=xoP_gXdniUM>. Acesso em: 25 mar. 2023.

Nesse vídeo institucional do Mercosul, você encontrará mais informações sobre o Plano Estratégico de Ação Social do Mercosul (Peas).

MERCOSUL – Mercado Comum do Sul. CMC – Conselho do Mercado Comum. **DEC 45/14**: Plano de Ação da Reunião de Autoridades sobre Povos Indígenas para o Período 2015-2017. Paraná, 16 dez. 2014. Disponível em: <https://normas.mercosur.int/simfiles/normativas/55798_DEC_045-2014_PT_Plano%20de%20A%C3%A7%C3%A3o%20Povos%20Indig%202015-2017.pdf>. Acesso em: 10 abr. 2023.

Acesse o *link* indicado para aprofundar sua reflexão sobre as ações elencadas a partir dos eixos temáticos da agenda indígena no Mercosul.

capítulo cinco

Regionalismos latino-americanos

Conteúdos do capítulo:

- Construção do conceito de América Latina.
- Pensamento integracionista do século XIX (1930).
- Regionalismo pós-hegemônico na América latina e no Caribe e suas iniciativas.
- Regionalismo à direita.

Após o estudo deste capítulo, você será capaz de:

1. compreender as tradições e ideias do regionalismo na América latina e no Caribe;
2. entender as iniciativas nos marcos do regionalismo pós--hegemônico e suas agendas;
3. analisar o atual cenário do regionalismo latino-americano.

Os regionalismos latino-americanos e caribenhos apresentam especificidades e características cuja compreensão escapa à aplicação mecânica de teorias e interpretações eurocêntricas. O pensamento integracionista nesta parte do mundo, tendo como partida a independência formal de nossos países, data do século XIX. Tal longevidade imprimiu um importante legado ao pensamento social e político de nossa região, reivindicado pelas diferentes forças políticas que se alternam no poder, de acordo com suas filiações ideológicas, ao longo dos ciclos históricos dos regionalismos latino-caribenhos.

Neste capítulo, buscaremos reconstruir, de maneira panorâmica, o percurso histórico dos regionalismos na América Latina e no Caribe a partir do século XIX até chegarmos ao período mais contemporâneo.

5.1 *Os regionalismos como formas de compreender a conjuntura histórica e política na América Latina e no Caribe*

A sistematização em fases ou ondas das conjunturas regionais que explicam o desenvolvimento do regionalismo ao longo do tempo na América Latina não significa que as características de dado momento anterior sejam completamente substituídas pelas que correspondem ao momento seguinte. Os conceitos utilizados para qualificar, em sentido político, ideológico, econômico ou geopolítico, as iniciativas regionais em cada período histórico não representam uma plena ruptura com as configurações ou categorias de épocas anteriores. Fazemos essa ressalva porque, ao organizarmos os regionalismos na América Latina por meio de marcadores como ondas ou fases, o leitor pode chegar à conclusão de que houve a superação das condições estruturais, dos desafios e/ou dos objetivos de uma fase/onda para a outra.

Cabe apontar que a recorrência aos "regionalismos adjetivados", como pontuam Perrotta e Porcelli (2019), para caracterizar as iniciativas regionais na América Latina em cada período histórico tem mais a função de destacar as principais ideias-forças de cada etapa do regionalismo latino-americano e os *drivers* impulsionadores das propostas regionais do que, de fato, apontar uma verdadeira superação das conjunturas anteriores. Dessa forma, de acordo com Riggirozzi e Tussie (2018b), os desdobramentos dos regionalismos na América Latina resultam de condicionantes que operam tanto na lógica externa quanto na lógica interna dos países. Portanto, podemos compreender os regionalismos em dois sentidos complementares: (i) como iniciativas que buscam responder a objetivos e agendas impulsionados pela conjuntura global nos âmbitos econômicos, políticos ou geopolíticos, sendo, pois, influenciadas por esses fatores; sob essa perspectiva, as iniciativas regionais podem ser lidas como "correntes de transmissão" daquilo que o cenário externo impõe às nações da região; e (ii) como possibilidades/instrumentos de potencialização das capacidades estatais extrafronteiras, ou seja, os regionalismos não apenas respondem às demandas do ambiente externo, como também são orientados pela política doméstica dos governos nacionais e seus interesses; desse modo, as iniciativas regionais se tornam espaços de projeção regional dos projetos e objetivos dos países.

Considerando-se a complementaridade desses dois sentidos, é possível notar que existe um forte protagonismo dos Estados para a determinação dos processos regionais e de seus formatos. No entanto, assim como em qualquer ação ou projeto externo dos governos nacionais, tal determinação é condicionada pela conjuntura internacional de cada período. Isso posto, no transcorrer deste capítulo, abordaremos os regionalismos latino-americanos ao longo da história. Conforme observamos nos capítulos anteriores, a ideia de região está relacionada à construção coletiva de um imaginário compartilhado, seja este econômico, político, histórico ou cultural[1].

Para Buzan e Hansen (2009), as regiões são construções sociais; logo, os regionalismos respondem historicamente ao significado da região em cada fase.

5.2 A construção da América Latina como região: problematizando o conceito

Segundo Casas (2007), o termo *América Latina* apareceu pela primeira vez na história em um poema do chileno Francisco Bilbao, em 1856, e logo depois na obra *Unión Latinoamericana: pensamiento de Bolívar para formar una Liga Americana*, do colombiano José María Torres Caicedo, em 1865. Bethell (2009) afirma que há um relativo consenso no meio acadêmico de que a origem do termo é francesa (*Amerique Latine*), tendo sido usado por intelectuais desse país para justificar o imperialismo francês no México durante o período em que Napoleão III esteve no poder.

No livro *Le Mexique, ancien et moderne*, publicado originalmente em 1863, Michel Chevalier (2010) defendia que a França era a herdeira das nações católicas e que, pela decadência das outras nações latinas no continente americano (Portugal e Espanha), cabia ao país deter o expansionismo protestante e anglo-saxão. Os intelectuais, políticos e poetas das décadas de 1850 e 1860 argumentavam que havia uma identidade e uma consciência hispano--americana/latino-americana comum aos países independentes que superavam os nacionalismos. A premissa era que a América Latina fundamentalmente se distanciava dos Estados Unidos – a "outra" América (Bethell, 2009).

---

1 As iniciativas e os mecanismos apresentados neste capítulo serão contextualizados sob as diretrizes dos regionalismos em que foram criados. Porém, cabe apontar que grande parte desses organismos foram sendo modificados no decorrer das transformações da agenda regional. Por uma opção de escopo, não detalharemos as estruturas organizacionais dos mecanismos ou suas transformações ao longo de sua existência.

Com relação a essa primeira definição do conceito de América Latina, um ponto importante se refere ao fato de que ele não incluía o Brasil – a expressão *América Latina* remetia especialmente à América Espanhola. Entre os intelectuais brasileiros do período, também não se fazia essa identificação. A esse respeito, Bethell (2009) informa que no Brasil se considerava a América como um todo, incluindo os Estados Unidos. A herança indígena do continente mobilizou mais os pensadores brasileiros quanto à busca por raízes e identidades compartilhadas do que quanto à noção de América Latina. Essa característica se explica pelo fato de o Brasil estar voltado para o Atlântico e priorizar suas relações com países como a Inglaterra, nos âmbitos político e econômico, e a França, em termos culturais. Assim, nesse período, as relações do Brasil com as nações latino-americanas eram muito limitadas, à exceção dos países platinos (Bethell, 2009).

A questão que se nos apresenta é que o conceito de América Latina foi uma construção política e histórica atravessada, ao longo do tempo, por disputas extrarregionais e percepções sobre os próprios países que compõem a região. Atualmente, a noção de América Latina evoca principalmente uma imagem relacionada às identidades políticas, assim como às estruturas econômicas, sociais e culturais comuns aos países e aos povos que a compõem.

Uma iniciativa pioneira no sentido de estimular sentimentos de pertencimento coletivos na região foi a tentativa de Simón Bolívar (1783-1830) de unir os países hispano-americanos em torno do ideal da Pátria Grande. Na visão desse general libertador, os povos das novas repúblicas latino-americanas deveriam compartilhar um mesmo sentimento de nação e unir-se contra as tentativas de recolonização ou intervenção dos Estados Unidos. Anos depois, José Martí evocou a ideia de *Nuestra América*, forjada em sua luta pela independência de Cuba e com forte componente anti-imperialista e emancipatório dos países da América Latina.

Riggirozzi e Tussie (2018b) destacam que a ideia de região na América Latina, e principalmente na América do Sul, tem como marcas de nascimento justamente as lutas pelas independências e a resistência contra novas intervenções dos países europeus. Para as autoras, esse aspecto consiste em uma distinção importante quanto às motivações do regionalismo europeu e do regionalismo sul-americano. Enquanto na Europa a razão de Estado da integração é o consenso sobre a necessidade da manutenção da paz, como consequência dos resultados da Segunda Guerra Mundial, na América Latina a razão causal da união dos países recém-independentes é a reação/contestação às novas tentativas de colonização e intervenção. A diferenciação entre os fatores causais que estimularam os regionalismos na Europa e na América Latina é primordial para a compreensão da aplicabilidade das teorias eurocêntricas nos processos latino-americanos e seus limites.

Tanto a ideia de Pátria Grande como o conceito de *Nuestra América* estão na base da trajetória do pensamento social latino-americano e compõem o patrimônio de ideias (Casas, 2007) que permaneceram como bases filosóficas e ideológicas dos regionalismos latino-americanos ao longo do tempo. No entanto, foi somente com a popularização do conceito de América Latina nas parcelas políticas e intelectuais e na população em geral que o regionalismo como projeto político encontrou sentido para os governos nacionais e, assim, passou a ser viabilizado por meio da criação de mecanismos regionais a partir da década de 1950.

Casas (2007) pontua que o termo *latino-americanismo* tem dois significados: um está mais alinhado à afirmação de uma identidade histórica comum na América Latina, fruto do período dos processos de independência; o outro se vincula mais ao campo acadêmico e está ligado aos estudos sistemáticos sobre a América Latina a partir dos anos 1940. Como destaca Briceño-Ruiz (2018), há uma longa trajetória das ideias de integração que são ignoradas ou menosprezadas na literatura do regionalismo latino-americano, o qual considera como ponto de partida as ideias cepalinas. Desse modo, o "a-historicismo" apontado pelo autor nos leva a uma reconstrução histórica de nossos processos regionalistas que classifica as experiências prévias a 1950 apenas como meros antecedentes ou, mesmo, como uma proto-história do regionalismo (Briceño--Ruiz, 2019).

Conforme já abordamos, na América Latina, o regionalismo tem uma base ideacional e de compartilhamento de identidades muito forte. Tal aspecto é essencial para entender as variáveis e as heranças históricas de nossos processos. A importância de resgatar o pensamento integracionista em sua integralidade histórica na região está em visibilizar condicionantes, formas de organização e objetivos que se repetem ao longo das diferentes fases dos regionalismos na América Latina. Como exemplos, podemos citar o estabelecimento de cúpulas com o objetivo de viabilizar o funcionamento dos espaços de governança regional, bem como a consolidação destas como mecanismos que possibilitam o fortalecimento de uma narrativa e de identidades coletivas e, ao mesmo tempo, instauram fatores de unidade a partir de uma plataforma, de um arranjo institucional que respeita e fortalece os Estados nacionais. Esse aspecto é relevante porque reforça a ideia de que os mecanismos de integração regional na América Latina atuam como potencializadores dos Estados nacionais, e não como uma via de superação destes (Briceño-Ruiz, 2018).

Nesse sentido, há duas importantes perspectivas manifestadas nos regionalismos latino-americanos com o passar dos anos e que se constroem mediante narrativas compartilhadas para além da mera identificação com bases culturais ou linguísticas: (i) a possibilidade de os mecanismos de integração propiciarem uma margem de manobra maior aos países da região em face dos desafios externos; e (ii) o alcance do desenvolvimento principalmente por meio da integração econômica (Briceño-Ruiz, 2018). Como aponta o autor, os dois objetivos (visões identitárias e interesses materiais) deixam de ser somente elementos analíticos por parte da literatura sobre o regionalismo e passam a compor os objetivos políticos da integração nas propostas dos países.

Cada manifestação do regionalismo latino-americano ao longo das décadas, assim como de sua agenda, de suas iniciativas e de seus objetivos, corresponde um significado próprio de América Latina. Nos anos 1880, tal significado era completamente diferente em comparação com o observado na década de 1990, por exemplo. Como argumentamos ao longo desta seção, a noção de América Latina não remete apenas a um viés geográfico, mas ao compartilhamento de estruturas históricas, ideológicas, econômicas e políticas que se modificam alinhadas às transformações da região.

Em que pesem as diferenças moldadas por condicionantes externos e internos dos países da América Latina em cada período, observam-se, desde as primeiras contribuições integracionistas na região, dois temas que podem ser considerados como objetivos permanentes nos projetos regionalistas: a busca pela autonomia (entendida como o aumento da margem de manobra no cenário internacional) e o desenvolvimento. Ambos, assim como o próprio significado de América Latina, também apresentam significados diversos e se ajustam aos interesses políticos e econômicos dos grupos que chegam ao poder a cada época.

Agora que já pontuamos a relevância do conceito de América Latina e explicamos de que modo seus significados abriram campo para construções identitárias que foram sendo apropriadas pelos mais variados regionalismos que surgiram ao longo dos anos, abordaremos, na sequência deste capítulo, o pensamento integracionista em cada período e suas manifestações empíricas. Salientamos que a visão identitária no interior da América Latina não é uníssona, ou seja, as ideias de América do Sul, América Central, América Andina e Caribe também se articulam com os sentidos dos regionalismos sub-regionais com o passar dos anos.

A integração regional na América Latina é um fenômeno de longa duração. Portanto, compreender seus momentos, suas variáveis, seus avanços e suas dificuldades é fundamental para uma reflexão que não apenas aponte caminhos futuros, como também desvende os processos passados.

5.3 Da independência aos anos 1930: pensamento integracionista no século XIX e início do século XX

O patrimônio de ideias que conformam o arcabouço da integração da América Latina até 1930 apresenta duas grandes fases (Casas, 2007). A primeira é marcada pelo pensamento integracionista que surgiu com os processos revolucionários e independentistas e tem nas figuras de Simón Bolívar e Francisco Bilbao seus principais expoentes. Por sua vez, a segunda corresponde à fase inaugurada com "a geração dos 900" (dos primeiros anos de 1900) e tem como principais características o anti-imperialismo e o rechaço às intervenções e anexações dos Estados Unidos na região, ancoradas pela Doutrina Monroe, cujo maior expoente foi o cubano José Martí.

Principal personagem histórico do pensamento integracionista na América Latina do século XIX, o venezuelano Simón Bolívar participou ativamente de diversos processos de libertação e independência das colônias hispânicas da América do Sul. Bolívar se distingue dos demais personagens do período independentista porque sua visão da integração regional continha elementos bastante progressistas para o período, a exemplo de princípios democráticos de organização política e do aguçado realismo político (Casas, 2007).

Outro nome relevante vinculado às lutas independentistas das colônias espanholas, mas pouco lembrado pela literatura, é o da equatoriana Manuela Sáenz. Nas ocorrências em que seu nome surge nos estudos do período, ela recebe a alcunha de "A Libertadora do Libertador", fato que limita a importância de Sáenz à sua relação afetivo-amorosa com Bolívar, invisibilizando sua importância política e como grande estrategista das lutas pela independência no continente. Manuela Sáenz nasceu em 1797 em uma família abastada. Ainda jovem, aliou-se ao pensamento independentista na região, para o desagrado de seu pai, um espanhol conservador que enviou a filha para um convento na tentativa de censurar seu ativismo político. Anos depois, Manuela se casou com Jaime Thorn. Já separada, conheceu Bolívar em Quito, no ano de 1822, a quem se uniu nas campanhas de libertação.

Manuela se destacou como grande estrategista dos exércitos bolivarianos e chegou ao posto de general, salvando a vida de Bolívar em várias emboscadas e traições – o episódio mais conhecido ocorreu no atentado organizado por Francisco de Paula Santander, em 1828, no Palácio de São Carlos. Resgatar a memória de Manuela significa, também, trazer à tona a memória de várias revolucionárias e lutadoras na América Latina que tiveram sua história sistematicamente apagada nas letras oficiais. Podemos dizer que Bolívar e Manuela, mais que amantes, foram companheiros de luta nos processos independentistas, pois trocaram impressões, ideias e estratégias. Fica claro que a influência dela foi determinante para o pensamento de Bolívar, conforme pode ser observado no livro *Las más hermosas cartas de amor entre Manuela e Simón*, lançado em 1998, que reúne as trocas de correspondências entre os dois no período em que se relacionaram.

> **Para saber mais**
>
> MANUELAS (2015, curta-metragem) – Unila. 9 jul. 2015. Disponível em: <https://www.youtube.com/watch?v=58abd9K1W8U>. Acesso em: 14 jun. 2023.
>
> O documentário *Manuelas*, criado por estudantes da Universidade Federal da Integração Latino-Americana (Unila) em 2015, aborda a relevância e a invisibilização das mulheres como atores políticos na história a partir da vida de Manuela Sáenz.
>
> AS MINA NA HISTÓRIA. Disponível em: <https://www.facebook.com/asminasnahistoria>. Acesso em: 14 jun. 2023.
>
> O projeto As Mina na História foi criado pela estudante Beatriz Varanis, discente do curso de História da Unila, com o objetivo de resgatar o protagonismo de mulheres na história. Para conhecer mais sobre a vida de Manuela e de outras personagens, acesse o *link* indicado.

Ao lado de Manuela e dos exércitos da campanha de libertação, Bolívar participou das independências de Venezuela, Colômbia, Equador, Peru e Bolívia. Entretanto, a importância dele para o pensamento social latino-americano vai além de sua contribuição em tais processos. Ele foi o responsável pela primeira proposta de integração da América Latina, ainda que relegada apenas às ex-colônias hispânicas. Conforme já mencionamos no início deste capítulo, o Brasil não foi incluído na proposta de Bolívar, pois era visto com desconfiança pelo caráter monárquico de seu sistema político, pelo intento imperialista na região do Rio da Prata e pelo fato de a escravidão ser a principal base de seu sistema econômico, o que era visto com repúdio pela maioria das repúblicas hispânicas (Bethell, 2009).

A intenção de criar uma confederação de repúblicas hispano-americanas no continente foi plasmada na Carta de Jamaica, documento de 1815 que sintetiza os principais argumentos do pensamento integracionista bolivariano. O conceito de Pátria Grande incluía o compartilhamento pelas ex-colônias espanholas de uma mesma política de defesa contra as tentativas europeias de recolonização, além do ideal de uma grande nação baseada nas similaridades da língua, da história e da cultura. No entanto, Bolívar diferenciou o destino comum da América Espanhola, ou seja, o compartilhamento de uma mesma pátria e de raízes hispano-americanas, da impossibilidade de se estabelecer um só Estado, posto que não era viável fundar um Estado-nação continental. A análise realista de tal conjuntura, formada por Estados recém-independentes, reforçava a proposta de Bolívar sobre a conformação de uma Confederação de Estados como a via pela qual os países latino-americanos partilhariam o sentimento da Pátria Grande.

O Congresso do Panamá, em 1826, representou a primeira tentativa de forjar instituições regionais já sob uma América Latina conformada por Estados independentes e soberanos juridicamente. A implementação de uma União de Nações, ou o chamado *unionismo de caráter hispano-americanista* (Casas, 2007), marcou o século XIX e ora incorporava, ora não incorporava o Brasil. A esse respeito, destacamos a atualidade da proposta de Bolívar acerca do arranjo institucional para o funcionamento de sua Confederação de Estados: "uma assembleia de plenipotenciários, que impulsione os interesses comuns dos Estados americanos, que diminua as discórdias entre os povos"[2] (Ardao, 1998, citado por Casas, 2007, p. 57, tradução nossa).

A proposta de Bolívar, bastante audaciosa para a época, era que no Congresso do Panamá fosse conformada uma assembleia de representantes de cada Estado que pudessem compartilhar decisões por meio de um conselho, avaliando as ameaças comuns aos

---

[2] No original: *"asemblea de plenipotenciarios, que dé impulso a los interes comunes de los Estados americanos, que dirima las discordias que pueden suscitarse en lo venidero entre pueblos"* (Casas, 2007, p. 57).

países, formando um exército continental e firmando posições conjuntas no âmbito da política externa em relação à Inglaterra e aos Estados Unidos (Casas, 2007). Ainda, como resultado do Congresso, os países participantes elaboraram uma declaração de princípios em defesa de reformas sociais ancoradas nas ideias de liberdade, justiça e não discriminação de origem ou cor. O atestado antiescravagista e de condenação da escravidão no continente por parte de Bolívar e dos participantes do Congresso se direcionava principalmente ao Brasil. Com relação a isso, é curioso apontar que o Haiti[3] não foi convidado para o Congresso do Panamá. Isso porque o fato de seu processo de independência, em 1804, ter sido liderado por negros ex-escravizados era visto como um inconveniente para muitas nações. Essa situação nos leva a identificar um certo paradoxo na declaração de repúdio à escravidão resultante da reunião. Estiveram presentes no Congresso do Panamá representantes do Peru, da Grã-Colômbia, do México e da Confederação Centro-Americana. Brasil, Chile, Bolívia e Argentina foram convidados, mas não chegaram a tempo.

De acordo com Bethell (2009), o Congresso do Panamá fracassou, pois, além de contar com poucos participantes, apenas a Grã--Colômbia assinou o tratado de aliança eterna. O Congresso pode ser considerado o marco de encerramento da primeira etapa do pensamento integracionista na América Latina (Casas, 2007). A primeira fase integracionista na América Latina se esgotou no fracasso empírico da continuidade da proposta bolivariana de conformar uma Confederação de Estados Americanos. Isso se explica pelas diferentes propostas, modelos e objetivos dos países latino-americanos em

---

3 A Revolução Haitiana representou o primeiro processo de independência nas colônias latino--americanas e caribenhas. Liderada por negros ex-escravizados, ela consistiu em um processo *sui generis* na região, onde a maioria das independências formais foi liderada por elites crioulas e por membros dos extratos econômicos mais altos das sociedades. A vanguarda e o caráter revolucionário da independência haitiana e de seus principais protagonistas, como Toussaint Louverture e Jean Jacques Dessalines, foram sistematicamente apagados pelas elites da época, em razão de seu potencial revolucionário e emancipador, principalmente por evidenciar a condição dos povos negros como atores políticos relevantes.

relação ao modo como essa união deveria funcionar e, também, pelas instabilidades internas enfrentadas por muitos países mesmo após os processos de independência, como guerras civis e, até mesmo, conflitos militares envolvendo as nações recém-criadas, como a Guerra do Paraguai, que contou com Brasil, Paraguai, Argentina e Uruguai, e a Guerra do Pacífico, travada entre Bolívia, Chile e Peru (Casas, 2007).

As heranças de Bolívar, todavia, não desapareceram por completo durante o século XIX. Outros congressos liderados pelas ex-colônias hispano-americanas foram realizados entre 1847 e 1879. Cada vez mais, o foco das motivações para a união dos países migrava do receio de uma nova recolonização por parte das nações europeias para o intervencionismo estadunidense na região. As propostas levantadas em tais congressos visavam à busca pela unidade continental, retomando o unionismo hispano-americano logo após as independências.

A partir de 1865, com a publicação da obra *La unión latinoamericana*, de José Maria Torres Caicedo, o unionismo hispano-americano foi substituído pela união latino-americana (Casas, 2007). Em 1879, Caicedo fundou a Sociedade da União Latino-Americana, que consistiu em uma proposta para a formação de uma Confederação de Estados cujo principal objetivo era a unificação econômica dos países latino-americanos. Como pontua Casas (2007), a inspiração para tal proposta era a ideia de Bolívar de que a união política não seria provável e, portanto, os países deveriam unir-se economicamente para fazer frente aos Estados Unidos no continente. Discordâncias entre grupos que lideraram os movimentos políticos e culturais na América Latina fizeram com que propostas como essa e outras não obtivessem sucesso[4].

---

[4] Casas (2007) aponta duas grandes vertentes de pensamento das elites dominantes no pós-independência: (i) a elite majoritária era a favor da construção de grandes pátrias crioulas, tendo como modelo os países capitalistas desenvolvidos, principalmente da Europa; e (ii) a elite minoritária, sob o lema "Ou inventamos ou erramos", defendia modelos próprios de organização política, social e econômica na América Latina.

O arrefecimento dessas propostas e o desengajamento da união nos países latino-americanos foram bem recebidos pelos Estados Unidos, que avaliaram negativamente as tentativas prévias de organização coletiva dos países latino-americanos, principalmente pelo fato de que a integração latino-americana a partir de 1900 envolvia cada vez mais ideias e posicionamentos anti-imperialistas.

Nesse sentido, em meados de 1889, os Estados Unidos deram início a um projeto de Conferências Pan-Americanas a fim de promover alinhamentos no nível hemisférico com os países latino-americanos. O conceito de pan-americanismo faz oposição ao de latino-americanismo na medida em que significa a continuação dos objetivos da Doutrina Monroe mediante a institucionalização da relação com os países latinos por meio das Conferências (Casas, 2007). Até 1930, seis Conferências tinham sido realizadas: Washington (1889-1990); Cidade do México (1901-1902); Rio de Janeiro (1906); Buenos Aires (1910); Santiago do Chile (1923); e Havana (1928).

É importante pontuar que a iniciativa dessas Conferências por parte do governo estadunidense foi capitaneada pelo então secretário de Estado, James G. Blaine, durante o governo de James A. Garfield. Blaine argumentava que os Estados Unidos deveriam "americanizar" suas relações, e as Conferências eram a estratégia para isso. A esse respeito, é interessante notar como o processo das Conferências, pensado por Bolívar, foi cooptado pela política estadunidense e serviu de instrumento para construir a hegemonia do país no continente americano, bem como para manter a dependência das nações latino-americanas.

A aproximação ou o distanciamento dos Estados Unidos e de sua política pan-americana se constitui em uma variável para analisar o nível de autonomia das iniciativas de integração regional que historicamente surgiram na América Latina e no Caribe em cada fase do regionalismo. Conforme é possível perceber, para além do elemento analítico, é a própria história política de nosso continente que confirma essa perspectiva.

As Conferências Pan-Americanas contribuíram para que a ideia do latino-americanismo perdesse força política na qualidade de princípio de união dos países da América Latina no início do século XX. A essa condicionante de ordem regional somam-se os próprios processos internos de dependência econômica, especialmente quanto ao capital estadunidense, que marcaram as trajetórias de nossos países. Na América Central e no Caribe, a independência das nações no fim do século XIX representou uma nova fase de intervenção e, em muitos casos, de ingerência militar direta por parte dos Estados Unidos, como nos casos de Cuba e da Nicarágua, que esteve sob ocupação estadunidense de 1912 a 1933.

Nesse contexto, já nas primeiras décadas de 1900, como resultado de um processo de fortalecimento dos nacionalismos nos países, atrelado ao anti-imperialismo, o latino-americanismo voltou a ganhar força como ideia. Essa correlação se configurou porque os processos de formação das sociedades de massas nos países da América latina e do Caribe abrangeram, principalmente, o estabelecimento de classes médias, com a migração do campo para a cidade, além da forte urbanização, da crise dos sistemas políticos oligárquicos e da conformação de trabalhadores assalariados e operários.

Esses "novos" atores políticos foram decisivos para os grupos que confrontaram os setores nacionais vinculados ao capital estrangeiro e, especialmente, estadunidense. Movimentos sociais, como os de estudantes, intelectuais progressistas e políticos envolvidos nas lutas sociais e nacionalistas de seus países, construíram seus objetivos iluminados pelo horizonte da união latino-americana. Acontecimentos como a Revolução Mexicana, de 1910, que contou com nomes importantes para o patrimônio revolucionário político latino-americano – como Emiliano Zapata e Pancho Villa –, impactaram sobremaneira o contexto político e a valorização do latino-americanismo.

O fortalecimento das identidades nacionais dos Estados latino-americanos e caribenhos no início do século XX também foi impulsionado por movimentos culturais que reivindicavam a originalidade cultural de seus povos. Essas vanguardas artísticas na música, na pintura, na poesia, na literatura e no pensamento social[5], entre outras manifestações, firmavam a identidade nacional em consonância com as heranças e tradições dos povos da América Latina, tanto na valorização das culturas dos povos originários quanto na afirmação de culturas nacionais próprias e cada vez mais distantes e díspares das tradições europeias.

Pensadores do final do século XIX, como o já citado José Martí, passaram a ter suas ideias resgatadas por esses movimentos e autores. Em sua obra *Nuestra América*, publicada em 1881, Martí pontuou a necessidade de os países forjarem nações latino-americanas distantes da "pura imitação" das sociedades europeias e dos Estados Unidos. Ou seja, ele reivindicava uma nova consciência das identidades nacionais e, por meio dela, uma nova racionalidade para organizar a política, a economia e as sociedades (Casas, 2007).

Foi na proposta de Martí que, pela primeira vez, a união latino-americana incluiu como protagonistas políticos as massas populares. A partir de um recorte de classe e de raça, também eram compreendidas como parte das massas as populações indígenas e negras. Martí atrelava de maneira intrínseca os projetos democráticos nacionais dos países ao latino-americanismo e ao anti-imperialismo, elementos que trariam para nossos países a tão necessária "segunda independência" (Casas, 2007).

Então, podemos afirmar que a evolução do pensamento integracionista na América Latina e no Caribe no século XIX, até 1930, passou do movimento de reação ao domínio colonial europeu

---

5 Inúmeras são as produções de 1900 a 1930 que discutiram o latino-americanismo, as especificidades de nossas sociedades e povos, bem como os caminhos econômicos e políticos a serem traçados. Como exemplos dessas contribuições, citamos o mexicano José Vasconcelos, os peruanos Victor Raúl Haya de La Torres e Jose Carlos Mariátegui e o colombiano José María Vargas Vila.

impulsionado pelas lutas da independência para uma postura de rechaço ao imperialismo estadunidense na região. Cabe destacar que essa transformação de objetivo e enquadramento das motivações e das finalidades da integração dos países da região sempre esteve em consonância com os acontecimentos políticos e econômicos que afetaram os países durante esse curto mas decisivo período para a construção dos Estados nacionais latino-americanos.

Os vetores que impulsionaram as propostas e o pensamento integracionista no final do século XIX e no início do século XX nos revelam os percalços e os caminhos que caracterizaram as dependências de nossos países ao longo desse tempo, bem como as estruturas econômicas e políticas que foram se desenhando desde as independências formais e os papéis dos setores domésticos em tais processos.

Vale destacar que, não por acaso, os legados de Bolívar e dos demais pensadores da integração latino-americana ainda hoje são resgatados em momentos de florescimento do regionalismo. A contraposição que se constrói a partir do resgate dessas ideias é, justamente, uma visão anti-imperialista e de distanciamento da política pan-americana dos Estados Unidos, reforçada pela necessidade de construir iniciativas que diminuam o poder e a influência da potência na região, aumentando a margem de manobra dos países latino-americanos. Conforme veremos adiante, as ideias de Bolívar, Martí, entre outros, ressurgiram como importante elemento no regionalismo pós-hegemônico após 2003, sob os governos eleitos a partir da "onda rosa" ou da "virada à esquerda" na região. Muitos desses governos, aliás, identificaram-se como "bolivarianos", como nos casos da Bolívia, com Evo Morales, da Venezuela, com Hugo Chávez e Nicolás Maduro, e do Equador, com Rafael Correa.

Os regionalismos latino-americanos anteriores a 2003 já foram abordados no Capítulo 3. Portanto, neste capítulo, nosso foco reside nas iniciativas regionalistas criadas após esse período.

5.4 Regionalismo pós-hegemônico

O fim da década de 1990 marcou o enfraquecimento do modelo neoliberal como proposta de desenvolvimento e progresso econômico na América Latina e no Caribe. Contrariamente às promessas dos organismos financeiros internacionais do começo da década, a adoção, por parte dos governos latino-americanos e caribenhos, do receituário do Consenso de Washington não estimulou a melhora dos índices sociais ou econômicos dos países, tampouco os levou a alcançar o desenvolvimento nos moldes das nações capitalistas desenvolvidas. A estabilidade monetária atingida pela utilização de planos econômicos em consonância com os requisitos do mercado internacional, como o câmbio flutuante, privatizações e outras medidas que garantiam a livre circulação dos capitais, não assegurou que os países avançassem na superação dos baixos índices sociais e nos altos indicadores de desigualdade advindos da década anterior.

A insatisfação das populações somada às crises econômicas enfrentadas por grande parte dos países – com destaque para a Argentina, em 2001 – contribuiu para a chegada ao poder de governos que rechaçavam o modelo neoliberal em seus programas políticos e econômicos (ao menos em âmbito narrativo) e que representavam forças de esquerda ou centro-esquerda do espectro político. Nesse contexto, o regionalismo no continente foi reposicionado e transformado conforme os novos ventos políticos em termos de agenda, modelos e objetivos. Como apontam Lima e Coutinho (2007), enquanto, nos anos 1990, a noção de regionalismo estava atrelada a uma concepção de região como "espaço fluido", na década de 2000, a tônica parecia ser a demanda política por regiões que retornassem aos seus contornos geográficos tradicionais em função da confluência da valorização política e física das regiões.

O regionalismo aberto, fortemente vinculado ao neoliberalismo, foi visto como insuficiente em face das necessidades da nova fase da região. Assim, ele passou a ser abertamente criticado pelos governos da chamada *virada à esquerda*, especialmente na América do Sul. O subcontinente foi o palco principal do denominado *regionalismo pós-hegemônico* (Riggirozzi; Tussie, 2012). Dessa forma, a politização das agendas econômicas externas das nações da região expressou, no campo das relações intrarregionais, uma nova ordem de prioridade diretamente relacionada ao deslocamento para a esquerda do eixo de poder político da região. O regionalismo pós--hegemônico, ou pós-liberal, segundo Veiga e Ríos (2008), oscilava entre: (i) uma agenda integracionista de cunho desenvolvimentista, com dificuldades para lidar com a agenda da liberalização comercial; e (ii) a formação de coalizões de países ideologicamente afins.

A inflexão na agenda do regionalismo sul-americano no início do século XXI ocorreu com a realização da I Reunião de Presidentes da América do Sul, em Brasília, no final de 2001. Pela primeira vez na história, os 12 presidentes sul-americanos se reuniram para pensar os rumos da integração no subcontinente. O documento resultante da reunião, denominado *Comunicado de Brasília*, sintetizava uma nova agenda, composta por seis temas principais que lançariam os horizontes a serem perseguidos pelas iniciativas regionais na década de 2000. Tais temáticas deveriam ser a base dos esforços de cooperação regional: (i) democracia; (ii) comércio; (iii) infraestrutura de integração; (iv) drogas ilícitas e delitos conexos; (v) informação; e (vi) conhecimento e tecnologia.

Com as eleições dos governos progressistas, os temas elencados no encontro foram sendo articulados com base em uma lógica pós-Consenso de Washington. Sob essa ótica, o regionalismo sul--americano foi sendo construído a partir de uma ação política calcada na atuação dos Estados e na valorização de pautas atreladas à ideia da retomada do desenvolvimento como fator crucial para as políticas regionais. Nesse contexto, o período entre 2003 e 2010 foi de forte politização do espaço sub-regional e de institucionalização da concepção de América do Sul como lócus geopolítico (Pedroso, 2014).

Caracterizado pelo protagonismo dos governos à época, o consenso em torno dos direcionamentos da região foi determinante para os resultados dos regionalismos sul-americanos no período, a saber:

I. o fim das negociações da Área de Livre Comércio das Américas (Alca) na Cúpula de Mar del Plata[6], em 2005, posição forjada desde 2003 no Consenso de Buenos Aires[7];
II. a ampliação multidimensional da agenda da integração regional, com destaque para temas ligados ao desenvolvimento;
III. a virada social e a criação de mecanismos de redução das assimetrias no âmbito do Mercado Comum do Sul (Mercosul);
IV. a criação da União das Nações Sul-Americanas (Unasul).

Entre os governos categorizados no espectro político como de esquerda ou centro-esquerda, destacaram-se, no âmbito do ativismo regional, o brasileiro, sob a presidência de Luiz Inácio Lula da Silva (2003-2010), o venezuelano, de Hugo Chávez (1999-2013), e o argentino, de Néstor Kirchner (2003-2007) e Cristina Kirchner (2007--2015). Os resultados do regionalismo pós-hegemônico na América do Sul devem ser compreendidos sob a acomodação das propostas brasileira e venezuelana, as quais, em muitos casos, entraram em choque. O governo brasileiro esvaziou propostas venezuelanas, como o Banco do Sul, assim como a Venezuela tensionou o peso

---

6 A Cúpula de Mar del Plata, IV Cúpula das Américas, representou um dos marcos políticos mais importantes do regionalismo pós-hegemônico. Isso porque, além de encerrar formalmente as negociações da Alca e de significar a oposição organizada dos governos progressistas latino-americanos e caribenhos à proposta regional estadunidense, também demarcou a mobilização popular de movimentos sociais e grupos organizados contrários à Alca com a organização da Cúpula dos Povos de Mar del Plata, evento que ocorria em paralelo à cúpula dos governos.

7 O Consenso de Buenos Aires foi um documento assinado pelos governos brasileiro e argentino em 2003 que reforçava os laços políticos e de cooperação entre os dois países sob uma agenda voltada para a busca do desenvolvimento econômico e social. Esse movimento bilateral foi interpretado como oposição ao receituário estabelecido pelo Consenso de Washington, firmado na década anterior.

ideológico da Unasul (Pedroso, 2014). No entanto, as discordâncias entre os governos das duas nações eram ponderadas a partir da aliança estratégica entre Brasil e Venezuela, e de Lula e Chávez, no período.

Em linhas gerais, a construção da governança sul-americana por meio dos mecanismos multilaterais regionais no período se baseou na acomodação dos regionalismos venezuelano e brasileiro, com predomínio das propostas brasileiras (Briceño-Ruiz, 2010; Pedroso, 2014). Essa acomodação se deu mediante a realização de cúpulas sub-regionais nos mais diversos temas, bem como pela cooperação bilateral e pela criação de espaços de decisão multilaterais intergovernamentais que possibilitaram a resolução de conflitos entre os países sul-americanos sem a interferência de atores extrarregionais, principalmente os Estados Unidos. Portanto, tratou-se da constituição de iniciativas nos âmbitos sub-regionais envolvendo diversas áreas de cooperação, com um forte *ethos* anti-hegemônico e variados graus de adesão (Lima, 2014). Ramanzini Jr. e Mariano (2018) entendem que tal período inaugurou uma trajetória de ampliação da capacidade de atuação e persuasão do Brasil no subcontinente.

O ativismo de alto perfil do governo brasileiro e o forte componente geograficamente orientado para a região na política externa (Neves; Honório, 2019) estavam relacionados à interpretação do governo de que a ordem global passava por um momento de transição para contornos multipolares e, nesse sentido, a América do Sul poderia configurar-se como um novo polo possível. A posse de recursos estratégicos, a inexistência de conflitos inter-regionais e a relativa estabilidade de suas instituições nacionais, quando comparadas a outras regiões do Sul Global, legitimavam essa interpretação (Lima, 2018). Sob essa perspectiva, a América do Sul não seria apenas o espaço para as relações inter-regionais, uma vez que também seria agente no processo de transformação global em curso da ordem internacional (Riggirozzi; Tussie, 2012; Desiderá Neto; Tussie, 2018).

Riggirozzi e Tussie (2012) apontam para um fato importante que tem força explicativa para se entender o regionalismo, principalmente o sul-americano, na década de 2000. O regionalismo não diz respeito somente à institucionalização de práticas transfronteiriças ou a movimentos de resposta aos desafios globais no âmbito econômico; implica também o questionamento sobre o significado do próprio espaço regional. Dessa forma, a partir de 2003, o regionalismo não apenas passou a refletir as preocupações em relação aos mecanismos de integração regional existentes e as transformações de sua agenda, como também, e principalmente, problematizou a própria ideia de região e sua importância na Política Internacional.

A América do Sul tornou-se tanto um espaço para o exercício de uma inédita governança regional multilateral quanto uma identidade incorporada à projeção internacional das políticas externas dos países do subcontinente. Há uma variedade de conceitos que categorizam esse momento do regionalismo sul-americano no âmbito da literatura especializada, a saber: regionalismo estrutural (Lima; Coutinho, 2007), regionalismo estratégico (Briceño-Ruiz, 2007), regionalismo pós-liberal (Veiga; Ríos, 2008; Sanahuja, 2008) e regionalismo pós-hegemônico (Riggirozzi; Tussie, 2012).

Perrotta e Porcelli (2019) ressaltam que esse "regionalismo adjetivado" na América do Sul revelou um momento de intenso protagonismo propositivo por parte dos governos e das disputas pelo direcionamento dos mecanismos e da agenda de integração. Conforme já mencionado, apesar da existência de projetos regionais concorrentes, como o brasileiro e o venezuelano, pode-se dizer que o período foi marcado por uma ampla convergência político-ideológica entre os governos da região. Tal contexto possibilitou a construção de espaços promotores de consensos regionais em torno de vários temas, como a infraestrutura e a segurança regional.

O principal produto do regionalismo pós-hegemônico na América Latina e no Caribe foi a revalorização da região como espaço político relevante na geopolítica internacional e na criação de espaços de governança autônomos acerca dos mais variados temas (multidimensional). De 2003 a 2010, as nações da região experimentaram uma inédita cooperação e a convergência na adoção de posições coletivas em temáticas como defesa regional, mediação de conflitos internos nos países, negociações com os Estados Unidos, entre outras.

Nesse sentido, apresentaremos na sequência uma visão panorâmica sobre as principais instituições criadas durante o período e a transformação que a nova agenda do regionalismo pós-hegemônico provocou nos mecanismos que já existiam. Como exemplo desse último fenômeno, abordaremos o caso do Mercosul.

Iniciativa para a Integração da Infraestrutura Regional Sul-Americana (IIRSA)

A Iniciativa para a Integração da Infraestrutura Regional Sul-Americana (IIRSA) foi uma proposta de integração da infraestrutura sul-americana lançada na I Reunião de Presidentes da América do Sul, em 2000. Essa iniciativa brasileira, em parceria com o Banco Interamericano de Desenvolvimento (BID), tinha o objetivo de diminuir os custos de transporte e circulação de mercadorias com vistas ao aumento dos níveis de exportação intra e extrarregional. Para isso, buscou-se mapear as demandas de infraestrutura nos setores de energia, comunicação e transportes dos países sul-americanos e fomentar o financiamento e a implementação das obras.

Ao longo de seus dez anos de existência, a IIRSA reuniu uma carteira com mais 500 projetos de infraestrutura estratégicos indicados pelos países e organizados em Eixos de Integração e Desenvolvimento (EIDs)[8]. Com caráter intergovernamental, a estrutura institucional de funcionamento da IIRSA foi composta da seguinte forma: (i) Comitê de Direção Executiva (CDE); (ii) Comitê de Coordenação Técnica (CCT), formado por BID, Fundo Financeiro para o Desenvolvimento da Bacia do Prata (Fonplata) e Corporação Andina de Fomento (CAF); e (iii) Grupos Técnicos de Trabalho (GTEs) (Honório, 2013).

Em 2005, foi organizada a Agenda de Implementação Consensuada (AIC), que reuniu 31 projetos considerados prioritários para a integração regional. Para compor a AIC, tais projetos tinham de envolver dois ou mais países ou ter importante papel no desenvolvimento de obras estratégicas para o escoamento do comércio na região. Exemplos de propostas que compunham a AIC foram os corredores rodoviários e ferroviários bioceânicos, obras que visam interligar portos das costas Atlântica e Pacífica da América do Sul.

Em 2009, a IIRSA foi incorporada como secretaria técnica da Unasul por meio do Conselho Sul-Americano de Infraestrutura e Planejamento (Cosiplan). Em 2011, a AIC foi reformulada e renomeada como Agenda de Projetos Prioritários de Integração (API), ainda reunindo os mesmos 31 projetos, com prazo de conclusão das obras em 2022. Segundo Honório (2017), a incorporação da IIRSA ao Conselho pode ser entendida como resultado da cobrança dos países da região em torno de uma maior coordenação política quanto ao tema da infraestrutura, com o desenvolvimento de mecanismos que garantissem os financiamentos dos projetos, além de buscar superar a falta de conexão da iniciativa com os mecanismos de integração regional existentes, munindo-a de um "guarda-chuva" institucional ampliado. Também é possível compreender

---

[8] Atualmente, existem nove EIDs na estrutura da iniciativa sob os quais os projetos estão agrupados: (i) Eixo Amazonas; (ii) Eixo Andino; (iii) Eixo Capricórnio; (iv) Eixo do Sul; (v) Eixo Escudos das Guianas; (vi) Eixo Hidrovia Paraná-Paraguai; (vii) Eixo Interoceânico; (viii) Eixo Mercosul-Chile; e (ix) Eixo Peru-Bolívia-Brasil. Todas as obras incluídas nos EIDs podem ser consultadas no *site* oficial da IIRSA/Cosiplan.

a incorporação à Unasul como uma reavaliação da iniciativa sob os governos progressistas a partir de 2003.

O financiamento foi considerado o maior entrave para a implementação das obras no âmbito da IIRSA. A pouca capacidade de investimentos em infraestrutura e de endividamento dos governos resultou em um baixo número de projetos concluídos – em sua maioria, de impacto doméstico. Os países incluíram seus planejamentos de infraestrutura no portfólio da iniciativa como um modo de alavancar as obras financeiramente. No entanto, muitos desses projetos não passaram da fase de estudos de viabilização.

Conforme aponta Honório (2017), politicamente se pode considerar a IIRSA como a sul-americanização da estratégia de planejamento de infraestrutura interna brasileira. Ela foi a proposta de maior expressão para a América do Sul na política externa do governo FHC e passou por uma reavaliação durante os anos em que Lula ocupou a presidência. Por ser considerada um projeto vinculado às diretrizes do governo antecessor, não adquiriu relevância na política externa após 2003. Isso não significa dizer que ela foi abandonada, mas que o enfoque da política externa de Lula ocorreu pelo destaque ao tema *integração de infraestrutura* em detrimento da instituição (IIRSA). Esse contexto nos dá algumas pistas importantes para entender a opção pelo financiamento de obras de infraestrutura via bilateral por meio dos financiamentos do Banco Nacional de Desenvolvimento Econômico e Social (BNDES) no subcontinente ao longo de tais governos.

A IIRSA motivou uma série de críticas quanto ao modelo de integração que estabelecia, por meio de uma inserção comercial dos países voltada "para fora". Ela foi interpretada pelos críticos como uma resposta direta aos fluxos de capitais atuantes na região. Outro ponto de forte contestação aos projetos da IIRSA foram os impactos socioambientais das obras. Muitas delas não envolveram consultas às populações, especialmente aos povos originários que seriam atingidos, tampouco a mensuração dos impactos ambientais.

Tais elementos acarretaram uma série de protestos em vários países e mobilizações de movimentos sociais sul-americanos contrários à iniciativa.

Marco do denominado *regionalismo estrutural* (Lima; Coutinho, 2007), ligado a temas de desenvolvimento dos países, a IIRSA/Cosiplan, ao longo de sua existência, forjou a convergência em torno do tema da infraestrutura na região entre os governos sul-americanos. No transcorrer da década de 2000, a temática superou a iniciativa em termos de importância, assim como todo o processo referente à implementação (negociações, acordos, financiamentos, impactos, planejamentos etc.) das obras. A IIRSA e, posteriormente, o Cosiplan contribuíram determinantemente para que o tema da infraestrutura fosse internalizado pelos governos com base em uma importância engendrada multilateralmente (Honório, 2021).

Aliança Bolivariana para os Povos de Nossa América (Alba)

A Aliança Bolivariana para os Povos de Nossa América (Alba) surgiu como contraposição venezuelana à Alca e aos projetos de integração neoliberais no continente e sintetizou, no âmbito regional, os anseios chavistas de combater a hegemonia estadunidense no continente (Pedroso, 2014).

De acordo com Pedroso (2014), ela foi criada como um acordo comercial bilateral entre Venezuela e Cuba, em 2004. Juntaram-se à iniciativa governos identificados com o bolivarianismo, como a Bolívia de Evo Morales, em 2006, a Nicarágua de Daniel Ortega, em 2007, Honduras sob o governo de Manuel Zelaya, em 2007, o Equador de Rafael Correa, em 2009, e as ilhas caribenhas São Vicente e Granadinas, Antígua e Barbuda e Santa Lúcia.

A Alba consistiu no desdobramento regionalista do modelo de desenvolvimento venezuelano ancorado no conceito de socialismo do século XXI, que marcou os governos de Chávez, na Venezuela. Nesse sentido, o organismo prezava pela cooperação solidária entre os membros e tinha uma visão comercial baseada na complementaridade de produtos e serviços entre os países. O intercâmbio solidário se realizava por meio das trocas estratégicas entre as nações. Por exemplo, Cuba cedia médicos e professores à Venezuela e, em troca, recebia petróleo. No âmbito comercial, em 2009, a iniciativa passou a se chamar Alba – Tratado de Cooperação dos Povos (TCP), em contraposição aos Tratados de Livre Comércio (TLCs).

Outra inovação da Alba foi a proposta de criação de empresas estatais regionais mediante o conceito de *proyectos grannacionales*, o qual se calcava nos seguintes fundamentos: unir geopoliticamente a América Latina em torno da ideia de Pátria Grande, suprir as satisfações materiais das populações e ser crítica à globalização neoliberal (Pedroso, 2014). Temáticas como alfabetização, tecnologia, comunicação, infraestrutura, alimentação, turismo e meio ambiente, entre outras, constavam como áreas prioritárias dos *proyectos grannacionales*.

A Alba também tinha uma proposta de arquitetura financeira regional baseada na ideia de uma moeda a ser usada para as compensações do comércio intrabloco, o Sistema Unitário de Compensação Regional (Sucre) e o Banco da Alba. As duas iniciativas objetivavam diminuir a importância do dólar nas transações comerciais entre os membros (Pedroso, 2014).

Apesar do forte conteúdo político-ideológico, a Alba não conseguiu engendrar os caminhos necessários para seu pleno funcionamento. A saída de Chávez do poder em decorrência de sua morte, em 2013, foi um grande baque para o organismo. A crise no governo venezuelano que surgiu na sequência fez com que o governo do país voltasse suas atenções para o ambiente doméstico, relegando a segundo plano os objetivos de sua política externa.

Durante a década de 2010 e ao longo das mudanças nos cenários políticos internos e regionais, alguns países deixaram a Alba, como o Equador, em 2018, e a Bolívia, em 2019 – como resultado do golpe de Estado contra o Presidente Evo Morales. Em 2020, com a eleição do Presidente Luis Arce, a Bolívia retornou à aliança. Atualmente, os seguintes países fazem parte da Alba: Venezuela, Cuba, Bolívia, Antígua e Barbuda, São Vicente e Granadinas, Dominica e Nicarágua.

A Alba foi uma das iniciativas que melhor representaram o regionalismo pós-hegemônico na América Latina, pois, com base em um forte conteúdo autônomico, tinha o propósito de combater a hegemonia dos Estados Unidos e das propostas do regionalismo neoliberal na região. Nessa ótica, ela também retratou o protagonismo regional assumido pela Venezuela durante os governos de Hugo Chávez, posição até então inédita no regionalismo latino-americano e, especialmente, na América do Sul. O projeto venezuelano do período fez frente não apenas à proposta estadunidense, mas também ao regionalismo brasileiro. Lula e Chávez, assim como o consenso estabelecido com a acomodação dos projetos de ambos, foram os grandes líderes políticos do regionalismo da década de 2000. Um grande exemplo dessa construção coletiva foi a Unasul, conforme abordaremos a seguir.

Banco do Sul

Outra importante proposta do regionalismo venezuelano do período esteve na dimensão da arquitetura financeira da região. O Banco do Sul propunha a criação de um órgão de financiamento multilateral regional, composto pelos capitais dos países sul-americanos, cujo principal objetivo era antepor-se à atuação do Fundo Monetário Internacional (FMI) na região. O Banco do Sul foi projetado a partir da Alba e, em 2007, em Buenos Aires, Argentina, Brasil, Bolívia, Equador e Venezuela assinaram a ata de criação do órgão.

De acordo com Carvalho et al. (2010), em que pese certa convergência entre os países que o compunham, o fracasso da efetivação do Banco do Sul se deu principalmente pelas diferentes expectativas que cada país depositava na instituição. Enquanto a Venezuela vislumbrava para o organismo uma atuação nos moldes do FMI, Equador e Bolívia queriam que ele financiasse projetos de desenvolvimento social e fomentasse a criação de uma moeda regional. Já o Brasil entendia que o banco deveria ter papel similar ao do BNDES e focar o financiamento das obras de infraestrutura nos moldes da IIRSA. Por sua vez, a Argentina defendia um meio--termo entre essas três propostas (Pedroso, 2014).

Segundo Pedroso (2014), são três os motivos que explicam o fracasso do Banco do Sul: (i) a crise financeira de 2008; (ii) a criação do Banco da Alba; e (iii) a sobreposição de instituições financeiras atuando na região, como BID, CAF, Fonplata e BNDES, além do desinteresse do governo brasileiro em impulsionar o mecanismo. A proposta do Banco do Sul também se fez constar nas discussões dos Estados para a criação da Unasul e representou a multidimensionalidade das temáticas regionais do período.

União das Nações Sul-Americanas (Unasul)

A União das Nações Sul-Americanas (Unasul) foi a principal instituição forjada no regionalismo pós-hegemônico na América do Sul. Ela deve ser compreendida como a síntese tanto da acomodação dos projetos venezuelano e brasileiro em disputa no período quanto da multidimensionalidade temática na agenda regional. O organismo também foi símbolo da institucionalização do subcontinente como espaço de governança autonômica, ou seja, ele foi responsável por diminuir a influência de potências extrarregionais em crises regionais, além de ter representado um espaço para a coordenação política entre os países.

A Unasul foi um desdobramento da proposta brasileira de criação da Comunidade Sul-Americana de Nações (Casa), apresentada na I Reunião de Presidentes da América do Sul. Tal proposta abrangia uma área de livre comércio entre a Comunidade Andina de Nações (CAN) e o Mercosul. Ao longo das reuniões de presidentes sul-americanos, a partir de 2003, a Casa foi evoluindo para a criação de um organismo regional cujo objetivo era ser um espaço de concertação política entre os países e da construção de uma identidade e de uma cidadania sul-americanas. A proposta da Unasul surgiu em 2004, mas somente em 2008 ela foi oficialmente implementada pelos 12 países da América do Sul.

A estrutura organizacional da Unasul era intergovernamental, isto é, a instituição tinha um alto perfil político, mas baixa institucionalidade (Saraiva, 2013). No bojo da iniciativa, foram estabelecidos 12 conselhos sul-americanos, responsáveis por levar adiante o desenvolvimento de visões e políticas regionais sobre temas estratégicos para as nações do subcontinente. Em virtude de seu caráter multidimensional, à iniciativa coube o papel de ser um grande "guarda-chuva" institucional do regionalismo na América do Sul do período. Nesse sentido, propostas como a IIRSA migraram para a estrutura institucional da Unasul, conforme abordamos anteriormente.

Os Conselhos Setoriais da Unasul eram os seguintes: (i) Conselho de Defesa Sul-Americano (CDS); (ii) Conselho de Saúde Sul-Americano (CSS); (iii) Conselho Eleitoral Sul-Americano; (iv) Conselho Energético Sul-Americano; (v) Conselho Sul-Americano de Ciência, Tecnologia e Inovação; (vi) Conselho Sul-Americano de Cultura; (vii) Conselho de Desenvolvimento Social Sul-Americano; (viii) Conselho Sul-Americano de Economia e Finanças; (ix) Conselho Sul-Americano de Educação; (x) Conselho Sul-Americano de Infraestrutura e Planejamento (Cosiplan); (xi) Conselho Sul-Americano sobre o Problema Mundial de Drogas; e (xii) Conselho Sul-Americano em Matéria de Segurança Cidadã, Justiça e Coordenação contra o Crime Organizado Transnacional.

Entre todos os Conselhos da Unasul, destacou-se a atuação do Conselho de Defesa Sul-Americano (CDS) na solução de crises políticas regionais sem a interferência de países ou organismos extrarregionais. Como exemplos, podemos citar as crises políticas domésticas na Bolívia, em 2008, e a tentativa de golpe de Estado no Equador, em 2010. O CDS funcionou como um espaço de coordenação política entre os Estados nos temas da defesa regional. O arranjo evitou que casos como o boliviano ou o equatoriano fossem levados para organismos como a Organização dos Estados Americanos (OEA) e sofressem interferência direta e indireta dos Estados Unidos e de seus governos aliados.

Dessa forma, é possível depreender que a Unasul foi o lócus prioritário do exercício de governança regional experimentado pelos países à época. Cabe observar que até mesmo os governos que não poderiam ser enquadrados no campo da esquerda, como o governo de Álvaro Uribe, na Colômbia, apoiaram e integraram a Unasul. A instituição foi campo para a coordenação política multilateral inclusive para governos que tinham passado por crises diplomáticas recentes, como Equador, Colômbia e Venezuela. Essas nações, em 2008, tiveram suas relações diplomáticas abaladas por conta do assassinato do líder das Forças Armadas Revolucionárias da Colômbia (Farc), Raul Reyes, pelas forças militares colombianas em território equatoriano.

Durante sua existência, a Unasul representou a síntese do regionalismo pós-hegemônico na região nos seguintes assuntos: (i) agenda de integração multidimensional; (ii) construção de espaços de governança regional autonômicos; (iii) institucionalização da ideia de América do Sul como lócus geopolítico relevante; e (iv) coordenação e convergência regional no mais alto nível político.

Com a mudança das forças políticas nos governos da América do Sul em meados dos anos 2010 e a guinada à direita no subcontinente, houve um esvaziamento da Unasul, por ser entendida como o regionalismo dos governos de esquerda. O principal fator desencadeador da crise nesse organismo foi a falta de consenso sobre a escolha do secretário-geral da instituição, em 2016, que dividiu a posição dos países e culminou com a suspensão da participação de vários deles. O dissenso quanto ao candidato argentino José Octavio Bordon construiu-se em torno da posição venezuelana de que o secretário-geral precisava ser um ex-presidente ou ex-chanceler, critérios ao qual o candidato não atendia. De um lado, encontravam-se Equador, Bolívia, Suriname e Venezuela, contrários ao candidato argentino; de outro, Brasil, Chile, Colômbia, Paraguai e Peru apoiavam a candidatura. Apesar do motivo aparentemente burocrático-simbólico, a falta de convergência em torno da candidatura de Bordon já prenunciava as discordâncias entre os governos da região como consequência da emergência de governos de direita a partir de 2015 no subcontinente. O candidato argentino representava o governo de Mauricio Macri, classificado como de centro-direita, e criticava abertamente o governo de Maduro na Venezuela.

A suspensão da participação dos Estados apoiadores do candidato argentino como sinal de protesto político, na prática, levou o organismo à falência operacional e à retomada dos espaços tradicionais de governança interamericanos para a resolução das crises regionais, como a OEA. Em 2019, o Brasil deixou oficialmente a Unasul, seguido por Argentina, Chile, Colômbia, Equador, Paraguai e Peru. Em 2020, foi a vez de o Uruguai abandonar a iniciativa. Em 2019, o Equador solicitou a devolução do prédio no qual a Unasul estava sediada em Quito.

A Unasul serve de alegoria para compreendermos o início e o fim não somente do regionalismo pós-hegemônico na América do Sul como também do próprio ciclo dos governos progressistas no subcontinente, bem como a virada à direita a partir da década de 2010.

Comunidade de Estados Latino-Americanos e Caribenhos (Celac)

Como ressaltamos anteriormente, uma parte significativa das iniciativas do regionalismo pós-hegemônico consistiu em forjar espaços de governança regionais autonômicos na América Latina e no Caribe e, de certa forma, contrapor as instituições pan-americanas no continente. O histórico da Comunidade de Estados Latino-Americanos e Caribenhos (Celac) remete ao Grupo do Rio e à Cúpula da América Latina e do Caribe (Calc).

Fundada em 2011, a Celac surgiu como alternativa à OEA e, atualmente, conta com a participação de 33 países da América Latina e do Caribe. O fórum regional busca firmar uma coordenação política e ser espaço para a articulação das diferentes iniciativas de integração regional existentes. De acordo com informações do *site* oficial do organismo, a Celac (2023) também tem o objetivo de atuar como porta-voz da região com atores extracontinentais como a China, a União Europeia (UE), o Conselho de Cooperação do Golfo (CCG), entre outros. O processo de decisão na instituição dá-se pelo consenso, e sua agenda é definida pelos chefes dos Estados-membros.

Com o fim do regionalismo pós-hegemônico como força motora do regionalismo na região e a chegada ao poder de forças de direita nos governos, a Celac perdeu sua relevância como antagonista da OEA e concentrou-se nas negociações envolvendo o financiamento à infraestrutura, principalmente por meio das conferências China-Celac. Em 2020, o Brasil deixou a Celac, na gestão de Ernesto Araújo, sob o governo de Jair Bolsonaro. O argumento utilizado pelo ex-chanceler foi que a instituição não alcançou os objetivos de defesa da democracia no continente e serviu de palco para os governos autoritários da região.

Tal episódio explicita, de maneira bastante evidente, o quanto as instituições forjadas durante o regionalismo pós-hegemônico começaram a ser rechaçadas pelos governos de direita, centro-direita ou ultradireita que ocuparam os países latino-americanos a partir de 2016.

Mercosul pós-hegemônico

Ao longo do ciclo de governos progressistas na América do Sul, o Mercosul também passou por significativas mudanças tanto em relação ao seu escopo quanto no tocante ao aumento de sua estrutura institucional. O bloco expandiu sua agenda e incorporou como temáticas importantes as questões sociais, a proteção e promoção aos direitos humanos, a redução de assimetrias entre os membros e a participação social. Outra questão relevante desse período foi a inclusão da Venezuela como membro do Mercosul, em 2012, durante o período em que o Paraguai estava suspenso com base na cláusula democrática por conta do golpe de Estado sofrido por Fernando Lugo.

Sob essa ótica, essas mudanças de ordem política e de ampliação do repertório do organismo refletiram o cenário da América do Sul no transcorrer do regionalismo pós-hegemônico. Entre as instituições intrabloco criadas nessa época, destacam-se:

I. O Instituto Social do Mercosul (ISM), firmado em 2007, com sede em Assunção. O ISM é responsável por coordenar projetos e pesquisas nos mais variados temas a partir de uma visão regional, contribuindo para o avanço das pautas sociais do bloco, como a construção de uma cidadania mercosulina, a facilitação de trabalho entre os países do organismo e o Plano Estratégico de Ação Social do Mercosul (Peas).

II. O Fundo para a Convergência Estrutural do Mercosul (Focem), criado em 2005 com a intenção de reduzir as assimetrias entre os países-membros. O Focem financia projetos nos países mercosulinos considerando a seguinte operacionalização de montantes: as maiores economias do bloco contribuem com cotas maiores de doação ao Focem, e os países menores desfrutam do acesso a maiores quantias para o financiamento de seus projetos. A participação e a utilização dos recursos são, portanto, inversamente proporcionais às capacidades de contribuição financeira de cada nação.

III. O Tribunal Permanente de Revisão do Mercosul (TPR), com sede em Assunção. Implementado em 2002, o TPR tem o objetivo de fomentar um espaço jurídico intrabloco para a solução de possíveis controvérsias.

IV. As Cúpulas Sociais do Mercosul, espaços nos quais atores da sociedade civil dos países participam com suas demandas para a construção de políticas regionais.

V. O Parlamento do Mercosul (Parlasul), com sede em Montevidéu, no Uruguai. Fundado em 2005, esse organismo incorpora a dimensão da participação parlamentar ao bloco. Conforme a legislação interna que rege o funcionamento do Parlasul, o ano de 2020 foi estabelecido como a data limite para que todos os representantes do parlamento fossem eleitos diretamente. No entanto, nem todos conseguiram implementar essa orientação: Brasil, Uruguai e Venezuela elegeram seus representantes de maneira indireta.

VI. O Instituto de Políticas Públicas em Direitos Humanos (IPPDH), criado em 2009.

As mudanças observadas no Mercosul durante o regionalismo pós-hegemônico contribuíram para a multidimensionalidade da proposta de integração representada pelo bloco. Os organismos internos fundados para atender às demandas nacionais que passaram a ser regionalizadas (por exemplo, o combate à violência de gênero, as pautas raciais, os povos indígenas e a necessidade de reduzir as desigualdades sociais nos países) compõem o organograma institucional da iniciativa e estabelecem horizontes de ações e resultados a serem perseguidos intra e extrabloco.

Plan Puebla Panamá (PPP) – Proyecto Mesoamérica

Lançado em 2001 pelo governo mexicano, em consonância com o Sistema de Integração Centro-Americano (Sica), o Plan Puebla Panamá (PPP) consiste em uma iniciativa multisetorial de integração que inclui os seguintes temas: transporte; turismo; telecomunicações; energia; comércio e competitividade; mitigação de desastres naturais; e desenvolvimento humano. Em 2008, ele foi incorporado ao Proyecto Mesoamérica (PM), programa dos países da América Central voltado à integração e ao desenvolvimento. São membros do PM: México, Guatemala, Belize, El Salvador, Honduras, Nicarágua, República Dominicana, Costa Rica, Panamá e Colômbia. De acordo com informações do *site* oficial do organismo (Proyecto Mesoamérica, 2023), os projetos da primeira etapa do PPP contribuíram para a integração física e da infraestrutura de energia dos países. Na X Cúpula do Mecanismo de Concertação e Diálogo de Tuxtla, tais projetos foram revisados pelas nações. Na ocasião, ficou acordado que eles seriam incorporados ao Projeto de Integração e Desenvolvimento da Mesoamérica – Proyecto Mesoamérica.

Os temas trabalhados na iniciativa são organizados em dois eixos: (i) eixo econômico: transporte, telecomunicações, energia, facilitação comercial e competitividade; e (ii) eixo social: saúde, meio ambiente, gestão de risco, habitação, segurança alimentar e nutricional. Desde 2008, segundo dados oficiais da instituição, mais de US$ 6 bilhões foram convertidos em projetos de cooperação entre os países, sendo o setor de transportes o mais beneficiado no âmbito dos projetos implementados (Proyecto Mesoamérica, 2023).

Aliança do Pacífico (AP)

Uma das últimas iniciativas criadas ainda sob a égide do regionalismo pós-hegemônico na América Latina – mas já soprando os ventos à direita que chegaram à região em 2012 – foi a Aliança do Pacífico (AP). Firmada em 2011, ela não tem a intenção de buscar uma maior interdependência política ou econômica, mas apenas a inserção das economias dos países participantes nas cadeias globais de valor (Mariano; Ribeiro, 2020).

A AP consiste em uma área de livre comércio composta por Chile, Peru, México e Costa Rica, que entrou no bloco comercial em 2013. O principal objetivo da iniciativa é fomentar o comércio das nações latino-americanas com costa para o Pacífico orientado para a Ásia. Quando foi lançada pelo presidente chileno Sebastián Piñera, a AP representava uma proposta de integração comercial-econômica qualificada como mais dinâmica e flexível que o modelo representado pelo Mercosul. Nesse sentido, ela pode ser compreendida como uma proposta de integração comercial que concorre com modelos que implicam maior compromisso institucional no subcontinente e reflete, também, a importância da China e do eixo asiático para as economias da região.

5.5 *Regionalismo à direita*

Desde a década de 2010, as instituições do regionalismo pós-hegemônico sul-americano começaram a ser abandonadas pelos novos governos que chegavam ao poder nos principais países da região, tanto por eleição como por processos de interrupção de mandatos[9]. Briceño-Ruiz (2013) se refere a esse período como uma nova etapa do regionalismo pós-hegemônico, marcada pelos seguintes

---

9 Para uma discussão estruturada sobre os processos de interrupção de governos eleitos na América do Sul na década de 2000, ver Sposito (2023).

fatos: (i) a queda abrupta das *commodities* no cenário internacional; (ii) o impacto nos preços dos principais produtos exportados pelos países da região; (iii) a desaceleração das economias sul-americanas que tinham sido motores regionais na década passada, como Brasil, Argentina e Venezuela; e (iv) um novo cenário político, com o fortalecimento de setores conservadores e à direita no espectro político regional.

Os sinais que indicavam o enfraquecimento do regionalismo pós-hegemônico foram acentuados no campo político com a morte de Hugo Chávez, em 2013, a saída de Lula da presidência do Brasil, em 2010, a eleição de Mauricio Macri na Argentina, em 2015, e o *impeachment* de Dilma Rousseff, em 2016. Os novos chanceleres desses países, à exceção da Venezuela, rechaçaram os legados da integração regional dos governos anteriores, qualificando-os como ideologizados e inoperantes. A partir de então, houve um esvaziamento sistemático das instituições multilaterais criadas no período anterior e o surgimento de novos espaços para tratar dos temas subcontinentais.

Uma instituição que ocupou um dos espaços deixados pelos organismos do período anterior foi o Grupo de Lima, fórum de discussão *ad hoc* criado em 2017 para tratar da crise da Venezuela, conformado por países sul-americanos (Brasil, Argentina, Peru, Paraguai, Chile e Colômbia), da América Central (Honduras, Costa Rica, Guatemala, Panamá) e da América do Norte (Canadá e México) contrários ao governo de Nicolás Maduro. Os Estados sul-americanos do Grupo de Lima optaram por discutir a situação venezuelana em um novo organismo em detrimento do CDS. Esse movimento acentuou o processo de crise da instituição e o progressivo abandono da maioria dos países, culminando em sua completa desativação em 2019.

Segundo Sanahuja e Burian (2020b), nesse período, as forças políticas que assumiram os governos da América do Sul se caracterizavam como representantes da direita liberal-conservadora.

Os liberais-conservadores defendem a integração econômica global e alinham-se às visões de tecnocracia dos organismos econômicos multilaterais (Sanahuja; Burian, 2020b). São exemplos de governos liberais-conservadores: Sebastián Piñera, no Chile (2010-2014 e 2018 até o presente), Mauricio Macri, na Argentina (2015-2019), Pedro Pablo Kuczynski, no Peru (2016-2018), Enrique Peña Nieto, no México (2012-2018), e Michel Temer, no Brasil (2016-2018) (Sanahuja; Burian, 2020b).

De acordo com os autores, esses governantes não são contrários à integração regional, mas aos modelos implementados pelos governos progressistas (Sanahuja; Burian, 2020b). Além da criação de instituições regionais para substituir as anteriores, como o caso do Grupo de Lima, foram reativadas as instituições sob a liderança estadunidense, como a OEA. Nesse período, houve o gradual abandono da Unasul e da Celac, mas não da retórica sobre a importância da concertação regional e da integração – obviamente, nesse momento, sob os princípios e intcresses das forças liberais--conservadoras no poder.

Com a eleição de Donald Trump nos Estados Unidos, em 2017, e a ascensão ao poder em escala mundial de forças da ultradireita nacionalista na Europa e na Ásia, a América Latina sofreu uma gradativa alteração na hegemonia das forças políticas da direita liberal-conservadora para a direita neopatriota (Sanahuja; Burian, 2020b). Tal transformação (das direitas na América Latina) se situa em uma tendência global de fortalecimento das forças caracterizadas pelo rechaço ao multilateralismo, pelo nacionalismo extremado, pelo questionamento da democracia liberal, pela contestação da globalização e da ordem internacional vigentes e das normas internacionais e pelo alinhamento com os Estados Unidos (Sanahuja; Burian, 2020b).

As direitas neopatriotas latino-americanas refletiram as visões da ultradireita global, mostrando em seus governos e movimentos políticos um perfil ultranacionalista e soberanista de forte retórica antiglobalista. Além disso, rechaçaram a diversidade cultural, étnica e de orientação sexual e reforçaram uma retórica religiosa como instrumento político (Sanahuja; Burian, 2020b). Como defendem os autores, é possível afirmar, portanto, que ocorreu uma mudança de governos de direita liberal-conservadora para a direita neopratriota durante a década de 2010 e, gradativamente, houve o abandono do multilateralismo e da integração regional.

As eleições de Jair Bolsonaro, no Brasil, em 2019, e de Ivan Duque, na Colômbia, em 2018, representaram a chegada ao poder das direitas neopatriotas na América do Sul. A política externa desses governos reposicionou o papel dos Estados Unidos na agenda dos Estados e do regionalismo. Sanahuja e Burian (2020b) apontam que as direitas neopatriotas, mesmo nos países em que elas não chegaram ao poder, dominam as narrativas políticas e, com efeito, fortalecem a agenda antiglobalista e antiprogressista em âmbito doméstico, influenciando a atuação internacional das nações.

Nesse movimento de "troca de poder" das direitas liberais--conservadoras para as direitas neopatriotas, a integração regional e os espaços de governança nos mais variados temas foram abandonados. Para Tokatlian (2019), a América Latina, ao fortalecer seu próprio processo de desintegração, autocondenou-se à irrelevância internacional. Esse vácuo deixado pela outrora arquitetura de governança regional autonomista passou a ser ocupado por potências extrarregionais como a China, que empreendem esforços políticos de aproximação nos mais variados temas com os Estados da região.

O principal resultado da desarticulação das instituições moldadas ao longo do regionalismo pós-hegemônico por parte dos governos à direita na região e, principalmente, na América do Sul foi a destruição da governança regional autônoma e do espaço sul-americano como polo geopolítico. Todo o esforço para forjar a América do Sul como polo relevante na política internacional e, portanto, nas políticas externas dos países durante os anos 2000 desapareceu após a chegada dos governos de direita ao poder na região. Isso significou, na prática, a desimportância da agenda regional na diplomacia de tais nações no período, bem como a desarticulação política dos mecanismos de integração regional existentes.

Síntese

Neste capítulo, procuramos destrinchar a conjuntura político-econômica de cada fase ou ciclo do regionalismo latino-americano e caribenho e as iniciativas criadas nesse sentido, com o objetivo de possibilitar que o leitor articule claramente essa correlação. Assim, mostramos que as mudanças observadas ao longo do movimento de integração regional em nossa parte do mundo, a partir de uma visão generalista, não foram erros de trajeto, tampouco posicionaram os processos em nossa região em uma categoria inferior quando comparados teórica e empiricamente com as perspectivas eurocentradas.

Os regionalismos na América Latina e no Caribe foram consequências diretas dos modelos de desenvolvimento em disputa em cada fase e, portanto, ganharam materialidade em seus limites e em suas potencialidades com base nessa relação causal. Logo, desconsiderar tais elementos como forças estruturantes dos percursos e rumos dos regionalismos nessas regiões leva a análises superficiais desses processos. Conforme argumentamos ao longo do capítulo, os regionalismos existem como produtos diretos das forças políticas que hegemonizam as regiões e, com efeito, devem ser lidos considerando-se essas interações.

Questões para revisão

1. Analise o impacto da Revolução Haitiana nos documentos finais do Congresso do Panamá.

2. Explique a proposta da Integração da Infraestrutura Regional Sul-Americana (IIRSA) e o papel da infraestrutura no regionalismo pós-hegemônico.

3. Assinale a alternativa em que são citados conselhos sul-americanos da Unasul:
    a. Conselho Sul-Americano de Planejamento e Infraestrutura; Conselho Sul-Americano de Cultura; Conselho Sul-Americano de Educação.
    b. Conselho Sul-Americano de Economia e Finanças; Conselho Eleitoral Sul-Americano; Conselho Sul-Americano de Telecomunicações.
    c. Conselho Sul-Americano sobre o Problema Mundial de Drogas; Conselho Sul-Americano sobre a Infância e a Adolescência; Conselho Sul-Americano de Agroecologia.
    d. Conselho de Desenvolvimento Social Sul-Americano; Conselho de Defesa Sul-Americano; Conselho Militar Sul-Americano.

4. Assinale a alternativa que apresenta aquele que pode ser considerado o principal objetivo do regionalismo pós-hegemônico:
    a. Forjar espaços de governança regionais autonômicos na América Latina e no Caribe.
    b. Reforçar os laços da América Latina com os Estados Unidos.
    c. Criar mecanismos de integração supranacionais na região.
    d. Fomentar tratados de livre comércio na América do Sul.

5. De acordo com Sanahuja e Burian (2020b), como podemos denominar a ascensão de forças políticas ligadas à ultradireita global na América Latina?
   a. Direita liberal.
   b. Centro-direita.
   c. Direita globalista.
   d. Direitas neopatriotas.

Questão para reflexão

1. Considerando o cenário do regionalismo à direita a partir de 2010, reflita sobre o aumento da presença chinesa na América Latina e a desarticulação dos espaços regionais de governança.

Para saber mais

ALCARAJO – 10 años. 19 set. 2018. Disponível em: <https://www.youtube.com/watch?v=pUX4dl9_wRM>. Acesso em: 14 jun. 2023.

Esse documentário, produzido pela Telesur, retrata a Cúpula das Américas de Mar del Plata e a articulação dos governos progressistas contrários à continuação das negociações da Área de Livre Comércio das Américas (Alca).

capítulo seis

O Brasil e
a integração
regional

Conteúdos do capítulo:
- Política externa brasileira e integração regional.
- Atuação brasileira na América do Sul/Latina pós-1985.

Após o estudo deste capítulo, você será capaz de:
1. identificar as principais ações dos governos brasileiros em iniciativas de integração regional;
2. realizar uma análise histórica da atuação brasileira na integração regional na América do Sul/Latina;
3. entender a atuação dos oito governos pós-redemocratização na agenda da integração regional;
4. comparar as diferentes visões e projetos de regionalismo adotados pelo Brasil ao longo das últimas décadas.

Este capítulo tem como objetivo apresentar a atuação do Estado brasileiro, por meio de sua política externa, na integração regional a partir do período conhecido como Nova República brasileira. Nesse sentido, percorreremos os oito governos brasileiros pós-1985: Sarney, Collor, Itamar Franco, FHC, Lula, Dilma, Temer e Bolsonaro. Esse histórico analítico permitirá a compreensão das principais ações brasileiras ao longo de três décadas de integração regional.

Vigevani e Ramanzini Jr. (2010), analisando a formação das escolas de pensamento brasileiras sobre a integração regional, pontuam que, no bojo das ideias nacionais sobre a integração regional, há uma influência da dimensão continental do país e a aspiração por um papel de destaque no cenário internacional, aspectos que, por sua vez, são influenciados pela própria história e pela formação do Estado e do território.

O período de nosso recorte histórico foi marcado pelo fim das disputas ideológicas no sistema internacional entre Estados Unidos e União Soviética. Com isso, a supremacia estadunidense no jogo político internacional possibilitou a expansão do processo de globalização econômica e a fluidez das fronteiras, permitindo o estreitamento das relações interestatais e a intensificação do processo de interdependência (Keohane, 1988).

6.1 *Governo Sarney*

No início dá década de 1990, a política externa brasileira – tanto seus parâmetros de ação quanto as questões relativas à formação da agenda – encontrava-se em um processo de adaptação ao novo cenário e à "nova ordem mundial". Tal cenário se pautava pelas visões de cooperação internacional, pela universalização dos regimes políticos e econômicos liberais, bem como pela criação de uma nova ordem sob a governança dos Estados Unidos, mediada pela Organização das Nações Unidas (ONU).

Marcada por uma característica de dinamismo, tendo como exemplo a execução do pragmatismo ecumênico e responsável, a política externa nacional serviu aos intuitos do modelo econômico e de industrialização dos governos brasileiros na segunda metade do século XX. Ao longo dos anos 1970 e 1980, a diplomacia nacional teve pequena margem de iniciativa na maioria das questões internacionalmente relevantes e foi condenada a reagir às investidas do exterior, as quais não podia prever nem controlar. Como resultado, nesse período, a política exterior, basicamente, foi reativa e defensiva (Albuquerque, 2000, citado por Bernal-Meza, 2002).

No entanto, entre o final da década de 1980 e o início dos anos 1990, o Brasil e toda a América Latina começaram a presenciar uma fase turbulenta, na qual se colocavam em xeque as políticas adotadas sob o manto do desenvolvimentismo, em função de uma sensação de estagnação e de decadência das estratégias. Suscetível às mudanças das esferas global e interna, o modelo de política exterior da década de 1980 (das presidências de Figueiredo e de Sarney), associado ao desenvolvimento nacional, deu lugar a uma fase de crises e contradições, criando a dança de paradigmas da política externa (Cervo, 2002).

Como sugere Casarões (2011), diante da corrosão econômica dos países do Terceiro Mundo imposta pela crise da dívida, de um lado, e pelos próprios movimentos na estrutura da ordem internacional de outro, o Brasil acabou mudando seu eixo de atuação. Ao longo do tempo, o país deixou de enfatizar uma política fundamentalmente global, ou seja, em que as parcerias eram diversificadas e intensas, para se concentrar, sobretudo na segunda metade da década de 1980, na América Latina como sua "vertente redentora".

O governo de José Sarney marcou a transição brasileira de um período autoritário iniciado em 1964, com o golpe militar, e encerrado com a eleição indireta de Tancredo Neves e José Sarney por um colégio eleitoral. Nesse momento, o Brasil se reafirmava como um Estado democrático, e a democracia, para além de uma questão interna, passava a ser central na atuação brasileira na política internacional, tendo um peso importante para a nova inserção do país no mundo e, em especial, na região latino-americana. Ao longo do governo militar, principalmente durante os governos de Médici e de Geisel, a política externa brasileira, por estar amplamente ancorada na perspectiva da construção do Brasil como uma potência, não priorizou as relações regionais. Pelo contrário, tal atitude representou um empecilho para sua aproximação com os Estados da região, particularmente com a Argentina.

Com a redemocratização e os avanços de uma crise financeira e da dívida externa, a leitura do governo se modificou no sentido de compreender a política regional como um instrumento da política externa (Côrtes, 2010), ao passo que os esforços integracionistas poderiam aumentar a capacidade da região nas relações com os maiores centros de poder, especialmente com os Estados Unidos (Amorim; Pimentel, 1996).

De acordo com Bernal-Meza (2002), o Brasil iniciou esse processo mantendo a continuidade nas grandes linhas da política externa e, também (salvo no período de Collor), nos paradigmas e nas visões de mundo a respeito do fim da Guerra Fria e do processo de globalização. Por sua vez, a Argentina se inseriu nessa etapa a partir de grandes rupturas com seus paradigmas e suas visões de mundo (1986-1989, por um lado, e 1989-1999, por outro), além de substantivas alterações na composição da agenda internacional e de mudanças coincidentes nas preferências por sócios externos.

Para além disso, a região também enfrentava processos de redemocratização em outros países, sobretudo Uruguai e Paraguai. Tais processos se tornariam centrais para uma maior aproximação entre as nações da região, inclusive pelo viés da formação de blocos regionais. Esse período, conforme Vadell e Giaccaglia (2020), significou a consolidação dos regimes democráticos na maioria dos países latino-americanos, conjuntura que permitiu o estabelecimento de relações mais próximas, amplas e amistosas entre os governos da região, propiciando o ressurgimento do movimento integracionista.

Nessa nova etapa, segundo os autores, procurou-se enfrentar os desafios gerados pela globalização por meio de políticas de liberalização econômica intrarregional no marco dos princípios neoliberais. Vadell e Giaccaglia (2020) pontuam que, nesse contexto, novas iniciativas se somaram à revitalização ou reestruturação de esquemas integracionistas já existentes, como a Comunidade Andina de Nações (CAN), entre as quais se destacou a criação do Mercado Comum do Sul (Mercosul), principal expoente do modelo de regionalismo aberto.

À época, a América Latina presenciava o esgotamento dos modelos autoritários de governos e do modelo desenvolvimentista. Para Trindade (2000), esse enfraquecimento se deu em duas etapas: a primeira foi responsável por restabelecer as instituições básicas para uma gestão democrática; a segunda evidenciou manifestações de ruptura do "consenso fundacional" dos novos regimes democráticos. Nas palavras do autor:

> Nos governos das novas democracias diante dos efeitos corrosivos da hiperinflação e dos remédios amargos do receituário neoliberal, o desempenho das políticas econômicas de ajuste tornaram-se cruciais para assegurar a legitimidade política e a governabilidade democrática dos novos regimes em fase de consolidação. (Trindade, 2000, p. 369)

Segundo Sader (1995), assim como na Europa, o neoliberalismo na América Latina é filho da crise fiscal do Estado, do Estado de bem-estar social e da industrialização substitutiva de importações. A crise da dívida e a década de 1980 teriam acentuado os traços do colapso da hegemonia do desenvolvimentismo e o fortalecimento do neoliberalismo. De modo complementar, Velasco e Cruz (1998, S. 93) asseveram que a tendência em direção às "reformas orientadas para o mercado" está muito longe de constituir um movimento ordenado, sincrônico e uniforme. Em alguns países, a experiência de reformas radicais nessa direção precede muito o movimento global.

O que vale salientar quanto às conclusões de Sader (1995) é a observação de que cada nação adotou uma versão do neoliberalismo conforme as mudanças deixadas pelos modelos hegemônicos anteriores. Sob essa perspectiva, para Saes (2001), as políticas neoliberais (implementadas) não podem coincidir integralmente com a doutrina que as inspira, uma vez que elas não são implementadas em um espaço social vazio, isto é, destituído de qualquer historicidade.

Diante desse cenário, Brasil e Argentina construíram objetivos em comum a partir da consolidação do novo regime, da necessidade de manter uma estabilidade político-estratégica regional, da intenção de resgatar a credibilidade em face da comunidade internacional, da demanda por uma coordenação com vistas à solução de problemas comuns e da busca de alternativas para superar o endividamento externo e o protecionismo comercial dos países desenvolvidos (Vaz, 2002).

Nesse momento, a aproximação entre Brasil e Argentina esteve calcada na superposição entre as ideias da integração regional, da aliança com a Argentina e da preservação dos valores do universalismo e da autonomia presentes na política externa brasileira (Mariano; Ramanzini Jr.; Vigevani, 2021). Esse período, como salientam Mariano e Vigevani (2000), correspondeu a uma lógica desenvolvimentista e protecionista que visava estimular a emulação empresarial para a modernização e a inserção competitiva conjunta no sistema econômico internacional. Com o decorrer do tempo, na argumentação de Guimarães (2006), observaram-se uma gradual perda de importância do tema do desenvolvimento no âmbito da integração e, ao mesmo tempo, a crescente relevância atribuída aos fluxos comerciais.

Bernal-Meza (1999) chama atenção para o fato de que tal relacionamento refletia uma etapa particular das relações internacionais na América Latina, marcadas pelo surgimento de novos modelos de diplomacia multilateral ou de concertação direta entre os governos para o manejo coletivo de problemas internacionais. Essa "diplomacia multilateral a alto nível", ainda segundo o autor, caracterizou-se pelo forte presidencialismo nas relações bilaterais e multilaterais regionais, condição que, mais tarde, seria incorporada ao tipo de institucionalidade que os governos adotariam para o desenho do Mercosul.

O marco inicial de uma maior aproximação regional da política externa brasileira foi a Declaração do Iguaçu, celebrada em 1985, que ilustrava o comprometimento dos dois governos com o processo de restauração da democracia e a recuperação econômica. Na negociação dessa declaração, para além de sua importância como símbolo de um projeto de inserção internacional não subalterno com vistas à modernização empresarial e produtiva (Mariano; Vigevani, 2000), o próprio processo de elaboração de uma estrutura institucional bipartite – a Comissão Mista de Alto Nível para Cooperação e Integração Econômica Bilateral[1] – teve papel importante na lógica de criação de consensos e confiança entre as lideranças dos dois países.

Como resultado, Brasil e Argentina assinaram várias declarações e adotaram diversos acordos políticos e comerciais em temas como cooperação econômica, desenvolvimento, energia e gás, infraestrutura e, até mesmo, na área de política nuclear. O discurso do então presidente José Sarney (2008) ilustra essa questão:

> Senhor Presidente (Alfonsín) [...]. Nossos caminhos são convergentes. Exigem uma cooperação dinâmica, igualitária e mutuamente benéfica, traduzida em realizações concretas, como esta ponte. Estamos dando, hoje, outro passo histórico, que irá aprimorar o relacionamento Brasil-Argentina. Refiro-me à criação da Comissão Mista de Alto Nível para a Cooperação e Integração Econômica.

---

1 A Comissão tinha como presidentes os ministros de Relações Exteriores e era composta pelos representantes dos Estados e das classes empresariais nas áreas de energia, ciência e tecnologia, assuntos econômicos e comerciais e transportes e comunicações.

Formada de representantes governamentais e do setor empresarial de ambos os países, a ela caberá examinar e propor programas, projetos e medidas que intensifiquem a integração e a complementação econômica de nossos países. Nesta oportunidade, expresso o compromisso do Governo brasileiro de trabalhar intensamente com as autoridades argentinas, para que esse processo de integração se expanda a um ritmo acelerado e ganhe ampla dimensão. (Sarney, 2008, p. 34)

Outro importante avanço realizado no âmbito latino-americano durante a presidência de Sarney foi a construção da região como uma zona pacífica. Nessa agenda, importantes esforços foram empreendidos, tais como o retorno das relações com Cuba e a construção da Declaração Conjunta sobre Política Nuclear, os quais culminaram no impulso dado para a criação da Zona de Paz e Cooperação no Atlântico Sul (Zopacas).

O primeiro esforço apontava para uma superação da lógica da Guerra Fria nas relações entre os países da própria região, e o segundo indicava uma cooperação na agenda nuclear para fins pacíficos, demonstrando a intenção de dar fim aos conflitos históricos entre Brasil e Argentina durante os programas nucleares dos governos militares. Tal conjuntura, como analisou Altemani (2005), foi um importante processo de aproximação dos países do Atlântico Sul no campo da paz e da cooperação, caminhando-se em uma lógica distante do cenário da Guerra Fria, marcado pela criação de pactos e alianças militares.

A política externa brasileira continuou no esforço de fomentar uma aproximação regional com a Argentina, mediante a adoção de reuniões semestrais entre os países e de mais uma série de acordos que reforçavam a agenda bilateral. Entre esses acordos, destacou-se o Programa de Integração e Cooperação Econômica (Pice), o qual resultou em vários protocolos relativos a áreas estratégicas, como bens de capital, *commodities* e abastecimento, energia, comércio e finanças, cooperação militar e nuclear, bem como no posicionamento em relação à questão da invasão britânica às Ilhas Malvinas. De acordo com Vargas (1997, p. 50), o Pice "era um ambicioso projeto político orientado tanto para o desenvolvimento econômico quanto para reforçar a projeção internacional dos dois países". Um movimento que merece destaque especial diz respeito à construção da agenda de cooperação nucelar que avançou no âmbito das cooperações preestabelecidas. A agenda nuclear, como lembra Vargas (1997), tinha grande valor político. Isso porque, além de contribuir para a aproximação bilateral, também sinalizava à comunidade internacional – particularmente às demais nações latino-americanas – que as relações entre os dois maiores países do Cone Sul haviam entrado em uma nova fase. A ida de Sarney ao complexo nuclear argentino representou um grande avanço para o estabelecimento de uma confiança entre os presidentes, já que pela primeira vez a liderança máxima de um dos dois países tinha sido convidado a visitar a planta de tecnologia nuclear da outra. Logo, esse cenário propiciou a eliminação das desconfianças entre os países. Nesse encontro, mais uma declaração[2] foi assinada, evidenciando a possiblidade de cooperação para a integração das indústrias nucleares das duas nações.

No ano seguinte, em um exercício de reciprocidade, o presidente argentino visitou as instalações brasileiras. Nesse contexto, reafirmou-se o aperfeiçoamento dos "mecanismos de cooperação política e técnica existentes, através do incremento de visitas e intercâmbios de informações" (Declaração..., 1988), destacando o objetivo de aprofundar a confiança mútua. A partir dos esforços iniciados pelos dois presidentes, anos depois ocorreu a criação da Agência Brasileiro-Argentina de Contabilidade e Controle de Materiais Nucleares (ABACC), em 18 de julho de 1991. Brasil e Argentina assinaram um acordo com a missão de garantir tanto

---

2 Declaração de Viedma.

aos dois países quanto à comunidade internacional que todos os materiais e instalações nucleares localizados nos territórios brasileiro e argentino seriam utilizados com fins exclusivamente pacíficos.

Nessa época, o Brasil também deu início a uma aproximação de abertura e estímulo comercial em relação ao governo uruguaio, mediante a intensificação das relações bilaterais, com a assinatura de manifestações de cooperações econômicas[3] voltadas para o livre comércio fronteiriço, além da prestação de serviços e da comercialização de produtos da cadeia automobilística (Brasil, 1988). Essa aproximação repercutiu na incorporação do Uruguai no processo iniciado pelo Brasil e pela Argentina, assim como na emissão da Ata de Alvorada[4] (Vaz, 2002), a qual expressava a intenção daquele país de fazer parte do projeto de integração dos dois vizinhos.

Quanto ao governo paraguaio, à época do governo Sarney, o relacionamento se mantinha não pelas bases da democracia (uma vez que na presidência do Estado paraguaio figurava o General Alfredo Stroessner), mas pelas relações travadas pelo governo militar brasileiro para a construção da Usina Hidrelétrica de Itaipu. Nesse contexto, havia uma tensão latente no relacionamento entre os países, especialmente em virtude de uma preocupação quanto ao isolamento do Paraguai na região, condição associada ao seu tardio processo de democratização e à agenda de direitos humanos. Com o golpe que acarretou a saída do presidente paraguaio, os governos brasileiro, argentino e uruguaio buscaram, junto ao novo mandatário, assegurar que o regimento democrático fosse garantido pelo Estado do Paraguai, inclusive para que esse país se alinhasse ao projeto democrático e integrador que estava sendo implementando na região.

---

3 Ata de Cooperação Econômica Brasil-Uruguai, assinada no ano de 1986, em Brasília, pelos presidentes José Sarney e Julio Sanguinetti.

4 Decisão Tripartite n. 1.

Em 1988, outras duas ações evidenciaram o avanço da importância da região na política externa brasileira. A primeira foi a assinatura do Tratado de Integração, Cooperação Econômica e Desenvolvimento, que estabeleceu a criação, em no máximo dez anos, de um mercado comum entre Argentina e Brasil, o que ocorreria em duas etapas: (i) a liberalização total das trocas comerciais entre os dois países, com a harmonização das políticas em áreas estratégicas – transporte, indústria, comércio, agricultura, comunicações e comércio; e (ii) a busca pela compatibilização de outras políticas necessárias para a implementação de um mercado comum. Por sua vez, a segunda ação consistiu na consolidação, entre os princípios constitucionais da política externa brasileira, da busca pela integração econômica, política, social e cultural dos povos da América Latina, o que, inclusive, foi destacado no discurso brasileiro na Assembleia Geral da ONU como política de Estado consagrada em texto constitucional.

6.2 Governo Collor/Itamar Franco

No mandato de Fernando Collor, o cenário internacional foi marcado pelo final da bipolaridade decorrente da Guerra Fria. Tal movimento se deu em paralelo à formação de blocos econômicos regionais, à internacionalização e ao aceleramento dos fluxos de capitais financeiros. Essas condições estiveram intimamente vinculadas às transformações econômico-tecnológicas que afetaram o sistema mundial e que se constituíram como respostas à crise do sistema de acumulação vigente. Como resultados desse contexto, houve um crescente desemprego estrutural, uma readequação da divisão internacional do trabalho e a crise do Estado de bem-estar social e do Estado keynesiano. Assim, a globalização e a regionalização consistiram em processos substitutivos para buscar novas fontes de rentabilidade no cenário internacional (Kurz, 1993). Os dois fenômenos – globalização e regionalização – convergiram, cada um à sua maneira, para o processo de abertura do mercado nacional e o incremento dos fluxos de capital.

A nova configuração do cenário internacional se construiu em função do colapso socialista, com base em uma economia de mercado triunfante, tomando o neoliberalismo como pressuposto ideológico. Essa nova ordem internacional, porém, não era uma condição estável na estrutura do sistema. Como aponta Hobsbawm (1995), o fim da Guerra Fria gerou um choque na estrutura e alterou suas bases de sustentação, em um cenário que desencadeou um mundo em desordem e um colapso parcial. Com isso, a ideia de que a velha ordem bipolar poderia ser substituída por uma "nova ordem" baseada na única superpotência restante logo se mostrou irrealista.

Nesse novo cenário, a política integracionista se apresentava como resposta à crise e representava tanto interesses econômicos como políticos, os quais, no entanto, convergiam no objetivo de incrementar o comércio, os investimentos e o desenvolvimento de determinada região, principalmente mediante a diminuição ou eliminação de barreiras tarifárias e não tarifárias, conforme a matriz cepalina do regionalismo aberto.

Para Fonseca Jr. (1998), o conceito foi apropriado na perspectiva da plena inserção internacional, aproveitando-se as vantagens de uma área de livre comércio, mas sem progredir no estabelecimento de políticas públicas regionais de desenvolvimento e de complementaridade, sem as quais não se viabilizou o avanço da sustentabilidade da integração. Assim, a lógica da autonomia permaneceu enraizada nas esferas da administração e dos empresários, mas, nesse contexto, sob a égide de um conceito importante: o da autonomia pela integração.

A constituição do Mercosul como bloco aconteceu nessa conjuntura. Na celebração do Tratado de Assunção, o discurso do então presidente brasileiro evidenciava o tom adotado em sua política externa:

> Ao concluirmos este Tratado, reafirmamos a inabalável vontade política dos Governos da Argentina, do Paraguai, do Uruguai e do Brasil de somar esforços na tarefa solidária de construção de sociedades mais prósperas, mais justas e convictamente comprometidas com as liberdades essenciais e o regime democrático, sociedades atentas sempre à necessidade do desenvolvimento em harmonia com o meio ambiente. [...]. Temos empreendido reformas internas corajosas de redefinição do papel do Estado, de aperfeiçoamento das instituições democráticas, de resgate da capacidade produtiva, de estímulo às forças de mercado, de abertura ao exterior, de modernização econômica, com ênfase particular à melhoria crescente do nível de vida de nossos povos. (Mello, 1991, p. 31)

Para Corazza (2006), o processo de integração regional do Mercosul se orientou por dois movimentos: primeiro, a liberalização do comércio interno, com os objetivos específicos de expandir os mercados nacionais de cada país e promover alguma especialização mediante a complementação dos diferentes setores da economia, a redução dos custos de produção e os ganhos de economia de escala; segundo, o estabelecimento de um grau de proteção externa e a elevação da competitividade internacional dos países integrantes do bloco econômico. Ou seja, como salienta Faria (1993), procurou-se, de um lado, criar estímulos internos e, de outro, os meios necessários para a proteção externa, especialmente mediante uma Tarifa Externa Comum (TEC) e posições externas também comuns, o que por certo incrementa o poder de barganha dos países-membros em face da concorrência internacional.

O modelo escolhido pelas gestões de Menem e Collor para o Mercosul era baseado, segundo Bernal-Meza (1999), em três elementos: (i) regionalismo aberto como paradigma de integração ou, em outras palavras, regionalização rumo à globalização; (ii) institucionalidade intergovernamental e ausência de prerrogativas supranacionais; e (iii) concepção predominantemente estadocêntrica, com reduzido aprofundamento institucional.

O novo governo marcava uma inflexão maior na política externa, principalmente em comparação com a continuidade da política externa do governo Sarney em relação aos governos anteriores, ainda que em um mesmo regime político (Lima, 1994). A grande alteração consistiu na redefinição da perspectiva do desenvolvimento que até então amparava as políticas internacional e doméstica no Brasil. Com o novo governo, houve a premissa de que o país seria reinserido na economia global em uma posição competitiva, algo que só seria possível com o fim do modelo de substituição de importações que, até então, balizava a atuação brasileira, bem como com a adoção do modelo de livre comércio que priorizava a abertura comercial plena.

O marco da quebra do paradigma desenvolvimentista foi a ascensão de Collor à presidência, o que ocorreu mediante a adoção do neoliberalismo como pilar da gestão do Estado nacional e o alinhamento com o receituário do neoliberalismo mundial. Para lograr as modificações no perfil internacional do país, foram estabelecidas prioridades que, em seu conjunto, visavam atingir três metas: (i) atualizar a agenda internacional do país de acordo com as novas questões e o novo *momentum* internacional; (ii) construir uma agenda positiva com os Estados Unidos; e (iii) descaracterizar o perfil terceiro-mundista do Brasil (Hirst; Pinheiro, 1995).

Casarões (2011) sustenta que o neoliberalismo não foi invenção do governo Collor. Pelo contrário, este teria se elegido, entre outros fatores, porque já havia acontecido uma importante inflexão no seio da própria sociedade no sentido de rejeitar o discurso desenvolvimentista.

Ainda de acordo com o autor, no plano societário, travou-se uma grande disputa pela legitimidade, na qual a adesão ao (neo)liberalismo tornava-se progressivamente mais intensa quanto mais esgotado se mostrasse o Estado desenvolvimentista. Para que o país pudesse atualizar sua inserção internacional no contexto das várias transformações, o novo presidente se aproveitou de uma divisão interna no serviço diplomático – que, ao fim da década de 1980, abrigava uma polarização entre os nacionalistas, detentores do monopólio sobre o interesse nacional, e os liberais, os quais não encontravam muito espaço em meio ao consenso globalista. Collor buscou alterar a lógica universalista da política externa. Nessa perspectiva, ele retomou e reaplicou o americanismo, concebendo a aliança tática com os Estados Unidos como meio para melhorar a reputação e a credibilidade externas brasileiras, além de aumentar o poder de negociação do Brasil com o mundo (Lima, 1994).

A política externa do governo Collor já conferia importância ao plano regional desde a primeira viagem realizada pelo presidente para a Argentina, ocasião na qual foi assinada a Ata de Buenos Aires, documento que agilizava o objetivo de atingir a meta da criação de um mercado comum entre os dois países[5]. Durante essa viagem, foram estabelecidas a criação e a implementação da Comissão Parlamentar no Tratado de Integração, Cooperação e Desenvolvimento. Essa comissão traria a participação dos órgãos legislativos nacionais no processo de integração, atuando em caráter consultivo.

No mesmo ano, os dois Estados realizaram a primeira reunião do Grupo de Mercado Comum Brasil-Argentina. No encontro, além de se constatar a necessidade de harmonizar as políticas econômicas, foi a primeira vez em que Paraguai e Uruguai oficialmente

---

5 No Tratado de Integração, Cooperação e Desenvolvimento entre Brasil e Argentina, o prazo para a criação do mercado comum era até 1998. A Ata de Buenos Aires adiantou essa data para 1994.

participaram como Estados Partes com vistas à criação do mercado comum, o qual foi constituído posteriormente em 1991, com o Tratado de Assunção.

Como pontua Desiderá Neto (2013), tal incorporação deve ser entendida como um reflexo da política hemisférica adotada pelos Estados Unidos, que, no momento, lançava a Iniciativa para as Américas. A nova política externa estadunidense se baseava em três pilares: (i) o livre comércio; (ii) o fluxo de investimentos; e (iii) o pagamento da dívida externa. Essa política, segundo o autor, propunha a formação de uma zona de livre comércio hemisférica (sem Cuba). A partir da perspectiva do regionalismo aberto e da visão estratégica de que a integração regional em pequenos blocos seria importante para que os setores produtivos tivessem tempo de se ajustar à competição global e à eventual competição da indústria americana em uma zona de livre comércio hemisférica, Paraguai e Uruguai passaram a integrar o Mercosul para somarem recursos de poder e negociarem conjuntamente a abertura dos setores na eventual área de livre comércio (Desiderá Neto, 2013).

Em 1991, com a assinatura do Tratado de Assunção, consolidavam-se os esforços brasileiros e argentinos para a implementação de uma instituição regional. O passo seguinte seria a constituição do mercado comum. De acordo com Marcelo Passini Mariano (2015), o acordo contemplava a possibilidade de se firmar um mercado comum mais como uma espécie de manifestação de algumas intenções do que, propriamente, como um documento com diretrizes para alcançar o objetivo almejado. Para o autor, os instrumentos indicados no tratado informam que, ao final do período de transição, teria início uma união aduaneira.

O Tratado de Assunção estabeleceu para o Mercosul a lógica de seu processo decisório, em que se reforça o caráter intergovernamental baseado na perspectiva do consenso. No que diz respeito a isso, Brasil e Argentina, como demonstra Vaz (2002), coincidiam em sua defesa. Para o Brasil, dada sua posição majoritária no bloco, a cessão de soberania a uma instância supranacional não era interessante, pois ocorreria uma diluição da capacidade de forjar decisões e de preservar seus interesses em relação ao Mercosul – cuja importância extrapolava o domínio comercial. Por sua vez, para a Argentina, a cessão de soberania levaria a nação a perder a capacidade de exercer algum grau de liberdade na condução da política comercial. Quanto ao consenso, Vaz (2002) argumenta que a adoção foi relevante no sentido de assegurar às partes a faculdade que garantia a preservação de seus interesses essenciais, uma vez que permitia exercer o poder de veto a qualquer um dos membros, condição especialmente favorável ao Paraguai e ao Uruguai.

A atuação da diplomacia brasileira no início do Mercosul tinha como preocupações básicas viabilizar a área de livre comércio no bloco, priorizando a manutenção do ritmo acelerado da integração comercial (Mariano, M. P., 2015), e consolidar a abertura econômica, além de assegurar a consolidação do bloco como base para a sua inserção internacional, principalmente pela construção da união aduaneira (Vaz, 2002).

Com a assinatura do tratado, estabeleceu-se um processo de transição para viabilizar a criação da união aduaneira em até quatro anos. Esse período foi marcado por um progresso exclusivo na agenda comercial, sem extrapolar a integração para outras áreas da integração regional. O avanço em uma perspectiva estritamente comercial foi uma opção da diplomacia brasileira, visto que o argumento utilizado pelos negociadores era que uma união aduaneira não necessitaria de instituições mais complexas nem de esforços significativos para coordenar as políticas macroeconômicas entre os países-membros (Mariano, M. P., 2015).

Após o fim do governo Collor, Itamar Franco assumiu o cargo de presidente. Sua política externa sofreu uma mudança significativa em relação ao governo anterior, principalmente quanto à lógica de parceria preferencial com os Estados Unidos. A nova política externa passou a ter a integração regional e a atuação nas negociações em fóruns multilaterais como centrais para o desenvolvimento e a reinserção autônoma do Brasil no mundo.

Quanto à política de integração regional ao longo do governo Itamar Franco, houve algumas medidas de continuidade, particularmente a manutenção da transição do Mercosul. No contexto desse novo governo, destacaram-se as propostas da Área de Livre Comércio Sul-Americana (Alcsa) – que, além dos países-membros do Mercosul, agregava as nações do Pacto Andino (PA) e o Chile – e a tentativa de criar a Zopacas. Tais medidas objetivaram potencializar a autonomia brasileira, sobretudo com relação às iniciativas dos Estados Unidos – Área de Livre Comércio da América do Norte (Nafta) e a Iniciativa para as Américas.

No que concerne ao Mercosul, foi no governo Itamar Franco que a união aduaneira e seu formato intergovernamental se firmaram no bloco. A decisão[6] de postergar a consolidação do mercado comum, a estrutura intergovernamental e a criação da Tarifa Externa Comum (TEC), por meio do Protocolo de Ouro Preto, evidenciou uma readequação dos objetivos propostos para o bloco. A esse respeito, Bernal-Meza (1999) pontua que, com a aproximação das duas economias geradas pelo comércio, logo após a destituição do Presidente Collor irromperam as diferenças na política exterior entre Brasil e Argentina, o que impactaria a evolução do Mercosul. Tais diferenças se centraram em cinco grandes núcleos: (i) as interpretações sobre a ordem mundial emergente ou em transição e sobre a globalização; (ii) o papel a que cada país aspirava nesses contextos; (iii) os paradigmas dominantes sobre a política externa; (iv) as relações com os Estados Unidos; e (v) as políticas de segurança.

Essas posturas distintas estavam sintetizadas na visão da Argentina, que identificou nas relações especiais com os Estados Unidos uma oportunidade para atenuar as assimetrias com o Brasil.

---

6 Mercosul/CMC/DEC n. 13/1993.

No entanto, paralelamente, a postura brasileira era justamente contrária à adotada pelo país vizinho com relação à superpotência. Além disso, o Brasil adotou uma política externa com vistas a aprofundar o relacionamento com os vizinhos, na intenção de aumentar suas forças de negociação em uma possível área de livre comércio de proporções hemisféricas (Hirst, 1994).

Nesse sentido, Bernal-Meza (2002) demonstra as diferentes percepções do bloco para seus dois principais países. Para a Argentina, especialmente por conta da centralidade comercial que delegava a segundo plano outras possibilidades de integração, o Mercosul passou a ser um instrumento conjuntural, tático, de expansão comercial, como uma instância rumo à formação da Área de Livre Comércio das Américas (Alca). Já para o Brasil, o bloco era compreendido como um instrumento estratégico de sua política global, ancorado em quatro pilares: (i) constituía uma peça intermediária de abertura econômica; (ii) configurava-se como um instrumento que permitia ao país beneficiar-se economicamente do novo espaço, dado o considerável peso de sua estrutura produtiva, para fazer com que esta fosse mais competitiva; (iii) politicamente, era o instrumento para a construção de um subsistema econômico e político (Alcsa) que servisse como plataforma para assegurar seu reconhecimento como "potência média mundial"; (iv) sendo bem-sucedido, fortaleceria a liderança brasileira no Cone Sul.

6.3 *Governo Fernando Henrique Cardoso*

Antes de se tornar presidente da República, Fernando Henrique Cardoso (FHC), durante o governo Itamar Franco, foi responsável pelo processo de estabilização econômica via Plano Real, contexto que abriu espaço para uma mudança paradigmática no Estado brasileiro.

No governo FHC, a influência das ideias neoliberais na política externa foi percebida antes mesmo de sua chegada ao poder. Em sua campanha eleitoral, o então candidato e ex-chanceler apresentou alguns conceitos que posteriormente seriam englobados na produção e na condução da política externa de seu governo. Como exemplos, podemos citar as ideias de inserção competitiva do Brasil no mundo, a vocação universal da diplomacia brasileira, o aumento da integração com a economia mundial, a regionalização aberta, a adequação do país ao fenômeno da globalização e a democratização das relações internacionais (Almeida, 2004).

Para FHC, a diplomacia deveria passar por um *aggiornamento* (atualização), adaptando-se às necessidades e estabelecendo relações que priorizassem negociações em termos de configuração de blocos econômicos, atração de tecnologias e novos temas na agenda internacional (Cardoso, 1994). Com isso, a política externa se baseava em quatro princípios básicos: (i) a liberdade econômica, com preocupação social; (ii) a economia mais aberta à competição internacional; (iii) a defesa dos direitos humanos, do meio ambiente e da proteção das minorias; e (iv) o combate à criminalidade e ao narcotráfico (Brasil, 1995).

Se, ao longo do governo Collor, o Estado desenvolvimentista começou a quebrar, a eleição de FHC como presidente representou, no seio do Estado brasileiro, o fim da utilização do aparato estatal e, inclusive, da política externa como instrumento do desenvolvimento nacional. De acordo com Lafer (2001, p. 113), a globalização e seus efeitos no cenário do sistema internacional ocasionaram certo distanciamento em relação à inserção na economia mundial apregoada pelo Estado, em virtude da lógica do nacionalismo de fins. Assim, encerrou-se "a eficácia do repertório de soluções construídas a partir do governo Getúlio Vargas" (Lafer, 2001, p. 113).

> **Para saber mais**
>
> SILVA, A. L. R. da. **Do otimismo liberal à globalização assimétrica**: a política externa do governo Fernando Henrique Cardoso (1995-2002). 360 f. Tese (Doutorado em Ciência Política) – Universidade Federal do Rio Grande do Sul, Porto Alegre, 2008. Disponível em: <https://lume.ufrgs.br/bitstream/handle/10183/14743/000665956.pdf?sequence=1>. Acesso em: 11 maio 2023.
>
> CARDOSO, F. H. Dossiê: política externa e redemocratização: com a palavra, os Presidentes. **Revisa Juca**, ano 6, p. 33-37, 2012. Entrevista. Disponível em: <https://www.gov.br/mre/pt-br/instituto-rio-branco/arquivos/copy_of_juca/juca-6/revista-juca-6.pdf>. Acesso em: 14 jun. 2023.
>
> Para um melhor entendimento do papel do Itamaraty no governo FHC, sugerimos as leituras de Silva (2008) e da recente entrevista concedida pelo próprio FHC à *Revista Juca*.

O grande tema da política externa brasileira na era FHC consistiu na inserção do país em um sistema marcado pela lógica da globalização, em que o papel do Estado brasileiro deveria ser revisto. Conforme Lafer e Fonseca Jr. (1997), no primeiro pós-Guerra Fria, o Estado era apresentado como um ator racionalmente orientado por valores da comunidade internacional, caracterizado por uma tendência obsoleta que o fazia perder seus elementos de atuação no âmbito nacional.

Na política externa, a posição brasileira no sistema internacional foi moldada pela matriz emergente de inserção internacional do país. Segundo Silva (2008), na década de 1990, assumiram-se o processo de globalização e a adoção de políticas neoliberais como paradigmas de desenvolvimento. Tal conjuntura seria capaz de permitir a superação da crise econômica e da estagnação dos anos 1980. Esse movimento paradigmático, que atingiu diversos países da

América Latina, foi acompanhado em parte pelo Brasil, que reorientou sua inserção internacional. O país, desde o final da década de 1980, substituiu sua matriz de política externa desenvolvimentista pela matriz neoliberal.

Cardoso (1994) defendia que a globalização significava o aumento do peso das variáveis externas na agenda econômica e a redução do espaço para as escolhas nacionais. Com isso, a diluição entre o "interno" e o "externo" acarretava o questionamento da hipótese de autonomia da política externa em relação à política interna (Lafer, 2001). A nova diplomacia procurou construir a imagem do Brasil como uma liderança regional que procurava inserir-se globalmente como compensação à ampliação da vulnerabilidade externa, além de buscar uma aproximação com os países desenvolvidos. Sob essa perspectiva, as demandas passaram a ser menos sistêmicas e mais pontuais. Na matriz da política externa dos anos 1990, que denominamos *neoliberal*, o Brasil alterou suas estratégias multilaterais e bilaterais de inserção internacional (Silva, 2008).

Como explica Bernal-Meza (2002, p. 61), "em síntese, a política exterior brasileira foi se adaptando aos novos condicionamentos e cedendo a determinadas pressões que implicaram mudanças em alguns elementos de sua tradição". A crise do real e a inflexão do neoliberalismo fundamentalista impactaram diretamente a política externa brasileira, elevando o discurso da inserção nacional na globalização assimétrica à condição de conceito-chave para a política externa.

Silva (2008) observa que, no segundo mandato do governo FHC, a política externa do Brasil sofreu uma nova correção de rumos, denotando o esgotamento da matriz neoliberal, especialmente após a crise financeira de 1999. Esse cenário denunciou a vulnerabilidade externa do país, evidenciada pela recuperação do discurso de que o sistema mundial estaria condicionado por assimetrias e por uma distribuição desigual de poder, principalmente nas negociações comerciais.

Em um contexto caracterizado pela arbitrariedade e pelo acirramento da vontade hegemônica dos Estados Unidos e de seu poder quase incontestável (Lima, 2010), a política externa brasileira se articulou sob as diretrizes tradicionais de sua agenda política, a saber: o apelo ao pacifismo na resolução dos problemas; o primado do direito internacional; a defesa dos princípios de autodeterminação e não intervenção; e o pragmatismo como instrumento necessário e eficaz para a defesa dos interesses do país.

Conforme Vigevani, Oliveira e Cintra (2003), tais princípios são suficientemente gerais e, portanto, puderam ser adaptados a diferentes circunstâncias, ao proporcionarem aos tomadores de decisão uma flexibilidade discursiva e conceitual. Desse modo, de acordo com as mudanças históricas ou conjunturais, tais diretrizes facilitaram a abertura de espaço para inserir mecanismos de adaptação a novas realidades ou a uma compreensão distinta de mundo.

Posteriormente, a adaptação da agenda e da postura no cenário internacional foi conceituada como uma atuação baseada no conceito de autonomia pela participação:

> A autonomia, hoje, não significa mais "distância" dos temas polêmicos para resguardar o país de alinhamentos indesejáveis. Ao contrário, a autonomia se traduz por "participação", por um desejo de influenciar a agenda aberta com valores que exprimem tradição diplomática e capacidade de ver os rumos da ordem internacional com olhos próprios, com perspectivas originais. Perspectivas que correspondam à nossa complexidade nacional. (Fonseca Jr., 1998, p. 368)

O novo modelo de política externa renovava a atuação brasileira no cenário internacional, buscando-se uma maior participação nos espaços decisórios. A nova conduta nacional, segundo Vigevani, Oliveira e Cintra (2003), era fundamental em um sistema desfavorável, em que a própria lógica de poder era indefinida. Nesse sentido, não se deveria realizar uma adaptação passiva, e sim, no limite do próprio poder, articular-se com o interesse de outros Estados e forças – no caso, o de redirecionar e reformar o ambiente –, com vistas à participação nos assuntos internacionais por meio da elaboração de regimes mais favoráveis aos interesses brasileiros.

O posicionamento do Brasil em relação ao sistema internacional deveria ser à luz de uma adaptação criativa, com o objetivo de se adequar, assertivamente, às complexas e crescentes mudanças na nova ordem mundial, evitando a passividade na lógica do jogo internacional e procurando participar efetivamente dos regimes internacionais (Lafer, 2000; Cardoso, 2001; Lampreia, 1998).

Esse processo foi acompanhado de uma redefinição dos papéis do Mercosul e da América do Sul para a política externa brasileira. Esses dois elementos tornaram-se o grande caminho a ser trilhado pela diplomacia nacional. Nessa ótica, Lampreia (2000, citado por Soliani, 2000) menciona o descarte do projeto do Brasil de ser uma potência mundial influente nas decisões internacionais.

A adesão aos regimes internacionais, os quais, em momentos anteriores da história diplomática, foram colocados em xeque pela diplomacia nacional, ilustra a mudança comportamental da política externa brasileira. A assinatura do Tratado de Não Proliferação Nuclear e o compromisso com outros temas globais, como meio ambiente e direitos humanos, fortaleceram o poder brasileiro. Nessa perspectiva, a diplomacia brasileira se propôs a fomentar a aproximação pela convergência nos regimes internacionais, creditando tal postura não a uma situação de subordinação ou de perda de autonomia, mas a uma atuação catalisadora da postura proposta para o Brasil na nova dinâmica de poder internacional.

De acordo com Lampreia (1998), o país, em seu projeto de inserção internacional, visaria a uma autonomia pela integração – em contraposição a uma ação isolacionista –, mas articulada ao ambiente internacional. Essa tendência referente à autonomia e à afirmação do país como *global trader* e *global player* já era percebida no governo Itamar Franco, quando FHC e Celso Lafer comandaram a pasta de Relações Exteriores e mudaram a forma de inserção do Brasil (Vigevani; Oliveira; Cintra, 2003).

Especificamente quanto à política de integração, o governo FHC pode ser compreendido como reflexo de um pensamento institucionalista pragmático (Pinheiro, 2000), que via o Mercosul como espaço privilegiado de ação e de barganha do país em relação ao mundo. De acordo com Lampreia (1998), a consolidação do bloco consiste em uma das linhas mestras da política externa brasileira, sendo o instrumento por meio do qual o país pode ter uma participação mais intensa nas negociações com a Alca, além de promover a ampliação das relações comerciais com a União Europeia (UE) e com outras regiões.

Durante o governo FHC, o Mercosul alcançou sua maturidade como união aduaneira, principalmente pela consolidação da TEC, condição que permitiu o processo de expansão do bloco. Nesse período, o Mercosul tinha alavancado o comércio entre seus integrantes a uma taxa anual superior a 25%, além de aumentar a importância relativa das transações intrabloco: de 8,9%, em 1990, para 22,4%, em 1997 (Desiderá Neto, 2013).

Em paralelo, com a possibilidade de estabelecer a Alca, a política externa brasileira, justamente por meio do Mercosul, buscou fortalecer sua capacidade de negociação e a do próprio bloco perante os outros países do mundo. Segundo Albuquerque (2002), a política externa teve o objetivo implícito de reorganizar a economia do Mercosul a fim de elevar a interdependência regional e garantir ao país condições de negociar favoravelmente uma eventual integração com a economia norte-americana.

Sob essa perspectiva, ocorreram várias iniciativas para aprofundar a integração regional do Mercosul. Em dezembro de 1995, as nações do bloco assinaram o Acordo-Quadro Inter-Regional de Cooperação com a UE. Em junho de 1996, o Chile e os demais países-membros do Mercosul assinaram um acordo que criou uma área de livre comércio entre eles e garantiu a esse país a entrada de manufaturas nos países do bloco. Posteriormente, foram assinados outros acordos que permitiam ao Chile reunir-se com o Grupo Mercado Comum (GMC) e participar dos fóruns de negociação do Mercosul.

Acordos também foram firmados com a Bolívia e houve algumas tentativas de aproximação com o mecanismo de Cooperação Econômica Ásia-Pacífico (Apec) e com o Canadá. Em abril de 1988, foi assinado um Acordo-Quadro para a Criação de uma Área de Livre Comércio entre o Mercosul e a CAN, com os objetivos de substituir os acordos bilaterais de complementaridade que cada membro da CAN havia assinado com o Mercosul e de desenvolver uma estrutura física na região, especialmente nos corredores de exportação (Silva, 2001).

O governo FHC, embora tenha sido marcado por uma integração preferencialmente econômica, também promoveu algumas ações na agenda política do bloco. Em 1996, foi estabelecido o Foro de Consulta e Concertação Política do Mercosul (FCCP), cuja função era aprofundar o exame e a coordenação da agenda política dos Estados Partes do bloco. Posteriormente, o Foro foi transformado em órgão auxiliar do CMC. Desiderá Neto (2013) pontua que um efeito de transbordamento dessa ação foi a instrumentalização do bloco como coalizão internacional nas negociações da Alca e com a UE.

Em 1998, ocorreu a promulgação do Protocolo de Ushuaia sobre Compromisso Democrático, um marco na institucionalização da democracia como eixo central da integração latino-americana. Por meio desse protocolo, foi estabelecida a norma da cláusula democrática, a qual suspendia os direitos e as obrigações dos Estados signatários que não cumpriram com os preceitos democráticos.

Com forte movimentação e apoio popular, o Brasil, durante o período, declarou-se contrário à criação da Alca, em uma postura muito alinhada à visão de construção de autonomia e de liderança a partir da região sul-americana. Nesse sentido, conforme exposto por Cervo (2002), a integração da América do Sul foi alçada ao nível de condição prévia para a integração hemisférica pela diplomacia brasileira, com base em três argumentos favoráveis a essa estratégia: (i) a expansão dos interesses comerciais e empresariais brasileiros sobre a região; (ii) a consequente elevação de seu desempenho e competitividade; e (iii) a percepção de que a proposta norte-americana se destinava a alijar a hegemonia brasileira para benefício próprio.

A chave de tal atuação da diplomacia foi a utilização do Mercosul como instrumento de projeção. Isso porque a característica de ser uma união aduaneira imperfeita favoreceu o Brasil, em termos de ganhos e perdas, ao permitir que o país conservasse sua autonomia e fosse capaz de recorrer ao bloco em outras negociações (Cervo, 2002).

Marcelo Passini Mariano (2015) se refere ao gerenciamento da coesão como a lógica operacionalizada na atuação brasileira com relação ao Mercosul. Segundo o autor, quando as grandes negociações comerciais multilaterais – Alca, UE-Mercosul, Organização Mundial do Comércio (OMC) – avançavam em ritmo acelerado, a necessidade de oferecer benefícios diminuía, em razão da funcionalidade que o bloco do Cone Sul assumia para enfrentar os grandes desafios. Assim, os outros governos participantes do Mercosul aceitaram, momentaneamente, maiores custos dentro do bloco, pois ele viabilizava a manutenção de uma maior capacidade de negociação no âmbito dos grandes acordos regionais e do comércio multilateral.

A última contribuição do governo FHC se deu ao término de seu governo, em 2000, na I Cúpula Sul-Americana, com o lançamento da Iniciativa para a Integração da Infraestrutura Regional

Sul-Americana (IIRSA) e o fomento ao processo de convergência da CAN com o Mercosul na Alcsa. Esse processo, conforme Sanahuja (2012b), foi tido como a futura espinha dorsal da América do Sul. Como observa Marcelo Passini Mariano (2015), o aprofundamento da crise entre os governos do Mercosul – principalmente no que tange às relações bilaterais entre Brasil e Argentina durante o segundo mandato de FHC – foi tão intenso que, como resultado, o governo brasileiro considerou a ideia de deixar o processo de integração. No entanto, principalmente em decorrência da diplomacia adotada pelos presidentes do bloco, o Mercosul buscou superar o processo de desintegração. Como exemplos desse cenário, o autor menciona a proposta brasileira de apoiar a Argentina, por meio do BNDES, em financiamentos de projetos em comum com vistas ao fortalecimento das cadeias produtivas no bloco e à revisão de algumas tarifas com o Paraguai e com o Uruguai, sob o argumento de que tais exceções eram pontuais e diferenciadas.

6.4 Governo Lula

Embora a política externa do governo FHC tenha posicionado a imagem do Brasil como um ator influente no cenário internacional, especialmente em virtude de o país ser visto como um *global trader*, adequando-se às condições de uma globalização assimétrica, as consequências das políticas de cunho neoliberal conduziram, na esfera interna, a um grande desconforto da população em relação ao governo. A resposta da sociedade se confirmaria na vitória de Lula, em 2002, que se elegeu sob a bandeira da mudança socioeconômica nas políticas públicas brasileiras, entre elas, a da política externa.

Segundo Burges (2005), o governo Lula seguiu uma agenda política psicologicamente transformadora no Sul Global. O objetivo não era derrubar o sistema político e econômico internacional ou desvincular-se dele, mas guiar o sistema e o país a uma mudança na maneira como as nações em desenvolvimento compreendiam a agenda e se inseriam nela. Para o autor, tal ambição não seria particularmente original, pois esteve firmemente enraizada em chamadas persistentes durante o governo FHC, a exemplo das reformas das instituições internacionais de governança econômica.

De acordo com Kleimann et al. (2010), a política externa do governo Lula se desenvolveu nos marcos de uma situação mundial que pode ser resumida como de crise e transição, nos seguintes termos: (i) crise do ideário neoliberal, em um momento no qual o pensamento crítico ainda se recuperava dos efeitos de mais de duas décadas de uma defensiva político-ideológica; (ii) crise da hegemonia estadunidense, sem que houvesse um *hegemon* substituto, o que estimulava a formação de blocos regionais e alianças transversais; (iii) crise do atual padrão de acumulação capitalista, sem a certeza de uma alternativa sistêmica; (iv) crise do modelo de desenvolvimento conservador e neoliberal na América Latina e no Brasil, estando em curso a transição para um pós-neoliberalismo cujos traços seriam definidos ao longo do próprio processo.

Nessa ordem, o Brasil se encontrava em uma situação diplomática complexa. O país era demasiado grande para aceitar passivamente uma ordem mundial flagrantemente injusta e antidemocrática, mas não o suficiente para influenciá-la direta e significativamente. Desse modo, a cooperação com Estados afins era a única forma de o Brasil responder efetivamente a tais desafios, desenvolvendo um "bilateralismo forte" junto a países como China, Índia e Rússia e criando com eles frentes conjuntas de atuação em organismos multilaterais, bem como nas próprias estruturas multilaterais.

Vigevani e Cepaluni (2007) acreditam que a política externa de Lula, em comparação com a de FHC, apresentou, como sugeriu Lafer (2001, p. 108), "mudanças dentro da continuidade". Segundo os autores, a administração de Lula não se afastou do princípio desenvolvimentista e autonomista da política externa, mas adotou uma política que pode ser analisada como de ajustes e de mudanças de programas. Ainda conforme os autores, é aceitável afirmar que possa haver mudanças de ideias e mesmo de estratégias para lidar com os problemas, mas estas não são diferentes dos históricos padrões de ação da política externa brasileira (Vigevani; Cepaluni, 2007).

De acordo com Lima (2003), o entendimento da ordem internacional que transpareceu nos pronunciamentos e nas iniciativas do governo Lula era distinto da visão em vigência ao longo do governo FHC. Durante o governo do sociólogo, a primazia estadunidense não era percebida como danosa pelos demais membros do sistema internacional, já que o autointeresse esclarecido do hegemônico conduziria ao investimento na criação e consolidação de instituições multilaterais que, em última análise, seriam funcionais para a gestão internacional e a manutenção da preeminência dos Estados Unidos.

Sob essa ótica, a ascensão do Partido dos Trabalhadores (PT) representou o desenvolvimento de novas prioridades para a política externa, a qual se caracterizaria por ser altiva e ativa, com a ampliação da capacidade do Brasil de influenciar as questões mundiais e pressionar a correlação de forças entre as nações, de modo a buscar "um mundo mais justo e equilibrado do ponto de vista econômico, social e político" (Brasil, 2004).

Segundo Miyamoto (2011, p. 123), "Ativa e altiva seriam, portanto, as duas faces da moeda, as marcas que deveriam, a partir daquele momento, caracterizar a conduta brasileira no plano internacional". De acordo com o autor, a postura do país para ocupar e ampliar suas influências no mundo, escapando do entorno geográfico sul-americano, seria marcada pela atuação em diversas frentes do cenário internacional, sem se preocupar em ser submisso às pressões e exigências das grandes potências e das agências multilaterais.

Esses fatos contribuíram para popularizar a política externa durante o período. Ainda, conforme Peixoto (2007), a figura emblemática do governante foi intensamente projetada nos discursos diplomáticos. Em outras palavras, a diplomacia presidencial foi desenvolvida junto com a atuação mais ativa de outros atores da política externa brasileira. Além do chanceler Celso Amorim, houve, nos assuntos diplomáticos, um intenso envolvimento do secretário-geral das Relações Exteriores, Samuel Pinheiro Guimarães, e do assessor especial para assuntos internacionais, Marco Aurélio Garcia.

No que se refere à autonomia, a opção brasileira pode ser analisada pela diversificação (Vigevani; Cepaluni, 2007), no sentido de que o fortalecimento do eixo Sul-Sul ganhou fundamental importância estratégica por meio da diplomacia de estreitamento das relações e da aproximação comercial com parceiros da América do Sul, da África e da Ásia (Guimarães, 2006).

Garcia (2011) sinaliza essa alteração da postura brasileira em relação ao mundo. Para ele, o país não poderia aceitar ser uma potência média no cenário internacional, visto que tal conceito não se articula a uma política externa de interesses gerais na agenda internacional, pois limita os espaços de atuação a situações normalmente delegadas a potências que se configuram como médias.

O vislumbre de uma nova postura no cenário internacional não resulta somente de condições internas. Como salienta Lima (2003, p. 98),

> A ideia de que existe espaço para uma presença internacional mais afirmativa do Brasil, como propõe o projeto do governo Lula, não é fruto apenas do voluntarismo a informar a política externa de um governo de centro-esquerda, mas reflete uma certa avaliação da conjuntura mundial, que assume a existência de brechas para uma potência média como o Brasil, que, por via de uma diplomacia ativa e consistente, podem até ser ampliadas.

Indícios desse novo protagonismo se evidenciaram nas tentativas brasileiras de se projetar como o ator responsável pelo equilíbrio nos planos regional e internacional. Exemplos desse novo contexto são: as disputas diplomáticas com Venezuela, Bolívia e Honduras; a postura presidencial nos fóruns internacionais; o papel mediador em questões nucleares; a participação em missões humanitárias; as propostas de revitalização do Mercosul; a intensificação da cooperação com a América do Sul por meio da União das Nações Sul-Americanas (Unasul); o grande foco na cooperação Sul-Sul com os países africanos de língua portuguesa; e a tentativa mais proeminente de reforma das Nações Unidas.

Aliada ao crescente processo de politização política, a política externa lulista se caracterizou pela ampliação das pautas e dos parceiros mediante a intensa atuação da chancelaria, que estabeleceu acordos com diversos países, assim como pela presença presidencial em viagens diplomáticas, com uma participação efetiva e ativa em foros internacionais e debates multilaterais. Esse cenário consolidou uma imagem atuante do Brasil no cenário internacional.

Lima (2003) argumenta que tais atitudes sinalizam a disponibilidade do país de arcar com os custos do exercício de uma liderança cooperativa em sua circunvizinhança, cedendo, ainda, às demandas de seus sócios mais fracos, no sentido de reforçar a dimensão institucional do Mercosul. Juntas, tais iniciativas representam uma mudança sensível no modo pelo qual a política externa sempre operou, com base na manutenção da flexibilidade e da liberdade de ação, assim como na pouca disposição para aceitar injunções multilaterais no plano regional. A mera explicitação da aspiração de liderança simboliza a superação de uma arraigada sensibilidade da diplomacia profissional à questão, embora, na prática, o comportamento do Brasil sempre tenha considerado a assimetria de recursos entre ele próprio e seus vizinhos geográficos (Lima, 2003).

A opção pela vertente sul-americana, mesmo diante da proeminência de um maior ativismo nas questões globais, era cara ao governo, principalmente porque o hemisfério se constituía em uma região propícia para o exercício da liderança regional. De acordo com Garcia (2008), o governo adotou a América do Sul como uma dimensão estratégica para além das relações Sul-Sul, por acreditar que a perspectiva de formar um bloco sul-americano integrado economicamente e com capacidade política melhoraria a situação socioeconômica da população regional, integrando a infraestrutura e ampliando o poder e o espaço dos países no cenário internacional.

Segundo Hirst, Lima e Pinheiro (2010), ao longo desse período, na agenda da política externa brasileira, novos temas relacionados à integração regional ganharam destaque, principalmente na infraestrutura e na redução das assimetrias. Essa agenda podia ser observada durante o governo Lula, especialmente quanto à integração regional latino-americana, em duas inciativas: a expansão do Mercosul (agenda e composição) e a formação da Unasul.

Quanto à agenda do Mercosul, o governo Lula teve papel central no processo que levou à inclusão da agenda política e social no bloco. Tal processo teve início ainda no governo FHC, com a assinatura da Carta de Buenos Aires de Compromisso Social no Mercosul, a qual reconhecia que a erradicação da pobreza não estaria vinculada ao crescimento econômico, e sim ao compromisso de firmar políticas comuns contra a exclusão social. No documento consta a intenção dos governos de avançar na temática da igualdade social por meio de um desenvolvimento econômico equilibrado e justo, mediante a atenção prioritária aos setores mais desprotegidos da população em termos de alimentação, saúde, emprego, moradia e educação.

Mesmo com alguns avanços, até o início dos anos 2000, a agenda social foi bem restritiva, especialmente em decorrência de uma visão mercantilizada do Mercosul. Com a ascensão de governos progressistas na região, a concepção de integração foi sendo alterada, e um projeto estratégico e abrangente começou a ser aprofundado, servindo de base para o que ficou conhecido como a dimensão social do bloco, com a inclusão de agendas de integração social, cultural, política, produtiva, ambiental e identitária. Tal movimento ocorreu no âmbito de uma nova visão da integração regional, em oposição à concepção neoliberal de integração regional constituída na década anterior na região, principalmente em relação à Alca e ao modelo de regionalismo aberto.

O marco político dessa mudança foi a declaração conjunta dos presidentes Kirchner e Lula em Buenos Aires, em 2003, que fundou as bases políticas para a ampliação da agenda social no bloco. Tal declaração reforçou a necessidade de impulsionar a participação ativa da sociedade civil, fortalecendo os organismos existentes, bem como as iniciativas que pudessem contribuir para a complementação, a associação e o diálogo amplo e plural. Além disso, destacou-se o novo modelo de integração proposto, cujo objetivo era conformar um modelo de desenvolvimento que associasse o crescimento, a justiça social e a dignidade dos cidadãos.

Nesse contexto, o bloco passou a considerar que "a relevância e o entendimento da dimensão social no processo de integração regional supõem conceber políticas sociais não como compensatórias e subsidiárias do crescimento econômico, mas assumir que todas as políticas públicas conformam uma estratégia de desenvolvimento humano" (Mercosul, 2012a, p. 28, tradução nossa).

Nesse marco, foram potencializadas as Reuniões Especializadas do Mercosul, implementadas logo após o Tratado de Assunção[7], com a função de assessorar e coordenar temáticas específicas da agenda social no bloco. Ainda, em substituição à Comissão Parlamentar Conjunta do Mercosul (CPCM), foi criado o Parlamento do Mercosul (Parlasul), que se tornou o órgão representativo dos cidadãos dos Estados Partes do bloco. Também foram desenvolvidas as Cúpulas Sociais, configuradas como espaços para a participação regular da sociedade civil no bloco; por fim, ocorreu a elaboração do Fundo para a Convergência Estrutural do Mercosul (Focem), um fundo próprio do Mercosul voltado para o financiamento de projetos cujo propósito seja reduzir as assimetrias do bloco.

---

[7] Mercosul/CMC/DEC n. 09/91. As Reuniões Especializadas do Mercosul, por meio de recomendações ao GMC, podem orientar a criação, a condução e a avaliação de políticas públicas regionais nas agendas sociais do bloco.

Na expansão do Mercosul até 2004, quase todos os países sul-americanos[8] já tinham se tornado membros associados. Ao longo de 2005, a política externa brasileira presenciou um de seus momentos de maior politização interna: o processo de incorporação da Venezuela ao bloco, que teve início em outubro de 2005, no encerramento da XV Cúpula Ibero-Americana realizada em Salamanca, na Espanha. Na ocasião, a chancelaria venezuelana apresentou um pedido formal para compor o Mercosul. Seis meses após as primeiras discussões, negociadores argentinos, brasileiros, uruguaios, paraguaios e venezuelanos delinearam um acordo que seria assinado pelos chefes de Estado no encontro da cúpula, em Caracas, em 2006, que resultou no protocolo de adesão da Venezuela ao Mercosul.

Cinco dias após a assinatura, o acordo foi ratificado pela Assembleia Nacional da Venezuela, por unanimidade. Sem maiores problemas, o trâmite legislativo ocorreu de modo similar na Argentina e no Uruguai[9]. Nesse sentido, o processo foi marcado pela celeridade e pela coesão política em torno da aprovação do protocolo. No Brasil, a expectativa era a mesma: um trâmite legislativo célere, justificado pela maioria do governo no Congresso e, também, pela avaliação positiva em relação ao processo de integração regional (Souza, 2008; Latinobarómetro, 2007). No entanto, na prática, o resultado se mostrou diferente.

Na comunidade brasileira, a possível adesão venezuelana gerou um grande debate que envolveu vários setores nacionais. Nesse contexto, houve uma disputa entre as prioridades do Executivo nacional – sobre o processo de integração regional e, consequentemente, o fortalecimento do Mercosul – e os anseios dos industriais brasileiros, representados pela Confederação Nacional da Indústria (CNI), os quais se articularam no Legislativo a fim de preservar

---

8 À exceção de Guiana e Suriname.
9 O Protocolo de Adesão da Venezuela ao Mercosul ainda não foi apreciado pelo Legislativo do Paraguai.

seus interesses, o que conferiu um caráter de morosidade ao trâmite do processo. Segundo Pinheiro (2009, p. 17), tal cenário "contrariou as expectativas do Itamaraty, que esperava que o processo de aprovação legislativa estivesse concluído em 2007", principalmente com a possibilidade de veto da proposta no plenário. Internamente, a adesão da Venezuela foi aprovada e, em 2012, o país foi incorporado ao bloco.

A criação da Unasul remete às iniciativas anteriores, como a proposta de criação da Alcsa e com a articulação do Mercosul com a CAN, e teve como marco inicial a Declaração de Cuzco, que instituiu a Comunidade Sul-Americana de Nações (Casa), posteriormente denominada Unasul, organismo que buscou associar os países sul-americanos mediante a implementação de mecanismos de cooperação regional na agenda política para a região. Entretanto, cabe pontuar que, diferentemente do Mercosul, a Unasul foi elaborada por conta da necessidade de se fazer um processo político de coordenação entre Estados com diferenças político-ideológicas, econômicas e sociais. Essa característica conduziu o bloco mais para uma iniciativa de governança regional que buscou abarcar visões e interesses distintos de integração regional do que para a convergência de interesses comuns, principalmente econômicos, que transbordam para outras áreas da integração.

O fato de a Unasul ter uma integração política em sua gênese já a diferencia das demais iniciativas adotadas pelo governo brasileiro no período pós-redemocratização. Com base na busca por uma maior autonomia da região, liderada principalmente pelos governos brasileiro e venezuelano, a Unasul representou a intenção de fazer um balanceamento regional com relação à presença dos Estados Unidos na região, bem como de fortalecer a inserção da região na ordem multipolar. Conforme Guimarães (2006, p. 275), é indispensável trabalhar de forma "consistente e persistente em favor da emergência de um sistema mundial multipolar no qual a América do Sul venha a constituir um dos polos e não ser apenas uma sub-região de qualquer outro polo econômico ou político". Segundo Nery (2016), a criação da Unasul foi uma mudança nas concepções de Brasil e Venezuela sobre o alcance temático e territorial da integração. Nesse cenário, os incentivos econômicos deixaram de ser suficientes para explicar o surgimento da Unasul, pois os objetivos políticos dos governos também passaram a ser considerados. O autor sugere que, embora Brasil e Venezuela divergissem sobre os meios para alcançar os objetivos, ambos coincidiam ao considerarem a necessidade de um perfil político para o novo regionalismo, que deveria ser um instrumento para políticas de desenvolvimento distributivas a fim de contribuir para a projeção internacional sul-americana.

A estrutura institucional da Unasul refletiu a intenção de promover uma integração voltada para a agenda política. Como órgãos centrais, há o Conselho de Chefes de Estado e de Governo e o Conselho de Ministros das Relações Exteriores. Posteriormente, foram criados conselhos temáticos, já citados no capítulo anterior, formados pelos ministros de Estado de tais áreas. Tais organismos tinham a função de auxiliar em políticas públicas regionais em áreas prioritárias da integração, além de terem se constituído como espaços de articulação e participação de atores políticos dos países na produção de políticas regionais.

6.5 *Governo Dilma*

O governo Dilma Rousseff significou a continuidade da política externa definida durante o governo Lula, principalmente em relação aos princípios e às leituras de inserção na ordem internacional, mesmo que a intensidade da inserção brasileira no período tenha diminuído no cenário internacional. Uma mudança esperada para a política do governo Dilma era a centralidade da agenda de direitos humanos, em decorrência da trajetória da presidência. Como demonstram Pecequilo e Carmo (2017), essa alteração foi inicialmente confirmada em falas incisivas vinculadas à agenda internacional de direitos, mediante discursos que evidenciavam a promoção da agenda em instâncias internacionais, muito associadas à crítica das intervenções das grandes potências que, ao serem promovidas por razões humanitárias com o respaldo do Conselho de Segurança, acabaram ampliando os problemas enfrentados pelas sociedades a serem protegidas.

Quanto à integração sul-americana na América Latina, o governo Dilma reafirmou a decisão de associar seu desenvolvimento econômico, social e político à região, transformando o subcontinente em componente essencial do mundo multipolar que se anunciava e conferindo uma consistência cada vez maior ao Mercosul e à Unasul (Rousseff, 2011).

Logo no início do governo, ainda como resultado das aproximações firmadas nos governos anteriores, foi criada a Comunidade de Estados Latino-Americanos e Caribenhos (Celac), em 2011, inclusive como uma tentativa de ampliar os limites da cooperação regional para além da América do Sul. Na intenção de promover a cooperação para o desenvolvimento e a concertação política, a Celac tem atuado em temas da integração política regional, como o desarmamento nuclear, as mudanças climáticas, o problema mundial das drogas, o caso das Ilhas Malvinas e o bloqueio norte-americano a Cuba. A Celac foi compreendida como uma iniciativa capaz de projetar a região em nível hemisférico em contraposição à presença dos Estados Unidos, sendo também vista como um contrabalanceamento em relação à OEA.

A Celac promoveu espaços de coordenação e articulação política para seus países-membros, como ficou evidenciado nos posicionamentos conjuntos destes, especialmente no sistema ONU. Além disso, criou canais de diálogos políticos com outros organismos regionais, como a UE e o BRICS. Entretanto, por um lado, em virtude de uma sobreposição com a Unasul e, por outro, pela preferência brasileira por outros arranjos (como a própria Unasul), a atuação da Celac foi reduzida nesse período. Pecequilo e Carmo (2017) citam, por exemplo, que, ao final do primeiro governo Dilma, as principais iniciativas da política externa brasileira (os BRICS e a América Latina) estavam sob o guarda-chuva chinês no Foro China-Celac.

Marcado por um cenário de crise econômica internacional e, ao longo do governo, por uma instabilidade política e econômica doméstica, o governo Dilma manteve, na condução da política externa, a mesma base social, mas reduziu, principalmente com sua própria atuação, o perfil da inserção brasileira no cenário internacional. Como apontam Veiga e Ríos (2011), nos primeiros meses do governo, já se percebia que questões de curto prazo na agenda econômica tinham voltado a ter centralidade na política externa governamental, ao passo que ações políticas direcionadas a uma projeção internacional e com uma visão estratégica mais ampla e de longo prazo haviam se tornado secundárias.

Tais caraterísticas também estavam presentes na atuação da política externa na agenda regional. De acordo com Saraiva (2014), a ascensão de Rousseff esvaziou a dimensão política do comportamento brasileiro em relação à região no que diz respeito às ações do Brasil como ator estruturador das instituições regionais e definidor de agendas, embora a Unasul tenha seguido como a referência de atuação brasileira em situações de crise. Segundo a autora, sintomas desse esvaziamento foram vivenciados nas adversidades experimentadas pela região, como nos casos do *impeachment* do presidente paraguaio, em 2012, e da crise política na Venezuela, os quais não foram geridos de modo coordenado e incisivo pelos espaços vigentes, além da ausência brasileira em momentos críticos da política regional.

No que concerne à presença da Venezuela na política externa, Saraiva e Velasco Júnior (2016) relembram que esse país foi o que recebeu mais atenção no governo Dilma, contando com o engajamento do Ministério das Relações Exteriores (MRE) em missões da Unasul com vistas a recompor a situação política interna e garantir as eleições legislativas, embora ainda tenha havido um comportamento de não ingerência em assuntos domésticos, fato que contribuiu para evitar críticas ao governo de Nicolás Maduro.

Os autores também argumentam que o Brasil esteve ausente do processo de negociação de um acordo de pacificação na Colômbia entre o governo de Manuel Santos e as Forças Armadas Revolucionárias da Colômbia (Farc). Ou seja, o país adotou uma posição marginal e somente depois teve uma atuação humanitária de caráter técnico.

Saraiva (2014) demonstra que, nesse momento, ainda surgiu um agravante para a perda da inserção brasileira na região: a combinação entre as expectativas nacionais de receber apoio na região e as aspirações globais do país com a rejeição de uma institucionalização que restringisse sua autonomia de ação tanto nos marcos regionais quanto nos internacionais. Esse contexto colaborou para elevar os custos da liderança brasileira a um patamar que não foi compreendido, no governo Dilma, como uma necessidade a ser atendida, especialmente quanto à tomada dos custos da cooperação regional.

A partir de 2012, houve uma mudança significativa na política externa, acompanhada por uma reavaliação da burguesia nacional no que se refere ao respaldo à diplomacia brasileira (Berringer; Forlini, 2018). Isso foi influenciado por diversos fatores, entre eles: a redução do Produto Interno Bruto (PIB); o aumento das barreiras comerciais da Argentina, por conta da crise econômica e da necessidade de proteger o setor industrial; a criação da Aliança do Pacífico (AP), inclusive como modelo de integração regional; a presença e o aumento das importações chinesas na região; o golpe no Paraguai; as crises na Venezuela e sua entrada no Mercosul.

Com relação ao refluxo da política externa, Pecequilo e Carmo (2017) entendem que as características presidenciais de centralidade e tecnocratismo reduziram o escopo da diplomacia presidencial (fato alinhado a escolhas de ministros que não tinham capacidade de liderar). Ainda, tal escopo também sofreu a influência de mudanças regionais, como a morte de Chaves e a crise política venezuelana, bem como o golpe no Paraguai, eventos que enfraqueceram o projeto integracionista e serviram de base para ampliar os questionamentos dentro dos outros países sul-americanos quanto ao apoio oferecido aos governos venezuelanos.

Especialmente sobre o Mercosul, Saraiva e Velasco Júnior (2016) apontam que as dificuldades comerciais cresceram e, com efeito, geraram mais complicações para a dimensão de integração econômica. Os efeitos positivos da atuação no bloco, nesse contexto, foram a assinatura da adesão boliviana – ainda pendente de ratificação doméstica – e a incorporação de Suriname e Guiana como membros associados. Os autores chamam a atenção para o fato de que inclusive a relação com a Argentina foi estremecida. Isso porque, no governo Dilma, não se buscou resolver os obstáculos às exportações brasileiras – condição que afastou os investimentos brasileiros no país.

Como ilustram Pecequilo e Carmo (2017), outros fatores também evidenciaram a fragilidade da política externa, como o refúgio e a fuga do senador boliviano Roger Pinto da embaixada brasileira em La Paz e a revelação da espionagem praticada pela National Security Agency (NSA). Ainda, cabe ressaltar, em especial, que os efeitos da crise internacional sobre o Brasil tornaram o país menos atrativo para seus vizinhos, o que permitiu o fomento a alternativas extrarregionais, reforçando-se, assim, a opção pelo comércio e pela aproximação política com a China.

Por conta da crise política interna que levou a um processo de ruptura democrática durante o governo Dilma, a política externa e a presença brasileira foram totalmente enfraquecidas e tidas como segunda prioridade. Logo, a presença brasileira na região e no mundo foi reduzida, acarretando, inclusive, um processo de articulação regional sem a liderança ou a atuação do Brasil.

6.6 Governo Temer

Durante o governo Temer, a política externa brasileira pretendeu se posicionar internacionalmente por meio de sua inserção econômica baseada na lógica do livre comércio e na conformação de acordos bilaterais comerciais com Estados Unidos, UE e Ásia (PMDB, 2015). Nesse sentido, dois elementos eram primordiais: (i) o distanciamento ideológico com a política externa adotada pelos governos de Lula e Dilma e (ii) a retomada da política comercial como centro da política externa brasileira (Serra, 2016; Ferreira, 2018).

Segundo Silva (2019), ao longo do mandato de Temer, o cerne da política externa foi a busca por investimentos, ancorada na construção de uma imagem do país como um defensor da ordem internacional vigente. Conforme exposto pelo autor, a imagem de um Estado "responsável" economicamente foi substituída pela de um país "pujante" e "emergente". Com essa alteração de postura, a atuação brasileira deixou de lado o caráter revisionista da ordem internacional e passou a se conformar com a ordem – o que pode ser ilustrado, inclusive, pela intenção de fazer parte da Organização para a Cooperação e Desenvolvimento Econômico (OCDE) como país-membro.

O projeto de integração regional levado principalmente pelas lideranças brasileira e argentina no nível do Mercosul, com a participação venezuelana no nível hemisférico e ancorado nas lógicas de integração multifacetada – política, econômica, social e democrática –, chegou ao seu momento de maior inflexão no governo Temer. Como sinaliza Sanahuja (2016), após 2015, os regionalismos denominados *pós-liberal* e *pós-hegemônico* foram descontinuados em decorrência do fim do ciclo de crescimento econômico impulsionado pelas *commodities*, pela condição de maior dependência em relação à demanda das economias emergentes da Ásia, pelas crises econômicas que geraram consequências sociais, bem como pelas mudanças de governo (e de orientações político-econômicas) na região.

Sob essa perspectiva, um dos grandes desafios da política externa do mandato de Temer foi a dificuldade de lidar com o desgaste e a fragilidade da legitimidade de seu governo, particularmente no nível regional. Isso porque o governo não foi reconhecido por alguns governos e pela Unasul. Esse organismo teve na figura de seu secretário-geral uma postura extremamente crítica quanto ao processo de chegada do governo Temer e de saída de Dilma, com a possibilidade de evocar a cláusula democrática do bloco. De acordo com Miranda (2019), no governo de Temer, em razão do processo que o levou ao poder, ocorreu um tensionamento das relações com a Unasul, o que ajuda a explicar o relativo abandono da prioridade atribuída à região durante sua presidência. Nesse sentido, por conta dessas interdições, a ênfase comercial no Mercosul e nas negociações bilaterais com os países do entorno se mostrou mais viável.

Como resposta, logo no início de sua gestão, com relação à região, o chanceler José Serra precisou adotar uma postura diferente daquela que se havia estabelecido nos últimos governos, em termos de diálogo e de construção de consenso, mesmo durante momentos de crise, inclusive o governo brasileiro no centro[10]. Posteriormente, em 2017, Brasil, Argentina, Chile, Colômbia, Paraguai e Peru anunciaram a suspensão temporária de suas participações nas reuniões do bloco.

Desse modo, no âmbito do Mercosul e com a retomada da parceria com a Argentina, de Mauricio Macri – em uma perspectiva econômica e de livre comércio –, voltou-se a priorizar a política externa nos modelos econômicos de integração regional, muito em função do novo alinhamento mais à direita entre os governos argentino e brasileiro. Assim, a política externa de Temer retornaria ao prisma da integração comercial baseada na lógica do livre comércio em detrimento de uma integração política e social. Nesse cenário, caberia ao Mercosul promover a aproximação com a AP, a fim de ampliar sua atuação.

---

10 Citamos, por exemplo, a postura brasileira adotada em momentos anteriores de crise regional, como no caso dos hidrocarbonetos bolivianos, quando Brasil e Bolívia mantiveram negociações entre si.

O discurso de posse do chanceler evidencia esse movimento de recondução da política externa:

> um dos principais focos de nossa ação diplomática em curto prazo será a parceria com a Argentina, com a qual passamos a compartilhar referências semelhantes para a reorganização da política e da economia. Junto com os demais parceiros, precisamos renovar o Mercosul, para corrigir o que precisa ser corrigido, com o objetivo de fortalecê-lo, antes de mais nada quanto ao próprio livre-comércio entre seus países membros, que ainda deixa a desejar, de promover uma prosperidade compartilhada e continuar a construir pontes, em vez de aprofundar diferenças, em relação à Aliança para o Pacífico. (Serra, 2016)

Com a intenção de retomar o caráter econômico do Mercosul, o governo brasileiro fomentou, no âmbito institucional do bloco, uma revisão de normas internas, especialmente para reverter a norma que impossibilitava a celebração de acordos individuais com outros países. Justamente nesse contexto, vários acordos comerciais de livre comércio foram reativados, como o acordo entre o Mercosul, a UE e a AP.

Um eixo da atuação regional brasileira consistiu na mudança de postura do governo brasileiro com relação à Venezuela. Diferentemente do que havia sido praticado em momentos anteriores, o governo Temer adotou uma postura mais dura e crítica em face do governo de Maduro. Desde as eleições travadas por Dilma e Aécio Neves, o elemento conspiratório da venezualização do Brasil ganhou destaque no debate político nacional, internamente por conta do processo de polarização política e internacionalmente pela crise política e institucional da Venezuela. Desse modo, o governo Temer buscou, principalmente, isolar esse país na política regional e internacional, o que foi feito por meio de: declarações e notas direcionadas ao governo venezuelano; manifestações na OEA; tentativas de manobra, no âmbito do Mercosul, conjuntamente com

Paraguai e Argentina, para que a Venezuela não assumisse a presidência *pro tempore* – sob a prerrogativa do não cumprimento das obrigações assumidas no protocolo de adesão; e, posteriormente, boicote à presidência.

Para lidar com a grave crise venezuelana, foi estabelecida a iniciativa do Grupo de Lima[11]. De acordo com Briceño-Ruiz (2019), sua criação, resultante do esvaziamento da Unasul, foi uma resposta à ausência de uma maioria qualificada no âmbito da OEA para a adoção de medidas concretas contra o governo venezuelano, a fim de rejeitar as eleições presidenciais de maio de 2018 e, depois, reconhecer Juan Guaidó como presidente interino. Desde sua criação, o Grupo de Lima adotou linhas de continuidade em seu posicionamento, manifestando que o regime de Maduro representava a repressão, a ruptura da ordem democrática, bem como a violação sistemática de liberdades individuais, do Estado de direito, dos direitos humanos, das normas internacionais e dos valores americanos (Barros; Gonçalves, 2019).

As ações do governo Temer na esfera regional, conforme descrito por Santos, Leão e Rosa (2021), foram parte de um processo de mudança de paradigmas, marcado pela alteração do objetivo de levar o Brasil a liderar a construção de um bloco de poder regional por meio da Unasul, sendo esse bloco substituído por uma orientação econômico-comercial baseada na liberalização comercial e na flexibilização institucional. Tal mudança significaria o abandono de uma agenda de regionalismo pós-liberal para uma consequente restauração da lógica típica do paradigma do regionalismo aberto que prevaleceu na década de 1990.

---

11 O Grupo de Lima não tem institucionalidade ou burocracia específica para realizar suas atividades. Assim, sua organização caracteriza-se mais como um arranjo *ad hoc* criado pelos países especificamente para lidar com a crise da Venezuela.

6.7 *Governo Bolsonaro*

A eleição de Jair Bolsonaro para o cargo de presidente representou a chegada da extrema direita de cunho conservador na condução do Estado brasileiro. A emergência desse novo grupo na política brasileira está alinhada a um movimento global de vitórias de lideranças conservadoras e de governos de extrema direita marcados por uma retórica populista-conservadora que se utiliza de discursos nacionalistas, antiglobalistas, autoritários e machistas, amplamente calcados em narrativas conspiratórias que prezam pela construção de inimigos domésticos e internacionais que ameaçam a existência do país.

Líderes afinados com essa configuração política, em seus discursos e atuações, referem-se aos temas da gramática conservadora do fim do mundo, ao medo das elites liberais globais, à distinção amigo-inimigo schmittiana e à ideia de metapolítica (Sedgwick, 2019) e os replicam sob o viés populista, com base na centralidade dos conceitos (inclusive, com características de significantes vazios) de povo, elite e vontade geral (Laclau, 2005; Mudde, 2013), por meio do uso de ferramentas digitais como instrumentos de propagação de conspirações (Schulze et al., 2022).

Nesse panorama, a nova direita emerge com uma percepção diferente das fontes de informação e legitimação das narrativas políticas que antes imperavam na construção histórica da audiência da política brasileira. Isso ocorre mediante a suspeição das informações dos grandes meios de comunicação em prol da coleta de informações veiculadas em redes fechadas e ancoradas em relações de confiança e proximidade. Essa transformação acarreta a substituição das fontes de informações e delega às ferramentas digitais (Cesarino, 2020) o papel de principal canal de acesso a informações sobre a política no Brasil.

O conceito que ampara todo o aparato ideológico narrativo de viés internacional do bolsonarismo ganhou corpo na gramática política brasileira com a presença do ex-chanceler Ernesto Araújo, acompanhado pelo assessor internacional da Presidência da República e pelo deputado Eduardo Bolsonaro, a partir dos escritos de Olavo de Carvalho, sob a influência de pensadores conservadores estadunidenses, principalmente os ligados ao trumpismo.

Segundo o ex-chanceler Ernesto Araújo (2019), o cerne do globalismo está no movimento de ameaça a uma ideia de sociedade liberal em decorrência de uma articulação internacional para a implantação de uma política de cunho marxista em escala global. O globalismo seria, então, uma teia internacional formada por grandes empresários, organizações internacionais e não governamentais, lideranças e artistas internacionais que buscam a destruição do conservadorismo em prol da implementação do comunismo em escala global. Desse modo, haveria uma grande cadeia global capaz de produzir bens, normas e parcerias globais cujo cerne estaria na ruptura com os valores cristãos, como as noções de família e de religião, além da destruição da soberania nacional. Conforme Casarões (2021), a política externa de cunho conservador e antiglobalista tem elementos religiosos e ideológicos que se sobrepõem e, em algumas situações, ocorre a projeção de uma iniciativa puramente cristã, em uma linha narrativa que preza pela aliança entre católicos e evangélicos conservadores que dá sustentação à base governista.

A incorporação da narrativa conservadora populista de extrema direita começou a ser utilizada desde a campanha eleitoral que levou Bolsonaro ao governo. Por conta do processo de intensificação do debate público que surgiu nas eleições anteriores, além da criação de uma polarização eleitoral não partidária e da recorrência a narrativas baseadas no medo da venezualização do Brasil, o bolsonarismo disseminou uma narrativa sobre a existência de uma rede de países e organizações internacionais que atuariam com base em uma agenda comunista.

Nessa ótica, para se distanciar das políticas externas adotadas pelos governos petistas, Bolsonaro adotou como pautas eleitorais o distanciamento das relações com a Venezuela e demais países comunistas, assim como a aproximação com os Estados Unidos de Trump e com Israel. Tais movimentos estariam mais voltados para o ambiente doméstico/eleitoral, como sinalizações para sua base de apoio doméstico, do que propriamente para a criação de coalizações com parcerias internacionais. Nessa lógica conservadora, o governo prezou por redefinir a política externa em sua totalidade. Assim, realinhou as parcerias estratégicas do Brasil com outros países conservadores, principalmente por meio de um alinhamento automático com os Estados Unidos e da aproximação com Estados conservadores, como Hungria, Polônia, Arábia Saudita e Israel.

A nomeação de Damares Alves foi uma importante sinalização em relação ao modo como a agenda de direitos humanos seria conduzida, tanto em nível doméstico quanto internacional. Como já se esperava, a ministra foi uma das principais personagens da política externa brasileira. Como eixos de sua atuação, reverteu posicionamentos e adotou uma postura pró-defesa dos princípios cristãos. Nesse sentido, o Brasil passou a fomentar e compor parcerias com nações de cunho conservador-religioso, como no caso do Consenso de Genebra, que consistiu em uma iniciativa de cunho multilateral para reforçar a concepção heteronormativa-cristã da família e a proibição do aborto.

Quanto ao tema da integração regional, Bolsonaro intensificou e radicalizou a agenda do governo anterior, mediante a manutenção do Brasil fora da Unasul e da Celac, da ampliação do distanciamento com relação à Venezuela, da criação de instituições regionais mais alinhadas a governos conservadores e da ameaça de deixar o Mercosul.

Em seus primeiros momentos, a gestão de Bolsonaro na região foi orientada para o distanciamento ideológico dos países identificados como comunistas – como Cuba e Venezuela, inicialmente.

Ao longo das mudanças de governo na Argentina, na Bolívia, no Peru e no Chile, o governo brasileiro manteve uma relação hostil com esses países. Inclusive, no caso boliviano, Bolsonaro apoiou o governo golpista de Jeanine Áñez. Vale destacar, especificamente, dois momentos que reforçam essa radicalização. O primeiro diz respeito ao caso venezuelano. Desde sua posse, Bolsonaro convidou e depois desconvidou Nicolás Maduro para a cerimônia, justificando que a Venezuela atuava abertamente "contra o futuro do Brasil por afinidade ideológica com o grupo derrotado nas eleições" (Bolsonaro, 2018). Posteriormente, o deputado Juan Guaidó se autodeclarou presidente legítimo, ação acompanhada pelos EUA e pelo Brasil. Nesse episódio, o governo brasileiro se disponibilizou a auxiliar no caso de alguma invasão militar.

O segundo momento a ser destacado se refere às eleições argentinas para presidente, vencidas por Alberto Fernández. Ainda no período eleitoral, Bolsonaro se pronunciou a favor da vitória de um candidato alinhado à direita, além de ter proferido discursos provocativos quanto ao papel das Forças Armadas de ambos os países durante os períodos ditatoriais. Após as eleições, o governo não reconheceu imediatamente o presidente eleito, e os dois governos até mesmo trocaram provocações.

Saraiva e Silva (2019) apontam que a agenda do regionalismo também foi encarada pela perspectiva conservadora-populista. Por isso, todas as iniciativas do período do regionalismo pós--hegemônico foram descontruídas. A fala de Paulo Guedes, antes mesmo de sua posse no governo Bolsonaro como ministro da Economia, evidenciava como o Mercosul seria conduzido na política externa brasileira. Segundo ele, o Brasil "ficou prisioneiro de alianças ideológicas" (Guedes, citado por Rezende, 2018), o que seria péssimo para a economia do país:

"Você só negocia com quem tiver inclinações bolivarianas. O Mercosul foi feito totalmente ideológico. É uma prisão cognitiva" […].
[…] "Nós não vamos quebrar nenhum relacionamento". "Se eu só vou comercializar com Venezuela, Bolívia e Argentina? Não. Nós vamos comercializar com o mundo, serão mais países. Nós faremos comércio. E se eu quiser comercializar com outros países?" […]. […] "É isso que você queria ouvir? Mercosul não será prioridade. A gente não está preocupado em te agradar" […]. (Guedes, citado por Rezende, 2018)

Foi simbólica a tentativa de desvincular o Mercosul da política externa de Bolsonaro. Nas propostas de curto prazo adotadas pelo novo governo[12], uma das metas centrais para a diplomacia brasileira era a mudança da capa do passaporte: o símbolo do Mercosul seria substituído pelo brasão da República.

O grande esforço na agenda regional, com base em uma oposição ideológica à Unasul, foi a adesão ao Fórum para o Progresso e Desenvolvimento da América do Sul (Prosul), iniciativa formulada pelos então presidentes Sebastian Piñera, do Chile, e Iván Duque Márquez, da Colômbia. O Prosul se organizou para atuar em seis grandes temas: infraestrutura; energia; saúde; defesa; segurança e combate ao crime; e gestão de riscos e desastres. Além disso, contou com o apoio técnico do Banco Interamericano de Desenvolvimento (BID) (Ominami, 2021).

Embora o Prosul tenha sido lançado com a proposta de substituir os projetos de integração existentes, os resultados concretos desse programa, como sinaliza Ominami (2021), aproximam-se mais de um processo de desintegração que de uma experiência concreta de integração, principalmente diante de sua omissão em temas sensíveis da área, como a pandemia de Covid-19 e o golpe militar na Bolívia, assim como nos temas apresentados no Fórum como prioritários.

---

12 Meta para os cem dias de governo.

Assim, apesar de não ter priorizado a agenda regional – pelo contrário, buscou promover esforços que levaram à desintegração regional –, o governo Bolsonaro tratou a assinatura do Acordo de Livre Comércio do Mercosul com a União Europeia como um de seus grandes feitos na agenda das relações internacionais. Em negociação há duas décadas, esse acordo foi visto como um avanço na aproximação entre os blocos em trocas comerciais, com o acesso a mercados e tecnologias. Ainda, segundo Nolte e Ribeiro (2021), o sucesso nessa empreitada se deveu à compreensão predominante dos países-membros do bloco acerca de um Mercosul econômico, com incentivo ao livre mercado e à abertura das economias internacionais.

Já sob o ponto de vista da Europa, o acordo foi um instrumento para o fortalecimento do bloco europeu com relação ao protecionismo implementado pela gestão Trump, além de ter sido um esforço para manter os mercados latino-americanos, por conta do ímpeto chinês na região. Entretanto, no contexto da UE, a assinatura do acordo enfrentou algumas resistências, especialmente em dois temas: (i) a ameaça dos produtos agrícolas provenientes do Mercosul e (ii) a objeção à política ambiental implementada pelo governo Bolsonaro (Nolte; Ribeiro, 2021).

O acordo não foi bem recebido por todos os setores europeus, principalmente pelo *lobby* agrícola francês, que desde o início procurou impor barreiras à negociação. Isso porque as vantagens competitivas dos produtos agrícolas do Mercosul eram vistas como ameaças. Para Nolte e Ribeiro (2021), a assinatura desse acordo consistiu muito mais em uma movimentação para demonstrar a atuação interna e externa dos blocos, sem surtir efeitos concretos, muito em razão da resistência europeia ao governo Bolsonaro. Sob essa ótica, o acordo foi uma projeção irreal, tanto do Mercosul quanto da UE, em relação aos resultados concretos da associação.

Síntese

Neste capítulo, apresentamos o histórico da política externa brasileira com relação aos principais projetos de integração e regionalismos na região posteriores ao processo de redemocratização ocorrido em 1985. Abordamos o desenvolvimento das ações mais relevantes fomentadas pelo governo nacional para a integração regional, bem como o papel do Brasil no processo de integração regional latino-americano. Além disso, explicamos as diferenças de concepções entre os governos brasileiros na condução da agenda da integração e analisamos o impacto dos cenários doméstico e internacional no processo de integração regional.

Questões para revisão

1. Com relação ao impacto da democracia para o processo de integração regional durante o governo Sarney, assinale a alternativa correta:

    a. Com a redemocratização, a política regional foi concebida pelo governo brasileiro como um instrumento da política externa catalisador de uma maior autonomia da região nas relações com os centros de poder, particularmente com os Estados Unidos.

    b. A conjuntura democrática permitiu o estabelecimento de relações mais próximas, amplas e amistosas entre os governos da região, propiciando o ressurgimento do movimento integracionista.

    c. À época, a América Latina presenciava o fortalecimento do modelo desenvolvimentista, que foi a base político-ideológica para as novas estruturas do regionalismo latino-americano, impulsionadas principalmente pelos governos brasileiro e argentino, tendo como exemplos a Agência Brasileiro-Argentina de Contabilidade e Controle de Materiais Nucleares (ABACC) e o Mercado Comum do Sul (Mercosul).

d. Nesse momento, a aproximação entre Brasil e Argentina esteve calcada na superposição entre as ideias da integração regional, da aliança com a Argentina e da preservação dos valores do universalismo e da autonomia presentes na política externa brasileira, condições que firmaram as bases para a criação de mecanismos de integração na região.

2. Durante o governo FHC, a política externa brasileira se orientou pelo conceito de autonomia pela participação. Com relação ao seu impacto na integração regional, assinale a alternativa correta:

a. O conceito de autonomia pela participação buscava a inserção nos principais espaços decisórios da política internacional com vistas à participação nos assuntos internacionais por meio de parcerias bilaterais para fomentar a criação de regimes mais favoráveis aos interesses brasileiros.

b. Ocorreu uma redefinição dos papéis do Mercosul e da América do Sul para a política externa brasileira, com a intenção de fortalecer o projeto brasileiro de potência mundial influente nas decisões internacionais.

c. O Mercosul era entendido como espaço privilegiado de ação e de barganha do Brasil em relação ao mundo, sendo o instrumento por meio do qual o país poderia ter uma participação mais intensa nas negociações com a Área de

Livre Comércio das Américas (Alca), além de promover a ampliação das relações comerciais com a União Europeia (UE) e com outras regiões.

d. O Mercosul alcançou sua maturidade como bloco regional, principalmente consolidando uma agenda de integração política e social com ampla participação do Estado na redução das assimetrias intrarregionais.

3. Os anos do governo Lula foram marcados por uma nova concepção da inserção brasileira no regionalismo latino-americano, com destaque para a constituição de arranjos regionais de caráter político e social. Tendo isso em vista, discorra sobre a fundação da União das Nações Sul-Americanas (Unasul) e o processo de criação do Mercosul Social durante os anos em que Lula ocupou a presidência.

4. Após o governo Dilma, houve um processo de crise política regional e doméstica que conduziu a política externa brasileira a uma redução de sua agenda regional. Com relação à atuação brasileira nesse contexto, assinale a alternativa **incorreta**:

   a. Os temas de curto prazo da agenda econômica voltaram a ter centralidade na política externa governamental, ao passo que as ações políticas direcionadas a uma projeção internacional e com uma visão estratégica mais ampla e de longo prazo se tornaram secundárias.

   b. O governo brasileiro esvaziou a atuação como estruturador das instituições regionais e definidor de agendas, principalmente nas diversas crises regionais, como no *impeachment* do presidente paraguaio e nas crises venezuelanas.

   c. Nesse contexto, ocorreram expansões comerciais que endossaram a atuação brasileira por meio do Mercosul, inclusive com o fortalecimento da agenda intrabloco, culminando na conclusão do acordo entre Mercosul e UE.

d. A crise política interna que deu origem ao processo de ruptura democrática influenciou o enfraquecimento da política externa e a presença brasileira na região, acarretando, inclusive, um processo de articulação regional sem a liderança ou a atuação do Brasil.

5. Com a emergência do governo Bolsonaro, a política externa brasileira assumiu traços conservadores de extrema direita em sua condução. Relacione o impacto dessa alteração de governo sobre a inserção regional brasileira na América Latina.

Questão para reflexão

1. Com base na análise da política para a América do Sul na política externa brasileira nos últimos 15 anos, reflita sobre o papel do subcontinente na estratégia internacional do Brasil.

Para saber mais

OS BENEFÍCIOS da integração regional para o cidadão. **Unila**, 8 jan. 2019. Disponível em: <https://www.youtube.com/watch?v=lca-GOPruwM&list=PLKUtRtZ25beqBj1CJ8gPC_Php6PywlcLS&index=50&t=1s>. Acesso em: 25 mar. 2023.

Nessa conversa, o diretor do Instituto Social do Mercosul (ISM), José Felício, compartilha um pouco de seu trabalho realizado no ISM e demonstra, de forma aplicada, como os processos de integração regional impactam a vida de todo cidadão. Como exemplos de impactos diretos das políticas integracionistas, Felício cita a facilitação do comércio entre os países e a garantia de direitos e de serviços básicos durante a circulação dos cidadãos.

Considerações finais

A centralidade dos regionalismos para o desenvolvimento do pensamento latino-americano de relações internacionais é inegável. Grande parte das premissas e dos conceitos que caracterizam as teorias vinculadas à América Latina advém da observação e análise das inserções dos países da região nas instituições de integração e da condução dos regionalismos na história do continente.

A atual realidade latino-americana fomenta a necessidade de elaborar uma ordem regional que possibilite construir, de modo conjunto, novos entendimentos e respostas em relação aos problemas existentes. Nessa ótica, conceber a integração regional como o elemento para a solução de problemas comuns na região envolve uma série de desafios para políticos e intelectuais.

A crise gerada pela pandemia de Covid-19, que acarretou um altíssimo número de vidas perdidas na região, demonstra a urgência de desenvolver soluções coordenadas e espaços de governança regional. No maior colapso sanitário e humano da história mundial, a ausência de uma solução conjunta dos países da região, seja para promover o acesso às vacinas, seja para construir protocolos coletivos, revelou que a crise do regionalismo acarreta impactos diretos aos cidadãos.

Atualmente, a região vive seu maior cenário de migração forçada, sofre com os desmatamentos e os efeitos da distribuição ambiental, bem como com o aumento nos índices de pobreza e de desigualdade da população. Tais problemáticas demandam respostas coordenadas. Assim, se a integração regional é marcada por ciclos, cremos que nesse contexto de crise se faz necessário reconhecer o potencial da integração regional e implementar soluções que passem por outras leituras do regionalismo latino-americano.

Sob essa perspectiva, a coordenação e a atuação dos Estados no sentido de estabelecer resoluções coletivas para os problemas da região evidenciam que, por um lado, não é mais plausível conceber a integração somente pelo seu viés comercial e que, por outro, as soluções bilaterais somente reforçam a condição periférica da região e reduzem a capacidade de atuação dos países em um cenário global marcado por uma forte competição de acesso a recursos.

Desse modo, a nosso ver, é fundamental que a literatura da área avance em duas direções. A primeira diz respeito à produção de análises comparadas com outras regiões menos estudadas pela academia brasileira, a fim de aprender, com base em outras experiências (como os regionalismos africano e asiático), outras formas de avaliação ou, mesmo, de possibilidade de atuação política. A segunda consiste em trazer para o centro da análise categorias que caracterizam a própria inserção da região na política internacional contemporânea no âmbito dos estudos da integração regional e dos regionalismos. Nesse sentido, é preciso produzir análises que busquem alinhar as temáticas referentes a gênero, raça, pobreza, desigualdade, migrações, concepções de desenvolvimento, produção do conhecimento, direitos humanos, memória, justiça climática, entre outras, aos conceitos mais tradicionais de integração regional. Desenvolver um regionalismo latino-americano contemporâneo que não abarque esses temas significa perder a capacidade analítica e de compreensão da própria realidade latino-americana.

Esperamos que este livro forneça a estudantes, professores e interessados em relações internacionais as condições necessárias para compreender os regionalismos a partir de uma perspectiva latino-americana e de uma concepção multidimensional do processo e que possam se aprofundar em leituras e análises posteriores sobre o campo. Com a apresentação de leituras teóricas e das trajetórias que marcaram a história da cooperação regional na América Latina, buscamos, com esta obra, fortalecer esse caminho e criar um terreno fértil para a produção de análises e problematizações que avancem nessa direção.

Lista de siglas

ABACC	Agência Brasileiro-Argentina de Contabilidade e Controle de Materiais Nucleares
AEC	Associação dos Estados do Caribe
AIC	Agenda de Implementação Consensuada
Aladi	Associação Latino-Americana de Integração
Alalc	Associação Latino-Americana de Livre Comércio
Alba	Aliança Bolivariana para os Povos de Nossa América
Alca	Área de Livre Comércio das Américas
Alcsa	Área de Livre Comércio Sul-Americana
Alides	Aliança para o Desenvolvimento Sustentável
AMU	União do Magrebe Árabe
AP	Aliança do Pacífico
Apec	Cooperação Econômica Ásia-Pacífico
API	Agenda de Projetos Prioritários de Integração
ARGM	Alto Representante Geral do Mercosul
ASC	Aliança Social Continental
Asean	Associação das Nações do Sudeste Asiático
ATP	Área de Preferência Tarifária
BCIE	Banco Centro-Americano de Integração Econômica
BID	Banco Interamericano de Desenvolvimento
BM	Banco Mundial

BNDES	Banco Nacional de Desenvolvimento Econômico e Social
CAF	Corporação Andina de Fomento
Calc	Cúpula da América Latina e do Caribe
CAN	Comunidade Andina de Nações
Caricom	Comunidade do Caribe
Carifta	Área de Livre Comércio Caribenha
Casa	Comunidade Sul-Americana de Nações
CCG	Conselho de Cooperação do Golfo
CCMASM	Comissão de Coordenação de Ministros de Assuntos Sociais do Mercosul
CCR	Convênio de Pagamentos e Créditos Recíprocos
CCT	Comitê de Coordenação Técnica
CDE	Comitê de Direção Executiva
CDS	Conselho de Defesa Sul-Americano
CE	Comunidade Europeia
Ceca	Comunidade Europeia do Carvão e do Aço
Cedeao	Comunidade Econômica dos Estados da África Ocidental
CEE	Comunidade de Estados Europeus
CEE	Comunidade Econômica Europeia
Celac	Comunidade de Estados Latino-Americanos e Caribenhos
Cepal	Comissão Econômica para a América Latina e o Caribe
CMC	Conselho do Mercado Comum
CMCA	Conselho Monetário Centro-Americano
CNI	Confederação Nacional da Indústria
Coica	Coordenação das Organizações Indígenas da Bacia Amazônica
Conaie	Confederação das Organizações Indígenas do Equador

CSCE	Conferência sobre a Segurança e a Cooperação na Europa
Cosiplan	Conselho Sul-Americano de Infraestrutura e Planejamento
CPCM	Comissão Parlamentar Conjunta do Mercosul
CSS	Conselho de Saúde Sul-Americano
DSM	Declaração Sociolaboral do Mercosul
ECM	Estatuto da Cidadania do Mercosul
EID	Eixo de Integração e Desenvolvimento
Euratom	Comunidade Europeia da Energia Atômica
EZLN	Exército Zapatista de Libertação Nacional
Farc	Forças Armadas Revolucionárias da Colômbia
FCCP	Foro de Consulta e Concertação Política do Mercosul
FCES	Foro Consultivo Econômico e Social
FMI	Fundo Monetário Internacional
Focem	Fundo para a Convergência Estrutural do Mercosul
Fonplata	Fundo Financeiro para o Desenvolvimento da Bacia do Prata
FSM	Fórum Social Mundial
GATT	Acordo Geral de Tarifas e Comércio
GMC	Grupo Mercado Comum
GTE	Grupo Técnico de Trabalho
IIRSA	Integração da Infraestrutura Regional Sul--Americana
IPPDH	Instituto de Políticas Públicas em Direitos Humanos
ISM	Instituto Social do Mercosul
LGBT	Lésbicas, *gays*, bissexuais e pessoas transgênero
MC	Mercado Comum
MCCA	Mercado Comum Centro-Americano
Mercosul	Mercado Comum do Sul
MRE	Ministério das Relações Exteriores

Nafta	Acordo de Livre Comércio da América do Norte
NSA	National Security Agency
OCDE	Organização para a Cooperação e Desenvolvimento Econômico
Odeca	Organização de Estados Centro-Americanos
ODM	Objetivos de Desenvolvimento do Milênio
ODR	Observatório de Regionalismo
OEA	Organização dos Estados Americanos
OIT	Organização Internacional do Trabalho
OMC	Organização Mundial do Comércio
ONU	Organização das Nações Unidas
PA	Pacto Andino
Parlasul	Parlamento do Mercosul
Peas	Plano Estratégico de Ação Social do Mercosul
PIB	Produto Interno Bruto
Pice	Programa de Integração e Cooperação Econômica
PIIE	Peterson Institute for International Economics
PM	Proyecto Mesoamérica
PPP	Plan Puebla Panamá
Prieg	Política Regional de Igualdade e Equidade de Gênero
Prosul	Fórum para o Progresso e Desenvolvimento da América do Sul
PSMP	Programa Mercosul Social e Participativo
PT	Partido dos Trabalhadores
RAADH	Reunião de Altas Autoridades em Direitos Humanos
Rafro	Reunião de Ministros e Altas Autoridades sobre Direitos dos Afrodescendentes
Rapim	Reunião de Autoridades sobre Povos Indígenas
Reips	Representación Especial para la Integración y la Participación Social

RMAAM	Reunião de Ministras e Altas Autoridades da Mulher do Mercosul
RMADS	Reunião de Ministros e Autoridades de Desenvolvimento Social
Sacu	União Alfandegária Sul-Africana
SAI	Sistema Andino de Integração
SDC	Sistema de Diálogo y Consulta
Sela	Sistema Econômico Latino-Americano e do Caribe
SGT	Subgrupo de Trabalho
Sica	Sistema de Integração Centro-Americano
Sucre	Sistema Unitário de Compensação Regional
TCP	Tratado de Cooperação dos Povos
TEC	Tarifa Externa Comum
TLC	Tratado de Livre Comércio
TPR	Tribunal Permanente de Revisão do Mercosul
UA	União Aduaneira
UE	União Europeia
UEM	União Econômica e Monetária
UN Desa	Departamento das Nações Unidas para Assuntos Econômicos e Sociais
Unasul	União das Nações Sul-Americanas
ZLC	Zona de Livre Comércio
Zopacas	Zona de Paz e Cooperação do Atlântico Sul

Referências

ACHARYA, A. **Regional Worlds in a Post-Hegemonic Era**. 2009. Disponível em: <https://shs.hal.science/halshs-03604871/document>. Acesso em: 14 jun. 2023.

ADLER, E. O construtivismo no estudo das relações internacionais. **Lua Nova**, n. 47, p. 201-246, 1999. Disponível em: <https://www.scielo.br/j/ln/a/wtb8YfCjS5T3NsL4ZXtHnRR/?format=pdf&lang=pt>. Acesso em: 11 maio 2023.

ADLER, E.; BARNETT, M. (Ed.). **Security Communities**. Cambridge: Cambridge University Press, 1998.

AEC – Associação dos Estados do Caribe. Disponível em: <http://www.acs-aec.org/index.php?q=es/>. Acesso em: 14 jun. 2023.

ALADI – Associação Latino-Americana de Integração. **O que é a ALADI**. Disponível em: <https://www.aladi.org/sitioaladi/language/pt/o-que-e-a-aladi/>. Acesso em: 10 abr. 2023.

ALBERTINI, M. **Lo Stato Nazionale**. [S.l.]: Guida, 1980. v. 69.

ALBUQUERQUE, J. G. Prioridades regionais e multilaterais na política externa do governo Fernando Henrique. **Carta Internacional**, ano 10, n. 114, p. 10-11, 2002.

ALMEIDA, P. R. de. A política externa nas campanhas presidenciais, de 1989 a 2002, e a diplomacia do governo Lula. In: ALMEIDA, P. R. de. **Relações internacionais e política externa do Brasil**: história e sociologia da diplomacia brasileira. Porto Alegre: Ed. da UFRGS, 2004. p. 253-297.

ALTEMANI, H. **Política externa brasileira**. São Paulo: Saraiva, 2005.

AMORIM, C. **Integração latino-americana**: 50 anos de ALALC e ALADI. Brasília: Funag, 2010.

AMORIM, C.; PIMENTEL, R. Iniciativa para as Américas: o acordo do Jardim das Rosas. In: ALBUQUERQUE, J. A. G. **Sessenta anos de política externa brasileira (1930-1990)**. São Paulo: Cultura/Nupri; USP/Fapesp, 1996. v. II. p. 77-121.

ARAÚJO, E. H. F. Globalismo: uma visão a partir do pensamento de Nietzsche. **Cadernos de Política Exterior**, ano 5, n. 8, p. 5-14, 2019. Disponível em: <http://funag.gov.br/biblioteca/download/CadernosN%C2%BA8.pdf>. Acesso em: 11 maio 2023.

BACHE, I.; FLINDERS, M. (Ed.). **Multi-Level Governance**. Oxford: Oxford University Press, 2004.

BALASSA, B. **Teoria da integração econômica**. Tradução de Maria Filipa Gonçalves e Maria Elsa Ferreira. Lisboa: Livraria Clássica, 1961.

BALOGUN, E. Comparative Regionalism. **Oxford Research Encyclopedias of International Studies**, 29 Sept. 2021.

BANDEIRA, L. A. M. A integração da América do Sul como espaço geopolítico. In: INTEGRAÇÃO da América do Sul. Brasília: Funag, 2010. p. 131-151. Disponível em: <http://funag.gov.br/loja/download/751-Integracao_da_America_do_Sul.pdf>. Acesso em: 11 maio 2023.

BARROS, P. S.; GONÇALVES, J. B. Fragmentação da governança regional, o Grupo de Lima e a política externa brasileira. **Mundo e Desenvolvimento**, v. 2, n. 3, p. 6-39, 2019. Disponível em: <https://ieei.unesp.br/index.php/IEEI_MundoeDesenvolvimento/article/view/50/52>. Acesso em: 11 maio 2023.

BASTOS, P. P. Z. A economia política da integração da América do Sul no mundo pós-crise. **Observatório da Economia Global**, n. 10, p. 1-82, 2012. Disponível em: <https://www3.eco.unicamp.br/cecon/images/arquivos/observatorio/OBSERVATORIO_10.pdf>. Acesso em: 11 maio 2023.

BCB – Banco Central do Brasil. **CCR – Convênio de Pagamentos e Créditos Recíprocos**. Disponível em: <https://www.bcb.gov.br/rex/ccr/resumo_ccr.asp?frame=1>. Acesso em: 23 maio 2023.

BERNAL-MEZA, R. A política exterior do Brasil: 1990-2002. **Revista Brasileira de Política Internacional**, v. 45, n. 1, p. 36-71, 2002. Disponível em: <https://www.scielo.br/j/rbpi/a/XgK4BPKnMwdHNfpqBjc8Fdk/?format=pdf&lang=pt>. Acesso em: 11 maio 2023.

BERNAL-MEZA, R. Heterodox Autonomy Doctrine: Realism and Purposes, and Its Relevance. **Revista Brasileira de Política Internacional**, v. 56, n. 2, p. 45-62, 2013. Disponível em: <https://www.scielo.br/j/rbpi/a/Y3DQL45wYsKc6S736BWhgrs/?format=pdf&lang=en>. Acesso em: 11 maio 2023.

BERNAL-MEZA, R. Políticas exteriores comparadas de Argentina e Brasil rumo ao Mercosul. **Revista Brasileira de Política Internacional**, v. 42, n. 2, p. 40-51, 1999. Disponível em: <https://www.scielo.br/j/rbpi/a/bjqS8s89PD8vBgydBbLsVZH/?format=pdf&lang=pt>. Acesso em: 14 jun. 2023.

BERRINGER, T.; FORLINI, L. Crise política e mudança na política externa no governo Temer: contradições no seio da burguesia interna brasileira. **Conjuntura Austral**, v. 9, n. 48, p. 5-19, 2018. Disponível em: <https://seer.ufrgs.br/index.php/ConjunturaAustral/article/view/83713/51320>. Acesso em: 11 maio 2023.

BETHELL, L. O Brasil e a ideia de "América Latina" em perspectiva histórica. **Estudos Históricos**, v. 22, n. 44, p. 289-321, 2009. Disponível em: <https://www.scielo.br/j/eh/a/wDjSryQpkTFYcKBMHqwfNKD/?format=pdf&lang=pt>. Acesso em: 14 jun. 2023.

BIELSCHOWSKY, R. Sesenta años de la Cepal: estructuralismo y neoestructuralismo. **Revista Cepal**, n. 97, p. 173-194, 2009. Disponível em: <https://repositorio.cepal.org/bitstream/handle/11362/11278/097173194_es.pdf?sequence=1&isAllowed=y>. Acesso em: 11 maio 2023.

BOLSONARO, J. Naturalmente, regimes que violam as liberdades... **Twitter**, 16 dez. 2018. Disponível em: <https://twitter.com/jairbolsonaro/status/1074424516850434048>. Acesso em: 12 maio 2023.

BRASIL. Ministério das Relações Exteriores. **Relatório**: 1986. Brasília: MRE/CDO, 1988.

BRASIL. Presidência da República. Secretaria de Imprensa e Divulgação. **Discurso do Presidente da República, Luiz Inácio Lula da Silva, na abertura da reunião ministerial**. Brasília, 2004. Disponível em: <http://www.biblioteca.presidencia.gov.br/presidencia/ex-presidentes/luiz-inacio-lula-da-silva/discursos/1o-mandato/2004/10-12-2004-discurso-do-presidente-da-republica-luiz-inacio-lula-da-silva-na-abertura-da-reuniao-ministerial/view>. Acesso em: 10 maio 2023.

BRASIL. **Presidente Fernando Henrique Cardoso**: discurso de posse. Brasília: Presidência da República/Secretaria de Comunicação Social, 1995. Disponível em: <http://www.biblioteca.presidencia.gov.br/publicacoes-oficiais/catalogo/fhc/discurso-de-posse-1995>. Acesso em: 10 abr. 2023.

BRICEÑO-RUIZ, J. Da crise da pós-hegemonia ao impacto da covid-19: o impasse do regionalismo latino-americano. **Cadernos de Campo**, n. 29, p. 21-39, 2020. Disponível em: <https://periodicos.fclar.unesp.br/cadernos/article/view/14869/10439>. Acesso em: 11 maio 2023.

BRICEÑO-RUIZ, J. Ejes y modelos em la etapa actual de la integración económica regional en América Latina. **Estudios Internacionales**, n. 175, p. 9-39, 2013. Disponível em: <https://revistaei.uchile.cl/index.php/REI/article/view/27352/30148>. Acesso em: 11 maio 2023.

BRICEÑO-RUIZ, J. **La integración regional en América Latina y el Caribe**: procesos históricos y realidades comparadas. Mérida: Universidad de Los Andes, 2007. (Textos Universitarios).

BRICEÑO-RUIZ, J. La Unasur: continuum o un nuevo inicio del regionalismo sudamericano? In: ALFONSO, L. M.; RAMANZINI JR., H.; VAZQUEZ, M. (Coord.). **Anuario de la Integración Regional de América Latina y el Gran Caribe 2010**, Buenos Aires, n. 8, p. 102-121, 2010. Disponível em: <http://www.cries.org/wp-content/uploads/2010/09/completo.pdf>. Acesso em: 11 maio 2023.

BRICEÑO-RUIZ, J. **Las teorias de la integración regional**: más allá del eurocentrismo. Bogotá: Universidad Cooperativa de Colombia; Centro de Pensamiento Global, 2018. (Coleccíon Acontecer Mundial, v. 8). Disponível em: <https://ediciones.ucc.edu.co/index.php/ucc/catalog/download/67/57/515?inline=1>. Acesso em: 11 maio 2023.

BRICEÑO-RUIZ, J. Projeção, fragmentação e justaposição de processos – regionalismo pós-hegemônico, retorno do regionalismo aberto: a atualidade do regionalismo na América Latina e no Caribe. **Conjuntura Internacional**, v. 13, n. 1, p. 16-21, 2016. Disponível em: <http://periodicos.pucminas.br/index.php/conjuntura/article/view/P.1809-6182.2016v13n1p16/10250>. Acesso em: 11 maio 2023.

BRICEÑO-RUIZ, J. The Crisis in Venezuela: a New Chapter, or the Final Chapter? **Latin American Policy**, v. 10, n. 1, p. 180-189, 2019.

BRICEÑO-RUIZ, J.; HOFFMANN, A. R. Post-Hegemonic Regionalism, Unasur, and the Reconfiguration of Regional Cooperation in South America. **Canadian Journal of Latin American and Caribbean Studies**, n. 40, v. 1, p. 48-62, 2015.

BRICEÑO-RUIZ, J.; SIMONOFF, A. (Ed.). **Integración y cooperación regional em América Latina**: uma relectura a partir de la teoria de autonomia. Buenos Aires: Biblos, 2015.

BULL, H. **A sociedade anárquica**. Brasília: Ed. da UnB, 1977.

BURGES, S. W. Auto-Estima in Brazil: the Logic of Lula's South-South Foreign Policy. **International Journal**, v. 60, n. 4, p. 1133-1151, 2005.

BURGESS, M. Federalism. In: WIENER, A.; BÖRZEL, T. A.; RISSE, T. (Org.). **European Integration Theory**. Oxford: Oxford University Press, 2019. p. 21-49.

BUZAN, B.; HANSEN, L. **The Evolution of International Security Studies**. Nova York: Cambridge University Press, 2009.

BUZAN, B.; WAEVER, O. **Regions and Powers**: the Structure of International Security. Cambridge: Cambridge University Press, 2003.

CAN – Comunidad Andina. Disponível em: <https://www.comunidadandina.org/>. Acesso em: 14 jun. 2023.

CANTORI, L. J.; SPIEGEL, S. L. **The International Politics of Regions**. Englewood Cliffs: Prentice-Hall, 1970.

CARDOSO, F. H. A política externa do Brasil no início de um novo século: uma mensagem do Presidente da República. **Revista Brasileira de Política Internacional**, v. 44, n. 1, p. 5-12, 2001. Disponível em: <https://www.scielo.br/j/rbpi/a/5zwNc8fbfstXZCvBYqqPZsz/?format=pdf&lang=pt>. Acesso em: 14 jun. 2023.

CARDOSO, F. H. Entrevista: FHC quer fim das 'picuinhas' com EUA. **Folha de S.Paulo**, 1994. Entrevista.

CARVALHO, C. E. et al. Banco do Sul: a proposta, o contexto e os desafios. **Cadernos PROLAM/USP**, ano 8, v. 2, p. 113-135, 2010.

CARVALHO, P. N. de; SENHORAS, E. M. Crise do regionalismo sul-americano: discussões sobre integração, fragmentação e desintegração. **Revista Tempo do Mundo**, n. 23, p. 61-92, 2020. Disponível em: <https://www.ipea.gov.br/portal/images/stories/PDFs/rtm/201202_rtm_n23_art3.pdf>. Acesso em: 12 maio 2023.

CASARÕES, G. **As três camadas da política externa do governo Collor**: poder, legitimidade e dissonância. 181 f. Dissertação (Mestrado em Relações Internacionais) – Universidade Estadual de Campinas, Campinas, 2011. Disponível em: <https://repositorio.unesp.br/bitstream/handle/11449/98119/casaroes_gsp_me_mar.pdf?sequence=1&isAllowed=y>. Acesso em: 12 maio 2023.

CASARÕES, G. O Brasil nas ruas e longe do mundo: como a crise político-econômica levou ao colapso da política externa brasileira. **Aisthesis**, n. 70, p. 439-473, 2021. Disponível em: <https://www.scielo.cl/pdf/aisthesis/n70/0718-7181-aisthesis-70-0439.pdf>. Acesso em: 12 maio 2023.

CASAS, A. (Org.). **Pensamiento sobre integración y latinoamericanismo**: orígenes y tendencias hasta 1930. Bogotá: Ediciones Ántropos, 2007.

CAVALCANTI, F. G. O Mercosul pós-Dilma Roussef e o retorno do regionalismo aberto. In: BRICEÑO-RUIZ, J. et al. (Org.). **La integración latino-americana en Debate**. Buenos Aires: Teseo, 2019. p. 69-96.

CELAC – Comunidade de Estados Latino-Americanos e Caribenhos. Disponível em: <https://celacinternational.org/celac-4>. Acesso em: 14 jun. 2023.

CEPAL – Comissão Econômica para a América Latina e o Caribe. **Annuario Estadístico de América Latina y el Caribe**. 2022. Disponível em: <https://repositorio.cepal.org/bitstream/handle/11362/48706/S2200730_mu.pdf?sequence=4&isAllowed=y>. Acesso em: 14 jun. 2023.

CEPAL – Comissão Econômica para a América Latina e o Caribe. **El regionalismo abierto en América Latina y el Caribe**: la integración económica al servicio de la transformación productiva con equidad. Santiago de Chile, 1994. Disponível em: <http://repositorio.cepal.org/bitstream/handle/11362/2140/1/S9481108_es.pdf>. Acesso em: 14 jun. 2023.

CERVO, A. L. Relações internacionais do Brasil: um balanço da era Cardoso. **Revista Brasileira de Política Internacional**, v. 45, n. 1, p. 5-35, 2002. Disponível em: <https://www.scielo.br/j/rbpi/a/DmJzPS7FgBY9YvsCj5bKNZz/?format=pdf&lang=pt>. Acesso em: 12 maio 2023.

CESARINO, L. Como vencer uma eleição sem sair de casa: a ascensão do populismo digital no Brasil. **Internet & Sociedade**, v. 1, n. 1, p. 91-120, 2020. Disponível em: <https://revista.internetlab.org.br/wp-content/uploads/2020/02/Como-vencer-uma-eleic%CC%A7a%CC%83o-sem-sair-de-casa.pdf>. Acesso em: 12 maio 2023.

CHECKEL, J. T. Why Comply? Social Learning and European Identity Change. **International Organization**, v. 55, n. 3, p. 553-588, 2001.

CHEVALIER, M. **Le Mexique, ancien et moderne**. Whitefish: Kessinger Publisher, 2010.

CHRISTIANSEN, T.; JØRGENSEN, K. E.; WIENER, A. The Social Construction of Europe. **Journal of European Public Policy**, v. 4, n. 6, p. 528-544, 1999.

COLACRAI, M. Los aportes de la teoría de la autonomía, genuina contribución sudamericana: ¿La autonomía es hoy una categoría en desuso o se enfrenta al desafío de una renovación en un contexto interdependiente y más complejo? In: LECHINI, G.; KLAGSBRUNN, V.; GONÇALVES, W. (Org.). **Argentina e Brasil**: vencendo os preconceitos – as várias arestas de uma concepção estratégica. Rio de Janeiro: Revan, 2009. p. 33-49.

COMISSÃO EUROPEIA. **Relatório da Comissão sobre a Governança Europeia**. Luxemburgo: Serviço das Publicações Oficiais das Comunidades Europeias, 2003. Disponível em: <https://ec.europa.eu/governance/docs/comm_rapport_pt.pdf>. Acesso em: 12 maio 2023.

CORAZZA, G. O "regionalismo aberto" da CEPAL e a inserção da América Latina na globalização. **Ensaios FEE**, v. 27, n. 1, p. 135-151, 2006.

CÔRTES, O. H. D. G. **A política externa do governo Sarney**: o início da reformulação de diretrizes para a inserção internacional do Brasil sob o signo da democracia. Brasília: Funag, 2010. Disponível em: <http://funag.gov.br/loja/download/910-PolItica_Externa_do_Governo_Sarney_A.pdf>. Acesso em: 14 jun. 2023.

DECLARAÇÃO de Iperó: Declaração Conjunta sobre Política Nuclear. Iperó, 8 abr. 1988. Disponível em: <https://www.abacc.org.br/en/wp-content/uploads/2016/09/Declara%C3%A7%C3%A3o-de-Iper%C3%B3-portugu%C3%AAs.pdf>. Acesso em: 14 jun. 2023.

DESIDERÁ NETO, W. A. As mudanças no sentido estratégico do Mercosul para a política externa brasileira: da redemocratização (1985) à crise brasileiro-argentina (1999-2002). **Revista Tempo do Mundo**, v. 5, n. 1, p. 153-169, 2013. Disponível em: <https://www.ipea.gov.br/revistas/index.php/rtm/article/view/69>. Acesso em: 10 abr. 2023.

DESIDERÁ NETO, W. A. et al. (Org.). **Política externa brasileira em debate**: dimensões e estratégias de inserção internacional no pós-crise de 2008. Brasília: Ipea; Funag, 2018.

DESIDERÁ NETO, W. A.; TUSSIE, D. As relações Sul-Sul (2008-2015). In: DESIDERÁ NETO, W. A. et al. (Org.). **Política externa brasileira em debate**: dimensões e estratégias de inserção internacional no pós-crise de 2008. Brasília: Ipea; Funag, 2018. p. 333-370.

DIEZ, T.; WIENER, A. Introducing the Mosaic of Integration Theory. In: WIENER, A.; BÖRZEL, T. A.; RISSE, T. (Org.). **European Integration Theory**. Oxford: Oxford University Press, 2019. p. 1-26.

ESCUDÉ, C. **El realismo de los Estados débiles**. Buenos Aires: GEL/NuevoHacer, 1995.

ESCUDÉ, C. La política exterior de Menem y su sustento teórico implícito. **América Latina Internacional**, v. 8, n. 27, p. 349-406, 1991.

ESCUDÉ, C. **Realismo periférico**. Buenos Aires: Planeta, 1992.

ESTENSSORO, L. E. R. **O sistema econômico latino-americano (SELA)**: integração e relações internacionais (1975-1991). 200 f. Dissertação (Mestrado) – Universidade de São Paulo, São Paulo, 1994. Disponível em: <https://www.teses.usp.br/teses/disponiveis/84/84131/tde-16082011-100208/publico/1994_LuisEnriqueRambalducciEstenssoro.pdf>. Acesso em: 10 abr. 2023.

FARIA, J. Â. E. **O Mercosul**: princípios, finalidade e alcance do Tratado de Assunção. Brasília: MRE, 1993.

FEATHERSTONE, K.; RADAELLI, C. M. (Ed.). **The Politics of Europeanization**. Oxford: Oxford University Press, 2003.

FERREIRA, A. N. **Discurso proferido pelo ministro das Relações Exteriores, Aloysio Nunes Ferreira, por ocasião do 48º Período Ordinário de Sessões da Assembleia Geral da OEA (Washington, 4 de junho de 2018).** 2018. Disponível em: <https://www.gov.br/mre/pt-br/centrais-de-conteudo/publicacoes/discursos-artigos-e-entrevistas/ministro-das-relacoes-exteriores/discursos-mre/discurso-proferido-pelo-ministro-das-relacoes-exteriores-aloysio-nunes-ferreira-por-ocasiao-do-48-periodo-ordinario-de-sessoes-da-assembleia-geral-da-oea-washington-4-de-junho-de-2018>. Acesso em: 12 maio 2023.

FINNEMORE, M. **National Interest in International Society**: Cornell Studies in Political Economy. Nova York: Cornell University Press, 1996.

FLORES, M. C. G. **O Mercosul nos discursos do governo brasileiro (1985-94)**. Rio de Janeiro: Ed. da FGV, 2005.

FONSECA JR., G. **A legitimidade e outras questões internacionais**. São Paulo: Paz e Terra, 1998.

FREITAS, V. R. A. de. México: da crise da dívida externa ao advento do Nafta. **Aurora**, ano II, n. 3, p. 47-55, 2008. Disponível em: <https://revistas.marilia.unesp.br/index.php/aurora/article/view/1193>. Acesso em: 12 maio 2023.

FRENKEL, A.; AZZI, D. Jair Bolsonaro y la desintegración de América del Sur: ¿un paréntesis? **Nueva Sociedad**, n. 291, 2021. Disponível em: <https://nuso.org/articulo/jair-bolsonaro-y-la-desintegracion-de-america-del-sur-un-parentesis>. Acesso em: 12 maio 2023.

GARCIA, M. A. A opção sul-americana. **Interesse Nacional**, ano 1, n. 1, 2008.

GARCIA, M. A. Respostas da política externa brasileira às incertezas do mundo atual. **Interesse Nacional**, ano 4, n. 13, p. 45-52, 2011. Disponível em: <https://interessenacional.com.br/?jet_download=4238>. Acesso em: 12 maio 2023.

GARCIA, R. Com apoio de cientistas, indígenas pedem 80% da Amazônia preservada até 2025. **O Globo**, São Paulo, 8 nov. 2022. Disponível em: <https://oglobo.globo.com/mundo/noticia/2022/11/com-apoio-de-cientistas-indios-pedem-80percent-da-amazonia-preservada-ate-2025.ghtml>. Acesso em: 25 mar. 2023.

GIACALONE, R. Latin American Foreign Policy Analysis: External Influences and Internal Circumstances. **Foreign Policy Analysis**, v. 8, n. 4, p. 335-354, 2012.

GOMBATA, M. Pobreza extrema atinge o maior nível em 20 anos na América Latina. **Valor Econômico**, 5 mar. 2021. Disponível em: <https://valor.globo.com/mundo/noticia/2021/03/05/pobreza-extrema-atinge-o-maior-nivel-em-20-anos-na-america-latina.ghtml>. Acesso em: 18 jun. 2023.

GONZÁLEZ, L.; PERROTTA, D. V. ¿Dónde están las mujeres en la integración regional? Análisis y propuestas desde el Mercosur. **Conjuntura Austral**, v. 12, n. 59, p. 137-153, 2021. Disponível em: <https://seer.ufrgs.br/index.php/ConjunturaAustral/article/view/113897/64281>. Acesso em: 14 jun. 2023.

GRAZIANO, V. T. A invisibilidade dos povos indígenas no Acordo Mercosul-União Europeia e a colonialidade do poder na integração regional sul-americana. **Observatório de Regionalismo**, 26 out. 2021. Disponível em: <http://observatorio.repri.org/2021/10/26/a-invisibilidade-dos-povos-indigenas-no-acordo-mercosul-uniao-europeia-e-a-colonialidade-do-poder-na-integracao-regional-sul-americana/>. Acesso em: 10 abr. 2023.

GUIMARÃES, S. P. **Desafios brasileiros na era dos gigantes**. Rio de Janeiro: Contraponto, 2006.

HAAS, E. **The Uniting of Europe**: Political, Social, and Economic Forces, 1950-1957. [S.l.: s.n.], 1958.

HETTNE, B. The New Regionalism Revisited. In: SÖDERBAUM, F. et al. (Ed.). **Theories of New Regionalism**. Palgrave: Macmillan, 2003. p. 22-42.

HIRST, M. La dimensión política del Mercosur: especificidades nacionales, aspectos institucionales y actores sociales. **Perfiles Latinoamericanos**, n. 4, p. 37-62, 1994. Disponível em: <https://perfilesla.flacso.edu.mx/index.php/perfilesla/article/view/462/415>. Acesso em: 12 maio 2023.

HIRST, M.; LIMA, M. R. S.; PINHEIRO, L. A política externa brasileira em tempos de novos horizontes e desafios. **Nueva Sociedad**, n. especial em português, p. 22-41, 2010. Disponível em: <https://static.nuso.org/media/articles/downloads/p6-2_1.pdf>. Acesso em: 12 maio 2023.

HIRST, M.; PINHEIRO, L. A política externa do Brasil em dois tempos. **Revista Brasileira de Política Internacional**, v. 38, n. 1, p. 5-23, 1995. Disponível em: <https://edisciplinas.usp.br/pluginfile.php/118088/mod_resource/content/1/Hirst%20%0Pinheiros.pdf>. Acesso em: 12 maio 2023.

HOBSBAWM, E. **Era dos extremos**: o breve século XX. São Paulo: Companhia das Letras, 1995.

HONÓRIO, K. dos S. **As obras da política e a política externa das obras**: a infraestrutura como projeção do capitalismo brasileiro na América do Sul dos governos Lula. São Paulo: Cultura Acadêmica, 2021.

HONÓRIO, K. dos S. IIRSA – Iniciativa para a Integração da Infraestrutura Regional Sul-Americana. **Observatório de Regionalismo**, 10 abr. 2017. Disponível em: <http://observatorio.repri.org/glossary/iniciativa-para-a-integracao-da-infraestrutura-regional-sulamericana-iirsa/>. Acesso em: 10 abr. 2023.

HONÓRIO, K. dos S. **O significado da Iniciativa para a Integração da Infraestrutura Regional Sul-Americana (IIRSA) no regionalismo sul-americano (2000-2012)**: um estudo sobre a iniciativa e a participação do Brasil. 135 f. Dissertação (Mestrado em Relações Internacionais) – Programa de Pós-Graduação San Tiago Dantas (Unesp/Unicamp/PUC-SP), São Paulo, 2013. Disponível em: <https://repositorio.unesp.br/bitstream/handle/11449/128074/000732081.pdf?sequence=1&isAllowed=y>. Acesso em: 12 maio 2023.

HOOGHE, L.; MARKS, G. **Multi-Level Governance and European Integration**. Maryland: Rowman and Littlefield, 2001.

HURRELL, A. O ressurgimento do regionalismo na política mundial. **Contexto Internacional**, v. 17, n. 1, p. 23-59, 1995. Disponível em: <http://contextointernacional.iri.puc-rio.br/media/Hurrell_vol17n1.pdf>. Acesso em: 12 maio 2023.

ISM – Instituto Social do Mercosul. **Evaluación de avances en la implementación del Plan Estratégico de Acción Social (PEAS)**. Assunção, 2017.

JAGUARIBE, H. Autonomía periférica y hegemonía céntrica. **Estudios Internacionales**, v. 12, n. 46, p. 91-130, 1979.

JAGUARIBE, H. Dependencia y autonomía en América Latina. In: JAGUARIBE, H. et al. **La dependencia político-económica de América Latina**. Buenos Aires: Clacso, 2017. p. 23-80. (Colección Clásicos Recuperados).

KEOHANE, R. O. International Institutions: Two Approaches. **International Studies Quarterly**, v. 32, p. 171-188, 1988.

KING, P. **Federalism and Federation**. London: Croom Helm, 1982.

KLEIMANN, A. et al. **2003-2010**: o Brasil em transformação. São Paulo: Perseu Abramo, 2010. v. 4: A nova política externa.

KRASNER, S. D. Causas estruturais e consequências dos regimes internacionais: regimes como variáveis intervenientes. **Revista de Sociologia e Política**, v. 20, n. 42, p. 93-110, 2012. Disponível em: <https://www.scielo.br/j/rsocp/a/b9xbgR49ZTvbzLq5RKFZrDg/?format=pdf&lang=pt>. Acesso em: 19 jun. 2023.

KURZ, R. **O colapso da modernização**. Rio de Janeiro: Paz e Terra, 1993.

LACLAU, E. **On Populist Reason**. [S.l.]: Verso, 2005.

LAFER, C. **A identidade internacional do Brasil e a política externa brasileira**: passado, presente e futuro. São Paulo: Perspectiva, 2001.

LAFER, C. Brasil: dilemas e desafios da política externa. **Estudos Avançados**, v. 14, n. 38, p. 260-267, 2000. Disponível em: <https://www.scielo.br/j/ea/a/wTFznjZqZVt74VPr8q86kMR/?format=pdf&lang=pt>. Acesso em: 12 maio 2023.

LAFER, C.; FONSECA JR., G. Questões para a diplomacia no contexto internacional das polaridades indefinidas (notas analíticas e algumas sugestões). In: FONSECA JR., G.; CASTRO, S. (Org.). **Temas de política externa brasileira II**. 2. ed. São Paulo: Paz e Terra, 1997. v. 1. p. 49-77.

LAMPREIA, L. F. A política externa do governo FHC: continuidade e renovação. **Revista Brasileira de Política Internacional**, v. 42, n. 2, p. 5-17, 1998. Disponível em: <https://www.scielo.br/j/rbpi/a/YFcDnF8XTFFHSv7gRSZLV8K/?format=pdf&lang=pt>. Acesso em: 12 maio 2023.

LATINOBARÓMETRO. **Oportunidades de integración regional II**. 2007. Disponível em: <http://www.latinobarometro.org/docs/OportunidadesDeIntegracionIICAFLimaPeru_Abril_16_2008.pdf>. Acesso em: 10 abr. 2023.

LIMA, M. R. S. A agência da política externa brasileira: uma análise preliminar. In: DESIDERÁ NETO, W. A. et al. (Org.). **Política externa brasileira em debate**: dimensões e estratégias de inserção internacional no pós-crise de 2008. Brasília: Ipea; Funag, 2018. p. 39-56.

LIMA, M. R. S. A nova agenda da América do Sul e o papel do Brasil. **Pensamiento Proprio**, v. 39, 2014.

LIMA, M. R. S. Ejes analíticos y conflictos de paradigmas en la política exterior brasileña. **América Latina/Internacional**, v. 1, n. 2, p. 27-46, 1994.

LIMA, M. R. S. Na trilha de uma política externa afirmativa. **Observatório da Cidadania**, p. 94-100, 2003. Disponível em: <https://www.socialwatch.org/sites/default/files/pdf/en/panorbrasileirog2003_bra.pdf>. Acesso em: 12 maio 2023.

LIMA, M. R. S. Tradição e inovação na política externa brasileira. **Plataforma Democrática**, n. 3, 2010.

LIMA, M. R. S.; COUTINHO, M. V. Uma versão estrutural do regionalismo. In: DINIZ, E. (Org.). **Globalização, Estado e desenvolvimento**. Rio de Janeiro: Ed. da FGV, 2007. p. 125-152.

LINDBERG, L. N. **The Political Dynamics of European Integration**. Califórnia: Stanford University Press, 1963.

LOCKHART, N. F. La identidad de Unasur: ¿Regionalismo post-neoliberal o post-hegemónico? **Revista de Ciencias Sociales**, n. 140, p. 97-109, 2013. Disponível em: <https://revistas.ucr.ac.cr/index.php/sociales/article/view/12316/11579>. Acesso em: 12 maio 2023.

MALAMUD, A. **Overlapping Regionalism, no Integration**: Conceptual Issues and the Latin American Experiences. EUI Working Papers, 2013. Disponível em: <https://cadmus.eui.eu/bitstream/handle/1814/26336/RSCAS_2013_20.pdf?sequence=1&isAllowed=y>. Acesso em: 12 maio 2023.

MARIANO, K. L. P. **Regionalismo na América do Sul**: um novo esquema de análise e a experiência do Mercosul. São Paulo: Cultura Acadêmica, 2015.

MARIANO, K. L. P.; BRESSAN, R. N.; LUCIANO, B. T. Liquid Regionalism: a Typology for Regionalism in the Americas. **Revista Brasileira de Política Internacional**, v. 64, n. 2, p. 1-19, 2021. Disponível em: <https://www.scielo.br/j/rbpi/a/fjTdDxj5VM8KkybBGqcfpCh/?format=pdf&lang=en>. Acesso em: 14 jun. 2023.

MARIANO, K. L. P.; RIBEIRO, C. C. N. A pluralidade institucional como ferramenta política na América do Sul: sobreposições organizacionais e fragmentação regional. **Revista Tempo no Mundo**, n. 23, p. 35-59, 2020. Disponível em: <https://www.ipea.gov.br/revistas/index.php/rtm/article/download/188/230/801>. Acesso em: 12 maio 2023.

MARIANO, K. P.; VIGEVANI, T. **Reflexões sobre a integração latino-americana**. São Paulo: Fapesp/Fundap/PUC-SP/Cedec, 2000. p. 34-78.

MARIANO, M. P. **A política externa brasileira e a integração regional**: uma análise a partir do Mercosul. São Paulo: Ed. da Unesp, 2015.

MARIANO, M. P.; RAMANZINI JR., H.; VIGEVANI, T. O Brasil e o Mercosul: atores domésticos e oscilações da política externa nos últimos 30 anos. **Lua Nova**, n. 112, p. 15-54, 2021. Disponível em: <https://www.scielo.br/j/ln/a/tHw5r4whfhWQ7vCNtLPbfRL/?format=pdf&lang=pt>. Acesso em: 12 maio 2023.

MARKS, G. Structural Policy and Multilevel Governance in the EC. In: CAFRUNY, A.; ROSENTHAL, G. (Ed.). **The State of the European Community**. Nova York: Lynne Rienner, 1993. p. 391-410.

MARKS, G.; HOOGHE, L. Contrasting Visions of Multi-Level Governance. In: FLINDERS, M. V.; BACHE, I. (Ed.). **Multi-Level Governance**. Oxford: Oxford University Press, 2004. p. 15-30.

MATTLI, W. **The Logic of Regional Integration**: Europe and Beyond. Nova York: Cambridge University Press, 1999.

MELLO, F. C. de. Discurso do Presidente Fernando Collor por ocasião da assinatura do Tratado para a Constituição do Mercado Comum do Sul (Mercosul), em Assunção, em 26 de março de 1991. **Resenha de Política Exterior do Brasil**, Brasília: Ministério das Relações Exteriores, ano 17, n. 68, p. 31-32, 1991.

MERCOSUL – Mercado Comum do Sul. CMC – Conselho do Mercado Comum. **DEC. n. 14/14**: Reunião de Autoridades sobre Povos Indígenas. Caracas, 28 jul. 2014a. Disponível em: <http://www.sice.oas.org/trade/mrcsrs/decisions/dec1414_p.pdf>. Acesso em: 25 maio 2023.

MERCOSUL – Mercado Comum do Sul. CMC – Conselho do Mercado Comum. **DEC 45/14**: Plano de Ação da Reunião de Autoridades sobre Povos Indígenas para o Período 2015-2017. Paraná, 16 dez. 2014b. Disponível em: <https://normas.mercosur.int/simfiles/normativas/55798_DEC_045-2014_PT_Plano%20de%20A%C3%A7%C3%A3o%20Povos%20Indig%202015-2017.pdf>. Acesso em: 10 abr. 2023.

MERCOSUL – Mercado Comum do Sul. **Declaração Sociolaboral do Mercosul de 2015**. Brasília, 17 jul. 2015. Disponível em: <https://documentos.mercosur.int/simfiles/declaraciones/58033_PT_Declara%C3%A7%C3%A3o%20Sociolaboral.pdf>. Acesso em: 10 abr. 2023.

MERCOSUL – Mercado Comum do Sul. **Estatuto da Cidadania do Mercosul**. 2010. Disponível em: <https://www.mercosur.int/pt-br/estatuto-cidadania-mercosul/>. Acesso em: 10 abr. 2023.

MERCOSUL – Mercado Comum do Sul. **La dimensión social del Mercosur**: marco conceptual. Assunção: ISM, 2012a. Disponível em: <http://www.ismercosur.org/es/biblioteca/download-info/la-dimension-social-del-mercosur-marco-conceptual/>. Acesso em: 25 maio 2023.

MERCOSUL – Mercado Comum do Sul. **Plano Estratégico de Ação Social do Mercosul (Peas)**. Assunção: ISM, 2012b.

MERCOSUL – Mercado Comum do Sul. **Tratado para a constituição de um mercado comum entre a República Argentina, a República Federativa do Brasil, a República do Paraguai e a República Oriental do Uruguai**. Assunção, 1991. Disponível em: <https://www.mercosur.int/pt-br/documentos-e-normativa/textos-fundacionais/#/>. Acesso em: 10 abr. 2023.

MESQUITA, L. A trajetória da participação social no Mercosul: o paradoxo entre sociedade civil e Estado nos últimos trinta anos. **Oikos**, v. 20, n. 3, p. 114-132, 2021. Disponível em: <https://revistas.ufrj.br/index.php/oikos/article/view/52074/28362>. Acesso em: 12 maio 2023.

MESQUITA, L. **Representação, democracia e política externa**: a participação social como indutora de mudanças na política externa? 224 f. Tese (Doutorado em Ciência Política) – Universidade Federal de Minas Gerais, Belo Horizonte, 2016.

MIRANDA, S. P. de. A "nova política externa brasileira" de Temer para a América do Sul. **Conjuntura Austral**, v. 10, n. 51, p. 126-138, 2019. Disponível em: <https://seer.ufrgs.br/index.php/ConjunturaAustral/article/view/95362/54294>. Acesso em: 14 jun. 2023.

MITRANY, D. **The Functional Theory of Politics**. Londres: London School of Economics and Political Science, 1975.

MIYAMOTO, S. A política externa do governo Lula: aspirações e dificuldades. **Ideias**, v. 1, n. 3, p. 119-132, 2011. Disponível em: <https://periodicos.sbu.unicamp.br/ojs/index.php/ideias/article/view/8649319/15874>. Acesso em: 29 maio 2023.

MORAVCSIK, A. Preferences and Power in the European Community: a Liberal Intergovernmentalist Approach. **JCMS: Journal of Common Market Studies**, v. 31, n. 4, p. 473-524, 1993.

MORAVCSIK, A. **The Choice for Europe**: Social Purpose and State Power from Messina to Maastricht. Ithaca: Cornell University Press, 1998.

MORAVCSIK, A.; SCHIMMELFENNIG, F. Liberal Intergovernmentalism. In: WIENER, A.; BÖRZEL, T. A.; RISSE, T. (Org.). **European Integration Theory**. Oxford: Oxford University Press, 2019. p. 64-86.

MUDDE, C. Populism. In: KALWASSER, C. R. et al. **The Oxford Handbook of Populism**. Oxford: Oxford University Press, 2013. p. 27-47.

NERY, T. Unasul: a dimensão política do novo regionalismo sul-americano. **Caderno CRH**, v. 29, n. SPE 3, p. 59-75, 2016. Disponível em: <https://www.scielo.br/j/ccrh/a/qJc4qDsjqyYNTyPtGHm9Shm/?format=pdf&lang=pt>. Acesso em: 12 maio 2023.

NEVES, B. C. A crise do regionalismo: fatores e perspectivas. **Observatório de Regionalismo**, 11 ago. 2020. Disponível em: <http://observatorio.repri.org/2020/08/11/a-crise-do-regionalismo-fatores-e-perspectivas/>. Acesso em: 10 abr. 2023.

NEVES, B. C.; HONÓRIO, K. dos S. Latin American Regionalism under the New Right. **E-International Relations**, p. 1-6, 2019. Disponível em: <https://www.e-ir.info/pdf/80118>. Acesso em: 12 maio 2023.

NICOLAO, J.; JUANENA, M. ¿Hacia una mayor visibilización de las demandas de los pueblos indígenas en el Mercosur? **Densidades**, n. 16, p. 61-82, 2014.

NIEMANN, A.; SCHMITTER, P. Neofunctionalism. In: WIENER, A.; BÖRZEL, T. A.; RISSE, T. (Org.). **European Integration Theory**. Oxford: Oxford University Press, 2019. p. 43-63.

NOLTE, D.; RIBEIRO, C. C. N. Mercosur and the EU: the False Mirror. **Lua Nova**, v. 112, p. 87-122, 2021. Disponível em: <https://repositorio.unesp.br/bitstream/handle/11449/211386/S0102-64452021000100087.pdf?sequence=1&isAllowed=y>. Acesso em: 12 maio 2023.

NYE, J.; KEOHANE, R. O. Transnational Relations and World Politics. **International Organization**, v. 25, n. 3, p. 329-359, 1971.

OLIVEIRA, F. de. Fronteiras invisíveis. In: OITO visões da América Latina: perto de um mundo distante. Rio de Janeiro: Banco do Brasil, 2006. Disponível em: <https://artepensamento.ims.com.br/item/fronteiras-invisiveis/>. Acesso em: 21 ago. 2023.

OMINAMI, C. Prosur: ¿integración o revancha ideológica? **Nueva Sociedad**, n. 291, p. 157-168, 2021. Disponível em: <https://www.nuso.org/articulo/prosur-integracion-o-revancha-ideologica/>. Acesso em: 12 maio 2023.

ONUF, N. G. **The World of Our Making**: Rules and Rule in Social Theory and International Relations. Columbia: University of South Carolina Press, 1989.

PAIKIN, D.; PERROTTA, D. V.; PORCELLI, E. Pensamiento latinoamericano para la integración. **Crítica y Emancipación**, v. 8, n.15, p. 49-80, 2016. Disponível em: <http://portal.amelica.org/ameli/journal/18/184003/html/>. Acesso em: 12 maio 2023.

PECEQUILO, C. S.; CARMO, C. A. do. A política externa brasileira nos governos Lula e Dilma (2003/2014): a América do Sul. **Perspectivas**, v. 50, p. 13-45, 2017. Disponível em: <https://periodicos.fclar.unesp.br/perspectivas/article/view/12436/8167>. Acesso em: 12 maio 2023.

PEDROSO, C. S. **Os projetos políticos de Brasil e Venezuela para a América do Sul do século XXI**: a Unasul e a Alba em uma perspectiva comparada. São Paulo: Cultura Acadêmica, 2014. Disponível em: <https://repositorio.unesp.br/bitstream/handle/11449/126229/ISBN9788579835896.pdf?sequence=1&isAllowed=y>. Acesso em: 12 maio 2023.

PEIXOTO, L. **A política externa do primeiro governo Lula (2003-2006)**. 136 f. Dissertação (Mestrado em Relações Internacionais) – Programa de Pós-Graduação San Tiago Dantas (Unesp/Unicamp/PUC-SP), Campinas, 2007. Disponível em: <https://repositorio.unicamp.br/Busca/Download?codigoArquivo=496841>. Acesso em: 12 maio 2023.

PERROTTA, D. V. El campo de estudios de la integración regional y su aporte a las Relaciones Internacionales: una mirada desde América Latina. **Relaciones Internacionales**, n. 38, p. 9-39, 2018. Disponível em: <https://revistas.uam.es/relacionesinternacionales/article/view/9275/9924>. Acesso em: 12 maio 2023.

PERROTTA, D. V.; PORCELLI, E. Regionalismo con adjetivos: sus desafíos teorico-prácticos. In: MOLANO-CRUZ, G.; BRICEÑO-RUIZ, J. (Ed.). **Regionalismo en América Latina después de la post-hegemonía**. México: Universidad Nacional Autónoma de México, 2021. p. 87-112.

PERROTTA, D.; PORCELLI, E. El regionalismo es lo que la academia hace de él. **Revista Uruguaya de Ciencia Política**, v. 28, n. 1, p. 183-218, 2019. Disponível em: <http://www.scielo.edu.uy/pdf/rucp/v28n1/1688-499X-rucp-28-01-183.pdf>. Acesso em: 12 maio 2023.

PETERS, G.; PIERRE, J. Governance Approaches. In: WIENER, A.; BÖRZEL, T. A.; RISSE, T. (Org.). **European Integration Theory**. Oxford: Oxford University Press, 2019. p. 87-107.

PIATTONI, S. Federalism and the European Union. In: LOUGHLIN, J.; KINCAID, J.; SWENDEN, W. (Org.). **Routledge Handbook of Regionalism & Federalism**. [S.l.]: Routledge, 2013. p. 563–574.

PIATTONI, S. **Theory of Multi-Level Governance**: Conceptual, Empirical and Normative Challenges. Oxford: Oxford University Press, 2010.

PINHEIRO, L. Autores y actores de la política exterior brasileña. **Foreign Affairs: Latinoamérica**, v. 9, n. 2, p. 14-24, 2009.

PINHEIRO, L. **Política externa brasileira (1889-2002)**. Rio de Janeiro: Zahar, 2004.

PINHEIRO, L. Traídos pelo desejo: um ensaio sobre a teoria e a prática da política externa brasileira contemporânea. **Contexto Internacional**, v. 22, n. 2, p. 305-335, 2000. Disponível em: <http://contextointernacional.iri.puc-rio.br/media/Pinheiro_vol22n2.pdf>. Acesso em: 12 maio 2023.

PMDB – Partido do Movimento Democrático Brasileiro. **Uma ponte para o futuro**. Brasília: Fundação Ulysses Guimarães, 2015.

PODER360. **Líderes se reúnem para celebrar os 20 anos da União Africana**. 5 fev. 2022. Disponível em: <https://www.poder360.com.br/internacional/lideres-se-reunem-para-celebrar-os-20-anos-da-uniao-africana>. Acesso em: 15 maio 2023.

PONT, M. L. **Construindo o mapa da participação social no Mercosul**. [S.l.]: UPS, 2015. Disponível em: <https://www.mercosur.int/documento/construindo-o-mapa-da-participacao-social-no-mercosul>. Acesso em: 12 maio 2023.

POWERS, K.; GOERTZ, G. The Economic-Institutional Construction of Regions: Conceptualisation and Operationalisation. **Review of International Studies**, v. 37, n. 5, p. 2387-2415, 2011.

PROYECTO MESOAMÉRICA. **Antecedentes y estatutos**. Disponível em: <http://proyectomesoamerica.org/index.php/acerca-delpm/proyecto-mesoamerica/antecedentes/8-acerca-del-pm/39-proceso-de-institucionalizacion-del-plan-puebla-panama-2001-2008>. Acesso em: 14 jun. 2023.

PUIG, J. C. Integración y autonomía de América Latina en las postrimerías del siglo XX. **Integración Latinoamericana**, v. 11, n. 109, p. 40-62, 1986.

PUIG, J. C. (Org.). **América Latina**: politicas exteriores comparadas. Buenos Aires: Grupo Editor Latinoamericano, 1982. p. 24-163. Tomo I.

RAMANZINI JR., H.; MARIANO, M. P. As relações com a América do Sul (2008-2015). In: DESIDERÁ NETO, W. A. et al. (Org.). **Política externa brasileira em debate**: dimensões e estratégias de inserção internacional no pós-crise de 2008. Brasília: Ipea; Funag, 2018. p. 235-272.

RAMOS, C.; VILA MAIOR, P. Perspectivas teóricas sobre a integração europeia **Relações Internacionais**, n. 16, p. 103-116, 2007. Disponível em: <https://ipri.unl.pt/images/publicacoes/revista_ri/pdf/ri16/RI16_08CRamosPVMaior.pdf>. Acesso em: 11 maio 2023.

REZENDE, C. Mercosul não será prioridade para governo, diz Paulo Guedes. **Terra**, 28 out. 2018. Disponível em: <https://www.terra.com.br/noticias/brasil/politica/paulo-guedes-diz-que-mercosul-nao-sera-prioridade-no-governo-bolsonaro,1987f3339ae19b8fee961d8e80c9d334056eyx89.html>. Acesso em: 10 abr. 2023.

RIGGIROZZI, P. Region, Regionness and Regionalism in Latin America: towards a New Synthesis. **New Political Economy**, v. 17, n. 4, p. 421-443, 2012.

RIGGIROZZI, P.; TUSSIE, D. Claves para leer al regionalismo sudamericano: fortaleciendo el Estado, regulando el mercado, gestionando autonomía. **Perspectivas**, ano 3, n. 5, p. 6-21, 2018a. Disponível em: <https://perspectivasrcs.unr.edu.ar/index.php/PRCS/article/view/212/126>. Acesso em: 11 maio 2023.

RIGGIROZZI, P.; TUSSIE, D. Regional Governance in South America: Supporting States, Dealing with Markets and Reworking Hegemonies. In: RIGGIROZZI, P.; WYLDE, C. (Org.) **Handbook of South American Governance**. Nova York: Routledge, 2018b. p. 159-172.

RIGGIROZZI, P.; TUSSIE, D. (Ed.). **The Rise of Post-Hegemonic Regionalism**: the Case of Latin America. Berlim: Springer Dordrecht, 2012.

RIGGIROZZI, P.; WYLDE, C. (Org.). **Handbook of South American Governance**. Nova York: Routledge, 2018.

RISSE, T. Social Constructivism and European Integration. In: WIERNER, A.; DIEZ, T. **European Integration Theory**. 2. ed. Nova York: Oxford University Press, 2019. p. 144-160.

RISSE, T.; WIENER, A. The Social Construction of Social Constructivism. In: CHRISTIANSEN, T.; JØRGENSEN, K. E.; WIENER, A. (Ed.). **The Social Construction of Europe**. London: Sage Publications, 2001. p. 199-136.

ROSAMOND, B. Discourses of Globalization and the Social Construction of European Identities. **Journal of European Public Policy**, v. 6, n. 4, p. 652-668, 1999.

ROSAMOND, B. **Theories of European Integration**. Basingstoke: Macmillan, 2000.

ROSENAU, J. N. Governança, ordem e transformação na política mundial. In: ROSENAU, J. N.; CZEMPIEL, E.-O. (Org.). **Governança sem governo**: ordem e transformação na política mundial. Brasília: Ed. da UnB, 2000. p. 11-46.

ROSENAU, J. N.; CZEMPIEL, E.-O. (Org.). **Governance without Government**: Order and Change in World Politics. Cambridge: Cambridge University Press, 1992.

ROSSI, E.; SPINELLI, A. **Il Manifesto di Ventotene**. [S.l.]: Celid, 2017.

ROUSSEFF, D. **Discurso da Presidenta da República, Dilma Rousseff, durante Compromisso Constitucional perante o Congresso Nacional**. Brasília, 2011. Disponível em: <http://www.biblioteca.presidencia.gov.br/presidencia/ex-presidentes/dilma-rousseff/audios/discurso-da-presidenta-da-republica-dilma-rousseff-durante-compromisso-constitucional-perante-o-congresso-nacional>. Acesso em: 11 maio 2023.

RUSSELL, R.; TOKATLIAN, J. G. From Antagonistic Autonomy to Relational Autonomy. **Latin American Politics and Society**, v. 45, n.1, p. 1-24, 2003.

RUSSELL R.; TOKATLIAN, J. G. Relaciones internacionalies y política interna: los neutrales en la Segunda Guerra Mundial, un estudio de caso. **Foro Internacional**, n. 163, p. 63-103, 2001. Disponível em: <https://forointernacional.colmex.mx/index.php/fi/article/view/1600/1590>. Acesso em: 12 maio 2023.

SADER, E. A hegemonia neoliberal na América Latina. In: SADER, E.; GENTILI, P. (Org.). **Pós-neoliberalismo**: as políticas sociais e o Estado democrático. Rio de Janeiro: Paz e Terra, 1995. p. 23-52.

SAES, D. **República do capital**: capitalismo e processo político no Brasil. São Paulo: Boitempo Editorial, 2001.

SANAHUJA, J. A. Crisis de la globalización, el regionalismo y el orden liberal: el ascenso mundial del nacionalismo y la extrema derecha. **Revista Uruguaya de Ciencia Política**, v. 28, n. 1, p. 59-94, 2019. Disponível em: <http://www.scielo.edu.uy/pdf/rucp/v28n1/1688-499X-rucp-28-01-59.pdf>. Acesso em: 12 maio 2023.

SANAHUJA, J. A. Del 'regionalism en abierto' al 'regionalismo post-liberal': crisis y cambio en la integración en América Latina y el Caribe. In: MARTÍNEZ, L.; PEÑA, L.; VAZQUEZ, M. (Ed.). **Anuario de la Integración Regional de América Latina y el Gran Caribe (2008-2009)**. Buenos Aires: Cries, 2008. p. 11-54.

SANAHUJA, J. A. **Post-Liberal Regionalism in South America**: the Case of Unasur. EUI Working Papers, 2012a. Disponível em: <https://cadmus.eui.eu/bitstream/handle/1814/20394/RSCAS_2012_05.pdf?sequence=1&isAllowed=y>. Acesso em: 12 maio 2023.

SANAHUJA, J. A. Regionalismo e integración en América Latina: de la fractura Atlántico-Pacífico a los retos de una globalización en crisis. **Pensamiento Proprio**, v. 21, p. 29-76, 2016. Disponível em: <https://eprints.ucm.es/id/eprint/41401/1/sanahuja%20Regionalismo_e_integracion_en_America_La.pdf>. Acesso em: 12 maio 2023.

SANAHUJA, J. A. Regionalismo post-liberal y multilateralismo em Sudamérica: el caso de Unasur. In: SERBIN, A.; MARTÍNEZ, L.; RAMANZINI JR., H. (Org.). **El regionalismo "post-liberal" em América Latina y el Caribe**: nuevos actores, nuevos temas, nuevos desafios. Buenos Aires: Cries, 2012b. p. 19-72.

SANAHUJA, J. A.; BURIAN, C. L. Internacionalismo reaccionario y nuevas derechas neopatriotas latinoamericanas frente al orden internacional liberal. **Conjuntura Austral**, v. 11, n. 55, p. 22-34, 2020a.

SANAHUJA, J. A.; BURIAN, C. L. Las derechas neopatriotas en América Latina: contestación al orden liberal internacional. **Revista CIDOB d'Afers Internacionals**, n. 126, p. 41-63, 2020b. Disponível em: <https://www.cidob.org/es/articulos/revista_cidob_d_afers_internacionals/126/las_derechas_neopatriotas_en_america_latina_contestacion_al_orden_liberal_internacional>. Acesso em: 11 maio 2023.

SANTANA, C. O.; BUSTAMANTE, G. A. La autonomía en la política exterior latinoamericana: evolución y debates actuales. **Papel Político**, v. 18, n. 2, p. 719-742, 2013. Disponível em: <http://www.scielo.org.co/pdf/papel/v18n2/v18n2a13.pdf>. Acesso em: 12 maio 2023.

SANTOS, L. W. dos; LEÃO, A. P. F.; ROSA, J. R. V. da. Explaining the Changes in Brazilian Foreign Policy towards South America under Michel Temer's Administration (2016-2018): the Return to the Logic of Open Regionalism. **Contexto Internacional**, v. 43, n. 3, p. 489-513, 2021. Disponível em: <https://www.scielo.br/j/cint/a/7gnzcsdC6C3mcsm3376N4Wz/?format=pdf&lang=en>. Acesso em: 11 maio 2023.

SARAIVA, M. G. Balanço da política externa de Dilma Rousseff: perspectivas futuras? **Relações Internacionais**, n. 44, p. 25-35, 2014. Disponível em: <https://ipri.unl.pt/images/publicacoes/revista_ri/pdf/ri44/n44a03.pdf>. Acesso em: 14 jun. 2023.

SARAIVA, M. G. Novas abordagens para análise dos processos de integração na América do Sul: o caso brasileiro. **Revista Carta Internacional**, v. 8, n. 1, p. 3-21, 2013. Disponível em: <https://cartainternacional.abri.org.br/Carta/article/view/79/53>. Acesso em: 14 jun. 2023.

SARAIVA, M. G.; SILVA, Á. V. C. Ideologia e pragmatismo na política externa de Jair Bolsonaro. **Relações Internacionais**, n. 64, p. 117-137, 2019. Disponível em: <https://ipri.unl.pt/images/publicacoes/revista_ri/pdf/ri64/RI_64_art08_MGSAVCS.pdf>. Acesso em: 14 jun. 2023.

SARAIVA, M. G.; VELASCO JÚNIOR, P. A. A política externa brasileira e o "fim de ciclo" na América do Sul: Para onde vamos? **Pensamiento Propio**, v. 21, p. 295-324, jul./dic. 2016.

SARNEY, J. Inauguração da Ponte Tancredo Neves. In: BRASIL. **Discursos selecionados do Presidente José Sarney**. Brasília: Funag, 2008. p. 33-39.

SCHMITTER, P. C. A experiência da integração europeia e seu potencial para a integração regional. **Lua Nova**, n. 80, p. 9-44, 2010. Disponível em: <https://www.scielo.br/j/ln/a/DFfhMRRsrb4RD5mKPY3WtXr/?lang=pt&format=pdf>. Acesso em: 11 maio 2023.

SCHULZ, M.; SÖDERBAUM, F.; ÖJENDAL, J. (Ed.). **Regionalization in a Globalizing World**: a Comparative Perspective on Actors, Forms and Processes. London: Zed Books, 2001.

SCHULZE, H. et al. Far-Right Conspiracy Groups on Fringe Platforms: a Longitudinal Analysis of Radicalization Dynamics on Telegram. **Convergence**, v. 28, n. 4, p. 1103-1126, 2022.

SEDGWICK, M. **Key Thinkers of the Radical Right**: behind the New Threat to Liberal Democracy. [S.l.]: Oxford University Press, 2019.

SELA – Sistema Econômico Latino-Americano e do Caribe. Disponível em: <http://www.sela.org/es>. Acesso em: 14 jun. 2023.

SERBIN, A. **Los nuevos escenarios de la regionalización**: déficit democrático y participación de la sociedad civil em el marco del regionalismo sudamericano. Bogotá: Cries, 2011.

SERRA, J. **Discurso do Ministro José Serra por ocasião da cerimônia de transmissão do cargo de Ministro de Estado das Relações Exteriores**. Brasília, 18 maio 2016. Disponível em: <https://www.defesanet.com.br/armas/noticia/22384/itamaraty-discurso-e-diretrizes-de-jose-serra/>. Acesso em: 11 maio 2023.

SILVA, Á. V. C. A política externa do governo Michel Temer (2016-2018): mudanças para a legitimidade? Um teste da teoria de Charles Hermann. **Conjuntura Austral**, v. 10, n. 49, p. 23-24, 2019. Disponível em: <https://seer.ufrgs.br/index.php/ConjunturaAustral/article/view/86954/52474>. Acesso em: 14 jun. 2023.

SILVA, A. Más allá del Alca: el Mercosur y el desafio de la integracíon hemisférica. **Foro Internacional**, v. XLI, n. 1, p. 137-167, 2001.

SILVA, A. L. R. da. **Do otimismo liberal à globalização assimétrica**: a política externa do governo Fernando Henrique Cardoso (1995-2002). 360 f. Tese (Doutorado em Ciência Política) – Universidade Federal do Rio Grande do Sul, Porto Alegre, 2008. Disponível em: <https://lume.ufrgs.br/bitstream/handle/10183/14743/000665956.pdf?sequence=1>. Acesso em: 11 maio 2023.

SILVA, C. A.; MARTINS, J. R. V. **As Cúpulas Sociais do Mercosul I**: história e acervo. [S.l.]: UPS, 2015.

SIMONOFF, A. Las expresiones autonómicas del Cono Sur: Jaguaribe, Puig Tomassini, Linck y O'Donnell. **Cadernos Prolam/USP**, v. 13, n. 25, p. 13-27, 2014. Disponível em: <https://www.revistas.usp.br/prolam/article/view/101338/108597>. Acesso em: 12 maio 2023.

SÖDERBAUM, F. Early, Old, New and Comparative Regionalism: the Scholarly Development of the Field. **KFG Working Paper Series**, n. 64, p. 1-28, 2015. Disponível em: <https://papers.ssrn.com/sol3/papers.cfm?abstract_id=2687942>. Acesso em: 14 jun. 2023.

SOLIANI, A. Lampreia rejeita sonho de potência mundial. **Folha de S.Paulo**, 24 abr. 2000. Disponível em: <https://www1.folha.uol.com.br/fsp/brasil/fc2404200014.htm>. Acesso em: 12 maio 2023.

SOUZA, A. de. **Agenda Internacional do Brasil revisitada**: percepções da comunidade brasileira de política externa. Rio de Janeiro: Centro Brasileiro de Relações Internacionais, 2008.

SPOSITO, I. B. How do Impeachments Influence Foreign Policies? Lessons from South America. **Revista Brasileira de Política Internacional (online)**, v. 66, n. 1, p. 1-22, 2023. Disponível em: <https://www.scielo.br/j/rbpi/a/cYVSc6h3GhSvGHyVYZsCwgy/?format=pdf&lang=en>. Acesso em: 14 jun. 2023.

TOKATLIAN, J. G. América Latina camina hacia la debilidad y la desintegración: entrevista com Juan Tokatlian. **Nueva Sociedad**, 2019. Entrevista. Disponível em: <https://nuso.org/articulo/america-latina-camina-hacia-la-debilidad-y-la-desintegracion/>. Acesso em: 10 abr. 2023.

TRINDADE, H. Brasil em perspectiva: conservadorismo liberal e democracia bloqueada. In: MOTA, C. G. (Org.). **Viagem incompleta**: a experiência brasileira (1500-2000) – a grande transação. São Paulo: Ed. da Senac São Paulo, 2000.

UNITED NATIONS. Department of Economic and Social Affairs. **The Latin American Common Market**. 1959. Disponível em: <https://repositorio.cepal.org/bitstream/handle/11362/29176/S5900027_en.pdf?sequence=1&isAllowed=y>. Acesso em: 12 maio 2023.

VADELL, J. A.; GIACCAGLIA, C. El rol de Brasil en el regionalismo latinoamericano: la apuesta por uma inserción internacional solitária y unilateral. **Foro Internacional**, v. 60, n. 3, p. 1041-1080, 2020.

VARGAS, E. V. Átomos na integração: a aproximação Brasil-Argentina no campo nuclear e a construção do Mercosul. **Revista Brasileira de Política Internacional**, v. 40, n. 1, p. 41-74, 1997. Disponível em: <https://www.scielo.br/j/rbpi/a/QgNNdNzDY3HgLWrvZ3bbydG/?format=pdf&lang=pt>. Acesso em: 11 maio 2023.

VAZ, A. C. **Cooperação, integração e processo negociador**: a construção do Mercosul. Brasília: Funag, 2002.

VAZQUEZ, M. (Org.). **La integración regional en América Latina y el Caribe**: processos históricos y realidades comparadas. Mérida: Ed. da Universidad de Los Andes, 2007. (Coleção Textos Universitários).

VEIGA, P. da M.; RÍOS, S. P. A política externa no governo Dilma Rousseff: os seis primeiros meses. **Brevíssimos CINDES**, Rio de Janeiro, n. 32, 2011.

VEIGA, P. da M.; RÍOS, S. P. O regionalismo pós-liberal na América do Sul: origens, iniciativas e dilemas. **Breves CINDES**, n. 10, 2008.

VELASCO E CRUZ, S. C. Alguns argumentos sobre reformas para o mercado. **Lua Nova**, n. 45, p. 5-28, 1998. Disponível em: <https://www.scielo.br/j/ln/a/6tDbhzPNXfwbfhNp4SNVGCQ/?format=pdf&lang=pt>. Acesso em: 12 maio 2023.

VIEIRA, J. de C. As experiências de integração da Alalc e Aladi. **Revista de Estudos e Pesquisas sobre as Américas**, v. 9, n. 1, p. 27-56, 2015. Disponível em: <https://periodicos.unb.br/index.php/repam/article/view/16049/14338>. Acesso em: 11 maio 2023.

VIGEVANI, T.; CEPALUNI, G. A política externa de Lula da Silva: a estratégia da autonomia pela diversificação. **Contexto Internacional**, Rio de Janeiro, v. 29, n. 2, p. 273-335, 2007. Disponível em: <https://www.scielo.br/j/cint/a/sWn5MtCXtMZdzdSm3CtzZmC/?format=pdf&lang=pt>. Acesso em: 11 maio 2023.

VIGEVANI, T.; OLIVEIRA, M. F. de; CINTRA, R. Política externa no período FHC: a busca de autonomia pela integração. **Tempo Social**, v. 15, n. 2, p. 31-61, 2003. Disponível em: <https://www.scielo.br/j/ts/a/mvGDVSGydQkVyxxCSjxyQ9f/?format=pdf&lang=pt>. Acesso em: 11 maio 2023.

VIGEVANI, T.; RAMANZINI JR., H. Autonomia, integração regional e política externa brasileira: Mercosul e Unasul. **Dados**, v. 57, n. 2, p. 517-552, 2014. Disponível em: <https://www.scielo.br/j/dados/a/X5MthYt8gwNNxq9Bqmq4nQP/?format=pdf&lang=pt>. Acesso em: 11 maio 2023.

VIGEVANI, T.; RAMANZINI JR., H. Pensamento brasileiro e integração regional. **Contexto Internacional**, v. 32, n. 2, p. 437-487, 2010. Disponível em: <https://www.scielo.br/j/cint/a/Y8RhJfyCjqcgPGsVx6LRn9t/?format=pdf&lang=pt>. Acesso em: 14 jun. 2023.

WENDT, A. **Social Theory of International Politics**. Cambridge: Cambridge University Press, 1999.

ZAPATA, R.; PÉREZ, E. **Pasado, presente y futuro del proceso de integración centroamericano**. Cidade do México: Cepal, 2001. (Estudios y Perspectivas, n. 6). Disponível em: <http://repositorio.cepal.org/bitstream/handle/11362/4983/1/S01111015_es.pdf>. Acesso em: 14 jun. 2023.

ZÜRN, M. The Politicization of World Politics and Its Effects: Eight Propositions. **European Political Science Review**, v. 6, n. 1, p. 47-71, 2014.

Consultando a legislação

UNASUL – União de Nações Sul-Americanas. **Tratado Constitutivo.** Brasília, 23 maio 2008. Disponível em: <https://www.gov.br/defesa/pt-br/arquivos/relacoes_internacionais/unasul/normativaa_unasula_2017.pdf>. Acesso em: 20 jun. 2023.

Os objetivos, os princípios e a dinâmica de funcionamento da Unasul podem ser encontrados em seu documento fundacional. Destaca-se a multidimensionalidade do órgão em relação às temáticas que o mecanismo abarca, uma das principais características do regionalismo pós-hegemônico na América do Sul.

SELA – Sistema Económico Latinoamericano y del Caribe. **Comunicado de Brasilia**. 1º sept. 2000. Disponível em: <http://www.sela.org/es/centrode-documentacion/base-de-datos-documental/bdd/29922/comunicado-de-brasilia-reunion-de-presidentes-de-america-del-sur-brasilia-31-de-agosto-al-1-de-septiembre-de-2000>. Acesso em: 20 jun. 2023.

O Comunicado de Brasília é o documento final da reunião que marcou a primeira vez na história em que os 12 presidentes da América do Sul se encontraram para discutir os rumos da região.

MERCOSUL – Mercado Comum do Sul. **Tratado Constitutivo.** 26 mar. 1991. Disponível em: <https://www.stf.jus.br/arquivo/cms/processoAudienciaPublicaAdpf101/anexo/Tratado_de_Assuncao.pdf>. Acesso em: 20 jun. 2023.

O Tratado Constitutivo do Mercosul, conhecido como Tratado de Assunção, foi firmado pelos países fundadores do bloco em 1991. O conteúdo do documento deixa claro o viés comercial-econômico pensado para a iniciativa em sua criação.

MERCOSUL – Mercado Comum do Sul. **Plano Estratégico de Ação Social do Mercosul (Peas).** Assunção: ISM, 2012. Disponível em: <https://www.mercosur.int/documento/plano-estrategico-de-acao-social-do-mercosul-peas>. Acesso em: 20 jun. 2023.

MERCOSUL – Mercado Comum do Sul. **Estatuto da Cidadania do Mercosul.** Disponível em: <https://www.mercosur.int/pt-br/estatuto-cidadania-mercosul>. Acesso em: 20 jun. 2023.

O Peas e o Estatuto da Cidadania do Mercosul representam os esforços do bloco durante a fase do regionalismo pós-hegemônico para incorporar as dimensões sociais e políticas.

BOLÍVAR. S. Carta de Jamaica. **Revista do Imea**, v. 2, n. 1, p. 28-35, 2014. Disponível em: <https://revistas.unila.edu.br/IMEA-UNILA/article/view/256>. Acesso em: 20 jun. 2023.

A Carta de Jamaica, escrita por Simón Bolívar em 1815, traz a proposta da criação de uma confederação das repúblicas hispano-americanas recém-independentes, bem como da formação de uma grande nação por meio da ideia de Pátria Grande.

Respostas[1]

Capítulo 1

Questões para revisão

1. Categoria central para entender e qualificar os regionalismos, a definição de região não é consenso entre os analistas e teóricos das Relações Internacionais. O conceito de região não é a-histórico, ou seja, ele vai se transformando conforme as mudanças da conjuntura histórica e da ordem internacional. Até os anos 1970, as regiões tinham função puramente organizativa e geográfica na Política Internacional. Os países eram agrupados sem necessariamente compartilharem visões, objetivos e elementos comuns além dos geográficos. Segundo Hurrell (1995), assim como as nações, as regiões são social e politicamente construídas, comunidades imaginadas que se baseiam em visões e percepções coletivas que destacam certas características e ocultam outras.

2. De acordo com a definição de Haas (1958), tendo como baliza o processo europeu para sua formulação, a integração regional representa um alto nível de formalização da cooperação regional entre Estados em determinada área ou em várias áreas, resultando na criação de uma nova instituição regional política que visa à substituição das lealdades nacionais em prol de uma lealdade regional que envolve a cessão de parcelas de soberania a instituições supranacionais. Ponto importante nessa definição é justamente o estabelecimento de uma nova instituição, ou sujeito jurídico, das Relações Internacionais, que se firma como base orientadora para a ação dos Estados.

3. d
4. a
5. c

---

1 As fontes citadas nesta seção constam na lista final de referências.

Capítulo 2

Questões para revisão

1. O conceito de *spill-over*, ou transbordamento, é o pilar central da teoria (neo)funcionalista, cujas premissas são: (i) os atores da integração são racionais e autointeressados, mas têm interesses e preferências passíveis de alteração; (ii) as instituições de integração ganham autonomia e progressivamente podem extrapolar o controle de seus criadores; (iii) o processo decisório é incremental e frequentemente motivado pelas consequências não intencionais de decisões anteriores; (iv) rejeita-se a concepção realista de que os atores racionais atuam conforme a lógica de "soma-zero"; (v) a interdependência entre economias e setores produtivos tende a promover uma integração mais robusta. Assim, o conceito é utilizado para identificar o elemento impulsionador e a lógica da integração mediante o aumento da interdependência funcional/econômica entre os atores. É descrito por Haas (1958) como a lógica expansiva de integração setorial, por meio da qual a integração de um setor leva a pressões "técnicas" que forçam os Estados a integrar outros setores. Nesse sentido, alguns setores se tornam tão interdependentes que fica difícil isolá-los dos demais, criando um processo de integração de agendas/interesses de diversos setores e ocasionando, até mesmo, a fundação de instituições comuns, com a transferência da soberania para as organizações regionais.

2. c

3. Na literatura latino-americana, a noção de autonomia envolveu diversas abordagens, principalmente em virtude do período histórico em que foi formulada, da configuração geopolítica das relações internacionais e da percepção e dos interesses nacionais, especialmente das elites nacionais, para a inserção internacional dos países da região. Embora seja um conceito polissêmico, há um aspecto consensual, que se constitui no fato de a autonomia ser definida como um conceito essencialmente político. Por sua vez, ao adentrar nos objetivos da atuação internacional dos Estados latino-americanos, a integração regional se configura como um elemento potencializador da autonomia dos Estados, já que grande parte dos processos de integração regional se concentra na percepção de que a promoção e o fomento de arranjos de integração são instrumentos para fortalecer a autonomia dos Estados-membros.

4. b

5. a

Capítulo 3

Questões para revisão

1. Os regionalismos podem ser categorizados em quatro grandes fases na Política Internacional: (i) o protorregionalismo, do final do século XIX até o fim da II GM; (ii) o velho regionalismo, do final dos anos 1940 até 1980; (iii) o novo regionalismo, que engloba os projetos regionais a partir do final da Guerra Fria

e no contexto da conformação da nova ordem internacional, a qual teve início na década de 1990; e (iv) o regionalismo comparado, que se refere aos regionalismos nas primeiras décadas do século XXI e à emergência dos processos regionalistas em diferentes partes do globo e com distintos significados e objetivos.

2. A Comissão Econômica para a América Latina e o Caribe (Cepal) e o pensamento desenvolvido no interior da instituição tiveram grande importância na interpretação e na definição do que deveriam ser as iniciativas de regionalismo na região.

3. a
4. b
5. e

Capítulo 4

Questões para revisão

1. A ideia de multidimensionalidade remete à combinação/coexistência de duas ou mais dimensões como objetivos das iniciativas e dos mecanismos regionalistas. O regionalismo multidimensional foi especialmente observado na América do Sul ao longo da década de 2000. Como exemplos, podemos citar a União das Nações Sul-Americanas (Unasul) e a Aliança Bolivariana para os Povos de Nossa América (Alba). Em ambas as iniciativas, buscou-se alcançar uma coordenação regional em múltiplas temáticas, como infraestrutura, saúde, cultura, economia e comunicação. Os regionalismos multidimensionais estabelecem, desde sua gênese, objetivos de múltiplas dimensões para os projetos de integração regional. A multidimensionalidade dos regionalismos sul-americanos no século XXI também pode ser vista na ampliação dos temas de instituições já consolidadas na região, como no caso do Mercado Comum do Sul (Mercosul).

2. Desde a criação do bloco, a agenda social no Mercosul ficou muito restrita aos temas comerciais. Os primeiros debates sociais no âmbito desse organismo ocorreram por meio das agendas de trabalho e sindical. Ambas resultaram de reivindicações dos movimentos sindicais apresentadas pelos Ministérios do Trabalho dos países do bloco e foram consolidadas com a criação do Subgrupo de Trabalho 11 (SGT-11) para tratar de questões de trabalho e sindicais.

3. c
4. b
5. b

Capítulo 5

Questões para revisão

1. A Revolução Haitiana, que culminou com a independência do país em 1804, influenciou a inclusão da condenação da escravidão e da não discriminação por conta da origem ou da cor na declaração final do Congresso do Panamá.

2. A IIRSA foi uma proposta de integração da infraestrutura sul-americana lançada na I Reunião de Presidentes da América do Sul, em 2000. Teve o objetivo de diminuir os custos de transporte e circulação de mercadorias com vistas ao aumento dos níveis de exportação intra e extrarregional. Para isso, buscou-se mapear as demandas de infraestrutura nos setores de energia, comunicação e transportes dos países sul-americanos, bem como fomentar o financiamento e a implementação das obras.

3. a

4. a

5. d

Capítulo 6

Questões para revisão

1. c

2. b

3. Ao longo do governo Lula, na agenda da política externa brasileira, novos temas relacionados à integração regional ganharam destaque, principalmente na infraestrutura e na redução das assimetrias. Essa agenda podia ser observada especialmente quanto à integração regional latino-americana em duas inciativas: a expansão do Mercosul (agenda e composição) e a formação da Unasul. Quanto à agenda do Mercosul, o governo teve papel central no processo que levou à inclusão da agenda política e social no bloco. Tal processo teve início ainda no governo FHC, mas o marco político dessa mudança foi a declaração conjunta dos presidentes Kirchner e Lula em Buenos Aires, em 2003, que fundou as bases políticas para a ampliação da agenda social no bloco. Nesse momento, foi estabelecido um novo modelo de integração, cujo objetivo era conformar um modelo de desenvolvimento que associasse o crescimento, a justiça social e a dignidade dos cidadãos. Por sua vez, com relação à Unasul, sua criação remete às iniciativas anteriores, como a proposta da criação da Área de Livre Comércio Sul-Americana (Alcsa) e a articulação do Mercosul com a Comunidade Andina de Nações (CAN), na intenção de associar os países sul-americanos por meio da implementação de mecanismos de cooperação regional na agenda política para a região.

4. c

5. Em seus primeiros momentos, a gestão de Bolsonaro na região foi orientada para o distanciamento ideológico dos países identificados como comunistas pelo governo brasileiro, um reflexo da orientação dada pela perspectiva conservadora-populista de extrema direita à agenda do regionalismo. No governo em questão, todas as iniciativas do período do regionalismo pós-hegemônico foram descontruídas, e o grande esforço na agenda regional, com base em uma oposição ideológica à Unasul, foi a adesão ao Fórum para o Progresso e Desenvolvimento da América do Sul (Prosul). Apesar de Bolsonaro não ter priorizado a agenda regional – pelo contrário, buscou promover esforços que levaram à desintegração regional –, ele radicalizou a agenda do governo anterior, mediante a manutenção do Brasil fora da Unasul e da Celac, da ampliação do distanciamento com relação à Venezuela, da criação de instituições regionais mais alinhadas a governos conservadores e da ameaça de deixar o Mercosul.

Sobre os autores

Karen dos Santos Honório é doutora e mestra em Relações Internacionais pelo Programa de Pós-Graduação em Relações Internacionais San Tiago Dantas, ofertado pela Universidade Estadual de Campinas (Unicamp), pela Universidade Estadual Paulista (Unesp) e pela Pontifícia Universidade Católica de São Paulo (PUC-SP), e bacharela em Relações Internacionais pela Unesp. Na pós-graduação, desenvolveu trabalhos sobre a dimensão da infraestrutura na política regional dos governos Lula da Silva.

Foi pró-reitora de Relações Institucionais e Internacionais da Universidade Federal da Integração Latino-Americana (Unila), época em que atuou na coordenação das políticas de inclusão e ampliação do acesso à universidade para refugiados e indígenas. Atualmente, é coordenadora da cátedra Sérgio Vieira de Mello (CSVM-ACNUR) da Unila, biênio 2022-2024, e coordenadora adjunta da Universidade Aberta do Brasil (UAB) na mesma instituição. Ademais, é professora e coordenadora do curso de Relações Internacionais e Integração da Unila, além de docente do Programa de Pós-Graduação em Relações Internacionais (PPGRI) e da especialização em Relações Internacionais Contemporâneas da mesma instituição. Também é líder do grupo de pesquisa Migrações Forçadas e América Latina (MiAL), vice-líder do Núcleo de

Pesquisa em Política Externa Latino-americana (Nupela) e membro da Comissão Permanente de Acompanhamento de Estudantes Refugiados e Portadores de Visto Humanitário (CAERH) da Unila. Publicou artigos acadêmicos nacional e internacionalmente, além de contribuir com material de formação em Cidadania Regional para docentes do Mercosul por meio de edital do bloco. Suas pesquisas são financiadas por órgãos e instituições de fomento científico internacionais, bem como por associações acadêmicas internacionais e instituições nacionais, como a Fundação Araucária (FA), a Coordenação de Aperfeiçoamento de Pessoal de Nível Superior (Capes) e a Unila.

É autora do livro *As obras da política e a política externa das obras: a infraestrutura como projeção do capitalismo brasileiro na América do Sul dos governos Lula* (2021) e organizadora da obra *Tramas e trajetórias da integração regional latino-caribenha no século XXI* (2023). Além disso, é uma das criadoras, roteiristas e apresentadoras do *podcast* de política internacional *Mulheres no Mapa*.

Suas áreas de pesquisa e interesse são: regionalismos latino-americanos e caribenhos; política externa brasileira; teorias de integração; e migrações forçadas e refúgio na América Latina e no Caribe.

Lucas Ribeiro Mesquita é doutor em Ciência Política pela Universidade Federal de Minas Gerais (UFMG), mestre em Ciência Política pela Universidade Estadual de Campinas (Unicamp) e bacharel em Relações Internacionais pela Pontifícia Universidade Católica de Minas Gerais (PUC Minas).

Foi coordenador do Instituto Mercosul de Estudos Avançados da Universidade Federal da Integração Latino-Americana (Unila) e, atualmente, trabalha na instituição como professor adjunto do curso de Relações Internacionais e Integração e como professor permanente do Programa de Pós-Graduação em Relações Internacionais (PPGRI). Ademais, é coordenador do Núcleo de Pesquisa em Política Externa Latino-Americana (Nupela), do Observatório da Democracia (Odem), do Projeto Incluir e da especialização em Relações Internacionais para Docentes da Educação Básica da Unila.

É membro da Comissão Acadêmica e Executiva da Escola de Governo do Parlamento do Mercosul e participa de missões de observação eleitorais na função de especialista.

Suas pesquisas estão voltadas à área de política externa e instituições regionais, principalmente a temas como: análise de política externa; participação social na política externa; regimes políticos e política externa; políticas externas latino-americanas; eleições e monitoramento eleitoral no Mercosul; diplomacia digital e tecnologias; e relações internacionais. Suas pesquisas são financiadas por órgãos e instituições de fomento científico internacionais, bem como por associações acadêmicas internacionais e instituições nacionais, como a Fundação Araucária (FA), a Coordenação de Aperfeiçoamento de Pessoal de Nível Superior (Capes) e a Unila.

Impressão:
Agosto/2023